法の支配のヒストリー

戒能通弘 編
Michihiro Kaino

マイケル・ロバーン＋ジェラルド・ポステマ＋内野広大＋
原口佳誠＋大久保優也＋清水 潤＋椎名智彦

A History of the Rule of Law

ナカニシヤ出版

目　次

【凡　例】 *iv*

序　『法の支配のヒストリー』が目指すもの ———————— *1*
　　　　　　　　　　　　　　　　　　　　　　　戒能通弘

第1章　サー・エドワード・クックと法の支配 ———————— *9*
　　　　（Sir Edward Coke and the Rule of Law）
　　　　　　　　　　　　　　　マイケル・ロバーン／戒能通弘［訳］

　1　はじめに　*9*
　2　「正義と平和は，王権のみに属する」　*11*
　3　「法が国王を創る」　*20*
　4　管轄権についての論争　*27*
　5　国家的理由　*34*
　6　おわりに　*41*

第2章　クック，ホッブズ，ブラックストーンと法の支配 —— *45*
　　　　国会主権の確立と国王大権　　　　　　　　　戒能通弘

　1　はじめに　*45*
　2　クックのボナム医師事件判決と法の支配　*47*
　3　国王大権と国会主権：ホッブズとブラックストーン　*52*
　4　おわりに　*64*
　※コラム①：クックのボナム医師事件をめぐる解釈の変遷　*65*

第3章　正義の魂 ———————————————————— *71*
　　　　ベンサムとパブリシティ，法と法の支配（The Soul of Justice:
　　　　Bentham on Publicity, Law, and the Rule of Law）
　　　　　　　　　　　　　　ジェラルド・ポステマ／戒能通弘［訳］

　1　はじめに　*71*

2　パブリシティとその所産　*74*
　　3　パブリシティと法の支配　*88*
　　4　おわりに　*94*

第4章　ダイシーと法の支配 ——————— 97
　　　　形式性の背後面にある規範秩序　　　　　　　　　内野広大
　　1　はじめに　*97*
　　2　国制における習律の位置づけ：
　　　　独立した規範カテゴリとしての習律　*99*
　　3　憲法と習律の相互連関　*108*
　　4　おわりに　*121*

第5章　マーシャル・コートと法の支配 ——————— 125
　　　　違憲審査制と最高裁判所の原型　　　　　　　　　原口佳誠
　　1　はじめに　*125*
　　2　違憲審査制の成立：マーベリー対マディソン事件　*126*
　　3　個人の権利の保障：契約の自由と自然権思想　*130*
　　4　司法の独立：裁判官の専門性と客観性　*137*
　　5　アメリカ社会と合衆国最高裁判所：違憲審査制の受容　*143*
　　6　人民立憲主義：法の支配への問い　*147*
　　7　おわりに　*149*
　　◈コラム②：マーシャル・コート研究の軌跡　*152*

第6章　「統治」の法としての憲法と「法の支配」———— 157
　　　　ケント，ストーリーと初期アメリカ憲法学における「法の支配」の
　　　　　思想的起源　　　　　　　　　　　　　　　　大久保優也
　　1　はじめに　*157*
　　2　思想的基礎　*159*
　　3　「法の支配」と憲法解釈：
　　　　ストーリーの『合衆国憲法釈義』における「法の支配」　*168*
　　4　判例：「商業社会」の法　*178*
　　5　おわりに　*193*

目次 iii

第7章 ロックナー判決と法の支配 ―― 199
清水　潤

1 はじめに　199
2 アングロ・サクソニズム，歴史法学，古典的コモン・ロー理論　200
3 修正14条の成立と連邦憲法構造の変動　209
4 コモン・ロー上の自由と憲法上の自由　213
5 コモン・ローの正統性の剥奪と制定法による社会の変革へ　225
6 おわりに　229
❈コラム③：ロックナー判決の解釈の変遷　227

第8章 岐路に立つ法の支配 ―― 235
椎名智彦

1 はじめに　235
2 リアリズム法学の文脈・再論　238
3 包摂的デモクラシーの時代：
　ニュー・ディールからウォーレン・コートへ　249
4 プロセス学派の視角　253
5 おわりに　258
❈コラム④：リアリズム法学のリアリティ　261

あとがき　265

事項索引　268
人名索引　270
判例索引　275

【凡　　例】

❶「イングランド」「イギリス」の表記については，イングランドとスコットランドの合同法（1707年）前後でイングランド，イギリスと分ける方針で一応統一しているが，引用などもあるため，基本的に各々の執筆者に委ねている．

❷イングランド／イギリスの「Parliament」の訳は，「国会」で統一している．

❸その他，人名などに関しても，できる限り，表記の統一を図った．

❹引用時に，執筆者が補足するときは，〔　　〕を用いる．なお，翻訳が収められた第1章と第3章については，特段の注記がないかぎり，引用部分の〔　　〕は著者による補足で，それ以外の（　　）は，翻訳者による補足である．

❺引用典拠の注を付ける際は，基本的に［　　］を本文中に挿入し，文献情報を示しているが，翻訳がある文献に関しては，例えば，［Hobbes 2005: 9/11］というかたちで，［原著著者 原著出版年：原著頁数／翻訳頁数］というかたちで記している．

❻判例の情報は，脚注に示している．その際，アメリカの判例の表記は統一しているが，イギリスの場合は，時代により判例表記の統一が難しいため，各章の執筆者に委ねている．

❼本文のなかに挿入された注で連続しているか，ページ下段の注のなかで連続しているかを「*ibid.*」「同上」とするかの基準としている．

❽現在のようなかたちの出版社がまだ発展していなかった19世紀前後の外国文献などについては，参考文献表で出版地を記しているが，それ以外は，出版社を記している．

序
『法の支配のヒストリー』が目指すもの

戒能通弘

　「法の支配」は，昨今の日本では，「立憲主義」と関連させ，大いに議論されているテーマである。同じくアメリカやイギリスにおいても，対テロ戦争の立法が，法の支配を侵害しているのではないかといったコンテクストなどで，その意味内容についてさまざまな議論が提示されている。英米では，そのような背景もあり，法の支配に関する規範的な議論とともに，その思想史についても研究が進んでいる。各々の法律家，思想家，あるいは一定の時代に関して，従来の理解とは違った見方を示すとともに，現代へのヒントを探ろうとする意欲的な研究が続き，法の支配の伝統の全体を扱った優れた研究書の公刊も続いているのである。一方，わが国でも，法の支配は，英米法学，憲法学，法哲学などの重要なテーマであって，個々の法律家，一定の時代の法の支配に関する思想の研究は，気鋭の若手研究者たちの研究などもあり，大幅に前進している。しかしながら，法の支配の伝統全体を扱いつつ，そこにおいて重要な役割を果たした法律家や思想を詳細に検討している著書，そして，法の支配をめぐるさまざまな思想を比較できるような著書は——さらにいうと，法の支配の歴史に関する昨今の英米の研究における大幅な進展を消化し，発展させようとしている論稿を揃えた著書は——，管見の限りであるが，ここしばらくは公刊されていないのではないだろうか。

　ただ，最新の海外の研究を踏まえ，法の支配の伝統全体，法の支配をめぐる英米のさまざまな思想を提示することは，法の支配とは何かを，改めて検討する必要を感じているような読者，法の支配の「法」とは，どのようなものなのか，法の支配と民主主義の関係とはいかなるものなのかといった，より原理的な問

題に関心をもっている読者にとって，非常に興味深いものになると思われる。それゆえ，英米の法の支配に関して，重要な貢献を果たした著名な法律家，思想家たちに光を当てることにより，16世紀から20世紀半ばまでの英米の法の支配の伝統を概観すること，内外の研究の到達点も踏まえて，抽象的な理念としてではなく，その伝統の実際の姿とその意義を明らかにすることは，大変有意義であると考えている。一方で，原典の再解釈，新たな文献の発見，データベースの整備の飛躍的な充実や，それらの副次的効果であるコンテクストのより厳密な分析，周縁に位置づけられていた法律家たちの再評価など，英米の法の支配に関する歴史的研究は大幅に進展しており，日本の研究者が単独でそれらをフォローすることは極めて困難であろう。ただ，幸いにも前述のように，このたび，ご執筆いただいた気鋭の若手研究者による個々の法律家，一定の時代の法の支配に関する思想の研究は，相当程度進んでおり，その各々は，極めて高水準のものである。さらに，現在の英米法思想研究をリードしているイギリスとアメリカの研究者にも参加を依頼した。イギリス，アメリカの各々の時代の法や政治，そして裁判に大きな影響を与えた法律家，あるいは，時代を画するような判決に自ら携わった法律家たちによる「法の支配のヒストリー」を提示することで，少なからぬ研究上の貢献が可能となるのではないか。

　さて，本書は，16世紀後半から20世紀前半のイギリス，そして，18世紀後半から20世紀半ばのアメリカにおける法の支配の伝統を対象としている。具体的には，イギリスでは，クック，ホッブズ，ブラックストーン，ベンサム，ダイシー，アメリカでは，マーシャル，ケントとストーリー，ニュー・ディール時代以前のレッセ・フェール憲法論，そして，それを強く批判したホウムズからリアリズム法学以降の時代の法思想について，各々の専門家に執筆を依頼している。

　まず第1章（マイケル・ロバーン）で，「法の支配」の象徴ともいえるエドワード・クックが検討される。マグナ・カルタ，「古来の国制論」により，国王大権を制約しようとしたクックやコモン・ロイヤーたちの試みは，多岐にわたっていた。ここでは，人身保護令状などによるコモン・ロー裁判所の支配の拡大，国王単独による立法権や法律の適用免除への制約，大権裁判所に対するコントロールなど，クックらの試みが丹念に跡づけられる。いわゆる独占の事例，

ダーネル事件などの重要な判例とともに、クックやコモン・ロイヤーたちの議論が詳細に検討されているが、国王を裁判、法の源泉とする伝統的な立場からスタートしたクックらの言説には、矛盾を見出すことも可能である。1628年の権利請願により、国王の絶対的逮捕権が否定され、国会の同意なき課税も禁止されるようになったが、それに至る過程は、極めて複雑なものであった。

第2章（戒能通弘）では、クックを批判しつつ、国王大権を理論的に正当化したトマス・ホッブズと、権利章典を経て国会主権、「国会における国王」という概念が確立した後の、18世紀のウィリアム・ブラックストーンが対照的に描かれる。クックは、ボナム医師事件によって違憲立法審査制の祖と捉えられることもある。ここではまず、そのような理解が否定されるが、ただ、ブラックストーンも、ボナム医師事件を明示的に拒絶しつつ、国会主権の原則の確立を説明していた。一方、ホッブズのエクイティに基づく制定法解釈論は、ボナム医師事件の立場に近く、ホッブズを法の支配の価値に近づける解釈もある。ただ、ホッブズは、国王単独の立法権をも認めており、疑問が残る解釈である。ホッブズと法の支配という論点についてバランスの取れた理解を示し、ブラックストーンと比較することで、「国会主権による国王大権の制約」という、イギリスの法の支配の新たな局面が描かれる。

続いて第3章（ジェラルド・ポステマ）には、ジェレミー・ベンサムと法の支配について、おそらく初めて本格的に考察した論稿が収められる。ベンサムは、立法府への法的制約を否定し、「悪法も法である」という法実証主義を前面に出していた。一方でベンサムは、パブリシティの最大化、定期的な選挙、輿論によるリコールなど、さまざまな非法的な制約も構想していた。ここでは、主権的権力に対して、法に基づく答責性――説明責任、輿論の制裁（道徳的制裁）に服せしめること――をもたせるベンサムの工夫は、恣意的な統治を排除し、法の支配の理念を前進させるものであったというベンサム理解が示されている。法の支配のエートスの涵養という面でも、ベンサムの所論は見直されるべきであるとして、国会主権を前提とした法の支配の一つのあり方が描かれる。

イギリスでは最後に、アルバート・ヴェン・ダイシーについて第4章（内野広大）で論じられる。19世紀後半に、近代イギリスの法の支配論を確立したダイシーは、国会の立法による法の支配をシンプルに説いたとの理解もある。こ

ここでは，ダイシーの「習律」に焦点を当てつつ，ダイシーの法的主権者（国会）と政治的主権者（有権者団）の峻別，法的主権の外的・内的限界の議論（法と輿論との関係），さらには（法的主権者を特定する）定位命題と習律との関係など，ダイシーの法の支配論が多角的な観点から論じられる。そして，ベンサムとの連続性，非連続性についても触れられている。イギリスの法の支配の伝統を集大成したといわれるダイシーであるが，その法の支配論の全体像を明らかにすることで，イギリスの法実証主義に基づく法の支配論の成熟が示されている。

アメリカについては，まず第5章（原口佳誠）で，違憲審査制を連邦レベルで確立したジョン・マーシャルが検討される。マーシャル・コートについては，近年のアメリカでは，共和主義のコンテクストによる理解が広まっている。ここでは，独立革命前後以来の自然権論の影響とともに，アメリカ共和主義研究を踏まえつつ，「法の碩学」としてマーシャルが描かれることになる。まず，政治思想史研究では相当な蓄積がある，建国期における共和主義思想の中核的な役割が明らかにされ，その上で，マーベリー判決など，マーシャル・コートの代表的な判決に焦点が当てられている。法と党派的政治の分離，共和主義の思想の制度的反映である，人民を代表して法を見分ける「法の碩学」としての裁判官像，さらには，財産権，既得権の保護といったマーシャル・コートの特徴について詳細な検討がなされている。

続いて第6章（大久保優也）で，ジェイムズ・ケント，ジョセフ・ストーリーについて考察される。19世紀前半のアメリカの法思想は，わが国の研究でも蓄積が不足している時代であるが，ここでは，ケントとストーリーの法の支配論について，合衆国憲法草創期の法の支配とはどのようなもので，何を目指していたのかが，その知的資源などとともに考察されている。ジャクソニアン・デモクラシーの台頭や，マーシャル・コートの判決が覆されていくなかで，ケントやストーリーは，マーシャル・コートとは異なった課題に直面していた。フェデラリストに共鳴しつつ，スコットランド啓蒙思想を援用して，人々の「情念」をコントロールすることで経済社会の発展のための安定した秩序を実現することを試みた，ケントとストーリーの法の支配論が描かれている。

次に第7章（清水潤）で，修正14条が成立し（1868年），「連邦憲法は権利の法でもある」との憲法観が台頭した19世紀後半のアメリカにおける，歴史法

学派による不文憲法論，レッセ・フェール憲法論について検討される。アメリカの立憲主義，法の支配の淵源として，自然法思想，共和主義思想とともに，クックらの「古来の国制論」，コモン・ローの伝統があることは，わが国の研究史でも触れられることはほとんどなかった。ただ，この歴史法学派の法の支配論を，「英米の法の支配伝統の嫡流」と位置づけることも可能である。ここでは，クックやヘイル，ブラックストーンを援用しつつ，アメリカのコモン・ローをイギリスのものと連続して捉えていた歴史法学派の原典が詳細に検討される。ヨーロッパの歴史法学の隆盛の影響を受けた歴史法学派の裁判官たちの法的思考が詳細に考察されるとともに，アメリカの権利章典をイングランド人の古来の自由，マグナ・カルタの発展，成果として捉えていた彼らの憲法論の，デュー・プロセス条項の解釈，ロックナー判決への影響についても検討される。

　最後に，第8章（椎名智彦）には，ロックナー判決の実体的デュー・プロセス論が覆された1930年代後半以降のアメリカに，主に焦点を当てた論稿が収められる。20世紀のアメリカでは，特に1930年以降，「法の道具化」という法の支配とは相反する事態が進行することになる。ここでは，ロックナー判決を基礎づけ，歴史法学もそこに含まれると理解されてきた法形式主義と，オリヴァー・ウェンデル・ホウムズ以降の法学との対照が描かれるとともに，1930年代にかけて顕現することになる法の道具化，さらには，法の支配の側の「反転攻勢」を試みたプロセス法学についての考察が進められる。その上で，法の支配（法曹の理性）対規範的デモクラシー（社会的現実の法への反映）というフレームワークによって，アメリカにおける法の支配をめぐる状況の見取り図が示されている。

　すでに述べたように，英米の法の支配の伝統を包括的に検討すること，各々の専門家による内外の研究を揃え，現在の水準，到達点を示す試みは，わが国で特に最近は類書がないことを考えると，それ自体が価値のあることだと思われる。さらに本書の各章の本文や注において，関連する他の章を参照することも意識的に試みた。英米の法思想の影響関係，対立関係を意識していただくことで，法の支配の伝統の豊穣さも示せているのではないかと考える。また，本書は法の支配に関して，何らかの規範的な主張をするものではないが，読者には，それぞれのご関心に基づき，ここで示されている多様な法の支配論から，

さまざまな含意を読み取っていただくことが可能であると思われる。一方で，本書は歴史的研究にとどまるものでなく，特に第4章と第8章では，歴史的研究を現在のイギリス，アメリカの法の支配の論点につなげる工夫もなされている。現在のイギリスでも，1998年人権法の制定など，国会主権の制約の性質は法の支配をめぐる主要な論点の一つである。第4章で触れられている，ダイシーを受け継ぐ伝統理論は，習律による国会主権の制約を説いている法実証主義的な法の支配論の現代的形態であるが，現代イギリスの法実践を説明する代表的な理論の一つでもある。また，現在のアメリカの法の支配の病理として，「法は政治から独立した，自律的なもの」という理解と，「法は政治から独立しておらず，文脈に依存する」という理解の対立，法についてのアイデンティティ・クライシスがあるだろう。第8章では，そのようなアメリカの法の支配の危機の原点として1930年代のアメリカ法学が検討されている。さらに，現代において，法の文脈依存性を否定することは究極的には不可能であるという観点から，そのような周辺の文脈——当然，トランプ政権の誕生も重要な文脈の変化であるが——をどの程度否定すべきかという，個別的かつ相対的な問いに答え続けることが法の支配論の課題であると論じられている。当然，この点は国王大権との関連でイギリスでもみられた論点であり，この第8章で示されている論点は，本書全体の論点でもあろう。

　その上で，このような英米の法の支配の研究が，今の日本の法学研究にとって，どのような意味をもつのか疑義を感じられる読者もいるだろう。確かに，アリストテレス，トマス・アクィナス，ロック，近年ではハイエクやロールズといった政治哲学からの法の支配についての（抽象）理論により，現状を分析したり，批判したりすることは有意義なことであろう。一方，実際の裁判などにも大きな影響を与え，法の支配の伝統をかたち作ってきた思想からも学ぶべきところは大きいのではないか。本書では，例えば第3章では，ベンサムに依拠しつつ，法の支配を実現するための条件が詳細に検討されており，現代日本への示唆も小さくない。また，第5章で示されているように，マーシャルをモデルとする「法の碩学」としての裁判官は，現代のアメリカでも一定の支持を集めており，それは日本でも参考にすべき裁判官のモデルかもしれない。さらに，第6章ではケントやストーリーの秩序を構成する思想としての「法の支配」

序　『法の支配のヒストリー』が目指すもの　7

の意義が説かれている。そして、第7章では歴史法学派の裁判官の推論についての丹念な分析に基づき、憲法問題を扱う日本の裁判官、それから法学界への提言などが示される。なお、本書では、ボナム医師事件、マーシャル・コート、ロックナー判決と歴史法学、リアリズム法学といった、最近の英米で特に研究の進展が著しい領域について、その研究史を別個に検討するコラムを設けている。すでに述べたように、法の支配に関する歴史的研究も大幅に発展しており、本書のコラムでも、英米の法制史、法思想史研究の「現在」を、ぜひ、執筆者たちと共有していただきたい。歴史研究に関しても、新たな知見を積極的に取り入れていくべきであるし、そこからみえてくるものは小さくはない。このコラムからも、法の支配について、新たな視点を得ていただけるのではないだろうか。

第1章
サー・エドワード・クックと法の支配
(Sir Edward Coke and the Rule of Law)

マイケル・ロバーン／戒能通弘［訳］

1 はじめに

サー・エドワード・クック（Sir Edward Coke, 1552-1634）はおそらく，17世紀初期のコモン・ローの最も偉大なチャンピオンとしてよく知られている[1]。裁判官として，彼は向う見ずなあまり，国王に『ブラクトン』の有名なフレーズ——彼が「神と法の下に」ある——を思い起こさせた。そして，ジェームズ1世を大層立腹させたので，彼は，国王に対して慈悲を請わなければならなかった［Usher 1903: 670］。彼は後ほどの1616年に，大法官裁判所という「大権」裁判所に対する王座裁判所の権力を主張しようとして，公職を解かれている。1620年代に議会派議員として，クックは，国家的理由のために拘禁し，課税によって金銭を調達するという，国王の権力と称されたものを制限した権利請願をめぐる議論において，最も際立った発言者の1人であった。法律家，そして法の著述家として彼は，その技術的理性がその法に精通しているものによってのみ完全に理解されうるというコモン・ローの超記憶性についての理論を詳細に説明した。王権のために絶対的権力を主張するものと，そのような主張から国会とコモン・ローを守ろうとするものとのあいだの憲法的な争いが激化している時代において，クックは立憲主義者の見解，そして法の支配の最も著名な擁護者の1人としてみられてきた［Sommerville 1999; Hart 2003］。

クックは，イングランドの法的制度が「太古から」［Coke 2003: vol.1, 62］存在

---

1) クックについては，以下を参照［Boyer 2003; Smith 2014; Burgess 1996: ch.6; Cromartie 2006; Williams 2014］。

していたという考えの強力な擁護者であったけれども，彼はまた，国王を正義の源，法のもともとの源泉としてみていた。国王の権力は，時を経て，法によって画定されてきたけれども，国王の権威がもともとコモン・ローから導かれたものではなかったことを，彼は受け入れていた。しかしながら彼は，すべての公的ことがらにおいて，国王はコモン・ローを通じて行動しなければならず，この法〔コモン・ロー〕は大変技術的で学究的なものなので，司法部に任されなくてはならないと感じていた。このことは，クックのような法律家たちが，彼らの法システムにおける法の支配についてどのように考えていたかということに関して，いくつかの疑問を生ぜしめる。一つの疑問は，国王の権威の源泉に関係している。もし国王が正義の源であり，法の形式的な源泉であるならば，彼はどのようにして法に拘束されうるのか。どのような意味で，コモン・ローは国王の正義であって，どの程度，国王に権力を与える国家の慣習法だったのか。第2の疑問は，彼の支配の方法に関係している。もし国王が，確立されたルールや制度を通じて，法によって支配するよう義務づけられていたならば，彼は，これらの制度のあいだの管轄権の争いを自身で決定する最終的な権力を保持していたのか，あるいは，彼の「司法の」声は，つねに最終的には，コモン・ローの裁判官たちを通じて述べられるべきだったのか。最後に，彼は，国家の事柄に対して主権的な権力を保持していて，裁判所はそれには干渉できなかったのか。

　以下においては，コモン・ロイヤーたちが，彼らの法がどの程度，国王の権力を定めて制限していると感じていたかに目を向ける前に，私たちはまず，クックのような法律家たちが，国王と法システム全体の関係をどのように理解していたかを探求する。最初の二つの節は，国王と法の関係について，大体においてコンセンサスのあった17世紀初期の見解を記述する。続く節においては，私たちは，国王とコモン・ロイヤーたちのあいだで争いがあった領域に目を向けるが，そこでは，クックのような法律家たちは，彼らの国王によって異論を唱えられるようなかたちで，法について語る彼らの権威を主張しようとした。以下でみられるように，上〔の段落〕で提示された三つの問題のうち，第1のものについては一定のコンセンサスがあったが，ほかの二つについては多くの不一致があった。

2 「正義と平和は，王権のみに属する」[2]

　多くの箇所において，クックは，国王の権力がコモン・ローではなく，神，あるいは自然法に由来すると論じた。火薬陰謀事件の審理において，彼は，国王が「彼の領土において，神に由来する権力」[Howell 1809: vol.2, 176 in Smith 2014: 78] をもつと論じた。彼はそのトピックについて，カルヴィン事件についての彼の判例報告のなかで発展させたが，それは，スコットランドのジェームズ6世の臣民で，二つの王権の統合の後に生まれたものが，イングランド国王の臣民として，イングランドの土地を保有できるかを確立したテスト・ケースであった。その事件の判例報告において，クックは，臣民の主権者への服従は，世界におけるいかなる国家法よりも前に存在していたが，（不変であるため）イングランド法の一部にもなっていた「自然法によって当然のもの」であったと指摘した。「そして，司法の法，あるいは国家法が創られる前は，国王は，自然的エクイティによって訴訟を決していたのであり，法の形式のいかなるルールにも拘束されていなかったというのは確かなことである」。クックの推論においては，それらに従う人々がいない場合に法を創ることは無益であったので，忠誠義務と服従は，あらゆる国家法や司法の法に先行しなければならなかった。このように，彼の臣民を守る主権者への忠誠義務は，法の起源であった。「腱などが，体のすべての部分の関節を結びつけているように」[3]，忠誠義務は主権者と臣民を結合した。

　同時に，忠誠義務は抽象概念ではなく，個人的なものであった。それは抽象的な政治体に対してではなく，人間としての王個人に対して負われた。クックは，忠誠義務が国王の政治体にのみ負われるという理論を，統治者個人に対する叛乱を助長する「忌々しく憎むべき見解」として退けた[4]。法的な人格としての王権は決して死ななかったが，反逆罪のまさに中核にあるのは，忠誠の義務に違反して，国王という自然的な個人の死を意図することであった。忠誠義務が，国王という自然的な個人に払われるべきであったのとまさに同じように，

---

2) 〔Thorne (Bracton) 1968-77: vol.2, 167〕.
3) *Calvin's Case* (1608) 7 Co Rep 2a at 7b.
4) *Calvin's Case* (1608) 7 Co Rep 2a at 11a-b.

正義を与え，平和を維持する国王の能力は，彼の自然の，「身体と同様，魂の資質」に由来していて，「そのような資質のない，目に見えない不死の能力」には由来していなかった。「なぜなら，それ自体で，それ〔法的な人格〕は，魂も身体も有していないからである」[5]。クックがここで述べているように，法が彼を，「不死で目に見えない政治体」にしたのは，「特別な目的」のためであった。すなわち，その職の在職性のための法的枠組みを提供することであって，国王は決して死なない（したがって，その職が空になることは，決してない）ということを提供し，未成年の国王が訴訟を起すための法的能力をもつことを可能にし，王が，相続に関する規制を避けることを可能にした[6]。

もちろん国王がエクイティによって統治していた時代は，遠く過ぎ去った。彼の判例集の序文において明らかにしたように，クックは，コモン・ローが，イングランドにおいて太古から存在してきたと考えた。これらの序文と，彼のカルヴィン事件の判例報告の双方において，彼は，政治に基づく政府によって統治される王国の出現についてのフォーテスキューの議論に言及した。フォーテスキューが述べているように，王の政府が服従から生じていた一方で，政治に基づく政府は，人々が「法についての同意と利益の共同体によって一体になっている」ときに生じた。彼らは頭をもたねばならず——「その組織体全体の政府のために，つねにある人を据えなければならない」が——，「王国は人々から発するのであり」，その法は，その組織体の筋肉として作用する。クックは，フォーテスキューにならい，コモン・ローが遠い過去に起源をもち，イングランドの「政治に基づく」政府の起源が，トロイからのブルータスの到着にあったことを受け入れていた。「彼の王国に移り住んですぐに，彼の人々の安全で平和な政府のために，〔ブルータスは〕，ギリシャ語の本を書き，それをブリテンの法と呼んだ」[Coke 2003: vol.1, 64; Fortescue 1997: 20-22]。

ちょうど法が政治体の筋肉であったように，国王は法を通じて行動しなければならなかった。国王は，彼自身の自然的理性ではなく，法を通じて統治するという考えは，17世紀の初期にはわかりきったことであった。国王をコモン

---

[5] *Calvin's Case* (1608) 7 Co Rep 2a at 11b;〔Thorne (Bracton) 1968-77: vol.2, 167〕.
[6] *Calvin's Case* (1608) 7 Co Rep 2a at 12b.

ウェルスの魂,臣民をその身体とみていたエドワード・フォーセットは,「人において魂は理性によって支配するが,国家においては,主権者は法によって統治する。それ(法)は,理性が魂の魂であるといわれるのと同じくらい適切に,主権の魂と名付けられてよい」[Forsett 1606: 16, 4] と述べていた。同様に,フランシス・ベーコンも,法が「それによって主権者の権力が動く偉大な器官である」と論じていた。ベーコンにとっては,法が自然的身体の筋肉のようなものであったならば,主権者は精神のようなものであった。「法は国王の権力がなければ死んでいるし,法が裏付けなければ,国王の権力は,決して継続的には動かず,よろめきやふるえで一杯になるだろう」[Bacon's argument in *Calvin's Case* in Howell 1809: vol.2, 580]。

国王は,彼の裁判官たちに,法の執行を委ねた。フォーテスキューは,「イングランドの国王のなかで,彼自身の口で判決を与えることを見られた方はいない。しかし,王国のすべての判決は彼のものである」[Fortescue 1997: 16] と述べていた。クックは,国王が司法の権限をさまざまな裁判所に委任していたということに同意した。彼が,カウドリー事件の判例報告で説明したように,

> この王国の古来の法に基づき,イングランド王国は絶対的な帝国,王国であって,国王である一つの頭,そして政体から成っている。……また,この政体の国王の頭は,どのような階級,地位,職業であれ,この政体のすべての部分と成員に正義と権利を与えるための,絶対的で完全な権力,国王大権と管轄権とともに設けられた。……世俗の訴訟においては,国王は,彼の裁判所における裁判官の口を通じて,イングランドの世俗的な法によって,判断し,決定する[7]。

ほかの場所で,クックは,裁判官について『ブラクトン』を引用し[8],「国王は,

---

7) 5 Co Rep. ix.
8) ブラクトンは,実際は以下のように書いていた。「国王は多くの裁判所,国王の宮廷 (*aula regia*) として彼自身の裁判所,そして,訴訟申立て書,あるいは,国王自身のものを除いて人が訴訟に引き込まれてはならないといった特権,自由に基づいて,国王自身の訴訟や,ほかのすべての訴訟を判決する首席裁判官たちを有している」[Thorne (Bracton) 1968-77: vol.2, 301]。

彼の司法権全体のすべてをいくつかの裁判所に託し，分配した。よって判決は，裁判所によって考慮されるものでなければならない（*ideo consideratum est per curiam*）」と論じた。クックは，国王は，彼の司法権をさまざまな裁判所に託していたという命題に，中世的な権威を追加した。「したがって，もし誰かが，国王が彼の司法の権限すべてをほかの人々に委ねているような事件で，国王の判決に身をゆだねるならば，そのような恭順は，効果をもつべきでない」[Coke 1797: 70]。ジェントルマン事件についての彼の判例報告において，「国王が新しい裁判所を作り，そこに新しい裁判官を任命してもよいということは真実であるが，裁判所が設立され，作られた後は，裁判所の裁判官が，裁判所における事柄について決定すべきである」[9] と彼は述べた。

　国王は，司法の形式的な源であったけれども，法の内容は王の意思からは導かれなかった。クックの世代の法律家たちは，すべての法が自然法，慣習，制定法から成るというフォーテスキューの見解に従っていた。これらのうちの最初の二つは，国王の裁判官たちによって解釈された。ジョン・ドッドリッジが述べたように，「イングランド法のルールや原理は，自然法の結論か，王国内で使用される一定の一般的慣習から導かれた結論であり，端的にいうと，多くの特定，特殊な出来事についての理性や方向性を含んでいる」[Dodderidge 1631: 153]。自然法はイングランド法の重要な基礎と見なされたけれども，ほとんどの法律家たちは，コモン・ローを「一般的な慣習」と同一視した。これらは，（クリストファー・セント・ジャーマンが述べているように），王国全土で用いられる「古くからの」慣習であって，「われらが主権者たる国王と彼の祖先たち，そして，彼らのすべての臣民たちによって受容され，承認されてきた」。法の力をもった慣習は，「つねに裁判官たちによって決定され」，法の力をもった [St. German 1974: 45-47]。クックにとっては，たとえ裁判が，最初は国王自身のエクイティの感覚に由来していたとしても，コモン・ローは長い期間にわたる司法の推論の産物であった。それは，長期にわたる時代の連続のあいだ，「数え切れないほどの，権威があり，学識ある人々によって洗練，精錬され」ていて，「大きな危険，危機なしには，変えることも変更もできない」よ

---

9) *Jentleman's Case*（1583）6 Co Rep 11a at 11b.

うな完全さまでに成長していた [Coke 1789: 97b; 2003: vol.1, 95]。クックの見解は，1610年にトマス・ヘドリーによって繰り返された。彼がいうには，コモン・ローは「時の作品であり，それはこの法をこの王国に適合，適応させたが，あたかも衣服が身体に，手袋が手に合わせられるようにであった。あるいはむしろ，慣習は第2の自然であるので（*consuetudo est altera natura*），皮膚が，それとともに成長する手に合わせられるようにであった。そして時と，時によって確認された法が，国王と彼らの王権を確立した」[Foster 1966: 180]。

この裁判所のシステムのなかで，王座裁判所は特別な位置を占めていた。クックによると，国王はつねに，この裁判所にいるとみなされたけれども，その「判決はつねに，裁判所によって（*per curiam*）言渡され，そして裁判官たちは，裁判を法とイングランドの慣習にしたがって執行すると誓う」[10]。実際，裁判官たちは，この裁判所では国王自身の訴訟について扱い，そして国王は，彼自身の訴訟において自らが裁判官になることができなかったので，ここでの裁判権を委任しなければならなかった。クックにとって，王座裁判所が裁判所として卓越しているのは，人民間訴訟裁判所や財務府裁判所がそうではないのとは違い，それが国王個人の裁判所であったという事実から引き出された[11]。王の判決する権限の行使により，（物議をかもしたが，クックが主張するには），王座裁判所はまた，ほかの正式記録裁判所の過誤を正すだけでなく，「裁判権が及ばないほかの過誤や非行で，平和を乱したり，臣民を抑圧したりすることに至るもの」[Coke 1797: 73] を正す権限ももっていた。

クックが著述した時代において，この裁判所は，ほかの裁判所に対する管轄権を主張し始め，新しい形式の「大権」令状を出すことで，それらの裁判所が権限を越えることなく，法の支配に服することを保証した。彼がその創始者であったわけではなかったが，クック自身，このプロセスで重要な役割を果たした。二つの発展が，特に重要である。最初のものは，新しい職務執行令状の出

---

10) *Prohibitions del Roy*（1608）12 Co Rep 65.
11) トマス・フレミングの以下の注釈を参照。「この裁判所の裁判権は，この王国のすべてのほかの裁判権がそうであるようには〔女王〕に由来せず，女王自身の裁判権である。なぜなら，この裁判所においては，彼女はつねに存在するといわれているからである」[Fleming in Halliday 2010: 64-65]。

現である。これは一般的にはジェームズ・バッグの事件と関連づけられている。バッグはプリマスの自由市民の 1 人で治安判事であったが，誤って剥奪されたと彼が主張した職務に復帰させてもらうために，クックの王座裁判所に赴いた。その事件についての彼の判例報告において，クックは，王座裁判所が「公的なものであれ，私的なものであれ，いかなる不正や権利侵害もなされてはならず，〔ここで〕取り除かれるか，法の適正な過程により罰せられなければならないということ」[12] を保証する権威を有すると主張した。彼は，なぜこの権限を有するのが王座裁判所であったのか——枢密院を通じて行動する国王自身ではなく——を説明しなかったけれども，権利を侵害しないという意味で，当事者たちが法の適正な過程に従う必要を彼が強調していたことは，法が遵守されていることを国王が保証するためには王座裁判所が適切な媒体であると，彼が見なしていたことを示唆するかもしれない。いずれにせよ，彼による権威の主張は，クックが彼の裁判所のために，あまりにも多くのことを要求していると感じたエルズミア卿に好ましい印象を与えなかった。彼〔エルズミア卿〕の見解では，その首席裁判官〔クック〕は，「この裁判所が国家を運営するのに，それ自体で完全に十分であるとほのめかして」いた。「なぜなら，もし王座裁判所がすべてのかたちの失政を取り除いてよいならば，……彼の人格において行使される国王の王としての保護や権威は，ほとんど，あるいはまったく役に立たないことになる。……枢密院の人々もそうである」[Egerton undated: 11]。エルズミアの見解では，クックは明白に，彼の裁判所の権限を誇張していた。

　この時代に発展した第 2 の新しい令状は人身保護令状（habeas corpus *ad subjiciendum*）であったが [13]，それによって王座裁判所は，看守に，留置された人の身柄を裁判所において提示し，彼を拘束している法的な根拠を示すよう要求した。クックの見解では，王座裁判所が介入することを可能にしたのは，それの裁判所としての卓越性であった。「この裁判所は」，彼が論じるには，「ほかのすべての裁判所を審査する。国王が彼の委任により，あるいは，法が国会制定法により，誰かに裁判を執行する権限を与えるときも，それらを審査する

---

12) *Bagg's Case*（1615）11 Co Rep. 98a.
13) この令状の起源については，Halliday [2010] と Baker [1994: lxxvii-lxxxiii] を参照．

ことは，依然として，国王の絶対的で最高の権力，そして，彼固有の裁判の座席である彼の座 (bench) に残っているような権限によってなされるだろう」[Coke in Halliday 2010: 12-13]。それが支持していた法は，国の法による以外はいかなる自由人も彼の自由を奪われてはならないという，マグナ・カルタの規定においてそのルールが確認されてきた古来の法だったけれども，裁判所は国王の名において介入した。

最近の歴史家たちは，これらの令状を発展させる際，王座裁判所の裁判官たちが，「〔王の〕大権を彼ら自身で用いるために獲得し」，そして「彼ら自身を最高のものにした」と論じている [Halliday 2010: 84]。彼らは国王に代わって，彼が権力を委任したものたちが，それを合法的な方法で行使しているかをチェックする権限を引き受けた。そうする際，裁判官たちは，王の権力を簒奪していると自身をみなしていたのではなく，それを守っているのであって，実際には王の権力を法の支配と結びつけているとみなしていた。これらの令状とともに裁判所によって引き受けられた「大権上の」権力は，社会の善のために法の通常の作用の外部に干渉する国王の絶対的権力に由来していたと，最近では示唆されている [ibid.: 69]。しかしながら，それらが「大権令状」として知られているという事実によって，私たちは，それらが，いかなる意味においても，法外的なものであった（例えば，国王の恩赦の権限がそうであったように）と決めてかかるよう仕向けられるべきではない。令状は，結局は，法的プロセスを開始させていた。「大権令状」は国王に，司法手続への特別な権利やアクセスを与えた。それらは，国王の特定の権利を主張するのに用いられることが可能であって，財務府裁判所によって発給された「大権令状」は，国王への債務が，ほかの債権者たちよりも前に払われることを保証していた[14]。それらはまた，公的な目的のためにも用いられえた。1619年のボーン事件において王座裁判所が，人身保護令状が五港まで及ぶとした際に判決したように，国

---

14) *Stringfellow* v. *Brownesoppe* 1 Dyer 67b; [Rolle 1668: 158 (G)]; [Jacob 1744: 59]; *Lord Dacres* v. *Lassells,* 2 Dyer 197a; *Price* v. *Parker* (1665) 1 Levinz 157, *Price* v. *Parks* (1665) 1 Keble 855, *Letchmere* v. *Thorowgood* (1688) 3 Modern 236. 財務府裁判所は，遺贈のための大権令状を送付することができた。*Nicholson* v. *Sherman* (1661) 1 Keble 116.

王の令状がそこには及ばないというルールは，私人の当事者間のみに適用され，「国王に対しては，そのような特権は存在しえない」。なぜなら，「この令状は大権令状であり，国王の正義が彼の臣民に対してなされることに関係しているからである。国王は，彼の臣民のいずれについても，なぜ拘禁されたのか，根拠をもたなければならない」[15]。大権令状のほかの例は，離国禁止令状（ne exeat regno）を含んでいた[16]。実際，このような令状は裁判所によって創られたものであり，──名目上の原告として──国王が，「公的な性質の事件」[17]において，法的な権力が濫用されていた場合に，救済を求めることを可能にした。それらは，答責性を「司法手続で扱う」よう作られた工夫であった。

　国王は，法を解釈する権限を彼の裁判官たちに委ねたが，法を創る権限は，彼の国会と共有した。フォーテスキューによれば，国王は，「彼の臣民の同意なしに法を変更したり，不承不承な人々に，知られていない賦課金を負担させる」[Fortescue 1997: 17] 権力はもっていなかった。クックはフォーテスキューを参考に，国王は，彼自身だけでは，「王国の法，制定法，慣習」を変えることはできず，「誰かの相続財産，財産，身体〔あるいは〕生命において告発する」ことはできないと主張した。国会における国王のみがこれをなすことができた[18]。ジョン王による，ローマ教皇へのイングランドとアイルランドの譲与（1213年）を論じた際，「どのような国王であれ，国会における貴族や庶民の同意なしに，彼自身，彼の王国や彼の人々をこのような従属状態に置くこと

---

15) *Bourn's Case*（1619）Cro Jac 543. 1世紀後，マシュー・ベーコンは，職務執行令状について，以下のように説明した。すなわち，それは「さもなければ裁判が妨害されるか，国王のマグナ・カルタが無視されるだろう場合に，通常は公的，そして政府と関係している事例においてのみ出され，したがって大権令状と呼ばれる，国家の公共の正義が関係している場合にのみ認められる」，行為の執行を命令する令状であった［Bacon 1740: 527］。*Knipe* v. *Edwin*（1694）4 Mod 281 も参照。「職務執行令状は大権令状で，通常は，国家の公共の正義が関係している場合に認められる」。

16) *Read* v. *Read*（1668）1 Chancery Cases 115.「この令状は大権令状で，国王は人々に対して責任をもつので，用いてもよいものである」。それは1799年には「元々は高度に国家的な大権令状であって，陛下自身の臣民が，国家に有害になるようなかたちで外国に行くことを妨げるためのもの」と説明された。*De Carriere* v. *De Calonne* 4 Ves 577 at 585. 私人の当事者による離国禁止令状の使用については，Bohun［1732: 75］を参照。

17) *R.* v. *Dean and Chapter of Trinity Chapel in Dublin*（1722）8 Mod 27.

18) *Case of Proclamations*（1610）12 Co Rep 74 at 75.

はできない」[Coke 1797: 14] と彼は述べた。

クックの国会についてのヴィジョンは、フォーテスキューのものを繰り返していた。

> この国会の法廷で、国王は頭であって、始まりであり終わりでもある (*caput, principium et finis*)。そして、自然の身体において、頭にて結合されたすべての筋肉が、身体を強化するために、それらの力を一つにするとき、究極の力 (*ultimum potentiae*) が出現する。同じように、政治体において、聖職貴族、世俗貴族、騎士、市民、自治都市市民のすべてが、国王の命令のもとに集まり、その頭の下に結合して王国全体の共通善のために協議するならば、究極の知恵 (*ultimum sapientiae*) が出現する [*ibid*.: 3]。

クックにとって、国会は、「そこに、彼の王としての政治的な能力において鎮座している国王陛下」と、王国の三つの身分である貴族、聖職者、庶民とともに構成される法廷であった。一緒になってそれらは「王国の偉大な協同、あるいは政治体」[*ibid*.: pp.1-2] を構成したが、国王の権威のみがそれを「開始し、継続し、解散する」ことができた [Coke 1789: 110a]。この法廷は、「超越的で絶対的な」管轄権 [Coke 1797: 36] を有していたが、すべての国会制定法は、「貴族、庶民の同意と国王の裁可をもたなければならない」[*ibid*.: 24]。

このような立憲的な観念を念頭に、何人かのコモン・ロイヤーたちは、国王の「二つの身体」よりもむしろ、国王の二つの種類の主権について話すことをより好んだ。ジェームズ・ホワイトロックにとって、「主権的権力が国王にあることは同意されている。しかし国王には、二つの権力がある。一つは、彼が国家全体の同意によって助けられているときの国会におけるもので、もう一つは、彼が唯一、単独の存在で、たんに彼自身の意思によって導かれているときの国会の外におけるものである。そしてもし、国王におけるこれら二つの権力に関して、一つが他方より大きく、支配できるのなら、それが最高権力 (*Suprema Potestas*) で、主権的権力であり、他方が従属するもの (*subordinata*) である」[Whitelocke 1658: 10]。

3 「法が国王を創る」[19]

　1441年に，財務府裁判所首席裁判官のフレイは，「国会は国王の法廷であり，彼がもっている最高の法廷であって，法は最高の相続財産である。なぜなら，法によって彼自身とすべての彼の臣民は統治されるのであり，もし法がなければ，国王も相続財産もないからである」[20] と宣言した。イングランドのような政治的王国においては，法の源であった国王は，コモンウェルスの法から彼の権力を引き出していた。コモン・ロイヤーたちは，法が国王の資格そのものを定めたと同意していた[21]。実にクックにとって，「国王は，国土の法が彼に認めるものを除いては，いかなる国王大権をもっていない」[22] のであった。

　法は，「コーポレーションの」実体としての王位の，まさにそのアイデンティティにとって中心にあった[23]。王位に関係する法は君主の法 (*jus coronae*) で，イングランド法の一部であったが，多くの点で，一般の臣民に関係する法とは異なっていた。他者によっては共有されていない特権や権限を裁判所が王位に帰属させることを可能にしたのは，この法であった。(例えば) 共同所有物分割なしに女性が王位を相続できたのは，その特別な法的地位によってであった。その法はまた，有罪決定された重罪犯の財産や埋蔵物に対する権利のような，あるいは，王は，決して合有不動産権者にはなれない（したがって，そのような保有財産に関しては完全な財産権を得る）というルールのような，財産に関する特権的な権利を王に与えた。それは王に，最初に支払われる債権者になる権利のような，訴訟における数多くの特権を与えた。国王は（彼の公的な能力においては）[24]，記録事項によってのみ，何かを付与したり，取り去ることができたの

---

19) [Thorne (Bracton) 1968-77: vol.2, 33].
20) YB (1441) Pasch 19 Hen 6, f. 62a, pl. 1 at f. 63a.
21) [Howell 1809: vol.2, 580] に収録されたカルヴィン事件におけるベーコンの議論も参照。ベーコンは，ブラクトンが「法が，彼が国王であることを決定する (*Lex facit quod ipse sit rex*)」と書いていると誤って引用した。彼は，よく知られ，たびたび引用された「法が国王を創るため，国王は，人の下にはないが，神と法の下にあるべきである (*autem rex non debet esse sub homine sed sub deo et sub lege, quia lex facit regem*)」[Thorne (Bracton) 1968-77: vol.2, 33] という一節を歪めかしていたのである。
22) *Case of Proclamations* (1610) 12 Co Rep 74 at 76.
23) *Calvin's Case* (1608) 7 Co Rep 12a. [Coke 1789: 15b-16a] も参照。

で[25]，あらゆる付与の意味は，裁判官が決定すべき問題であって，そのような付与が王に非常に有利に解釈されるということは，確立されたルールであった。国王は，（よく知られた格率によると）いかなる権利侵害もなしえず，（ベーコンが述べたように），「法によって拘束されていない（solutus legibus）けれども，彼の行為と付与は法によって制限され，私たちはそれらを毎日議論する」[Howell 1809: vol.2, 580]。

　通常の臣民たちによって彼らの財産に関して保有されている私法上の権利と類似した事柄においては，国王の「通常の」大権は法によって規制されていたけれども，コモン・ロイヤーたちは，統治の事柄においては，国王が「絶対的な」大権上の権力を有していたことを認めていた。絶対的な，自由裁量の権力という観念は，中世の神学に由来していた。神が奇跡によって通常の自然法の外で行為する権限を有していたのと同様に，国王は公共の善のために，通常の法の外に出る権力を有していた。この理論についての最もよく知られた説明は，ベイト事件において，サー・トマス・フレミングによってなされた。

> 国王の権力は二重であって，通常のものと絶対的なものである。そして，それらはいくつかの法と目的をもっている。通常のものは，特定の臣民の利益のためのもの，民事の正義の執行のためのもので，……ローマ法学者によって私法（jus privatum）と名付けられているものであり，私たちにとってはコモン・ローである。……国王の絶対的権力は，私的な使用に転換されたり，そのために執行されたりするものではない。……そうではなく，人々の一般的利益，人々の安全（salus populi）に適用されるだけのものである [ibid.: 389]。

　国王が，彼の通常の権力を，臣民の私有財産権を決定するコモン・ローを通

---

24) *Willian v. Berkley*（1562）Plowden *Commentaries* 234 を参照。ただ，*Reg. v. Smith*（1702）7 Mod 77 at 78 におけるホルト首席裁判官の「国王は，彼の自然的な能力においては何ものをももつことができない」という見解と対比せよ。
25) 「国王は政治体であり，記録によってのみ命令できる……法に従うならば」[Coke 1671: 186]。

じて行使し，その一方で，統治の事柄は，この法の領域の外にあるという見解は，国王の法務総裁のサー・ジョン・デイヴィスによって繰り返された。

> 国王は二重の権力を行使する。すなわち，絶対的な権力あるいは純粋で混合されていない統治権（*Merum Imperium*）で，彼が国王大権のみを用いる際のもので，実定法には拘束されていないもの。そして通常の管轄の権力で，法と協力し，それに基づき，彼が実定法の規定，ルールに従って，人々に対して正義を執行するもの［Davies 1656: 31］[26]。

クックはこの区別をダーシー対アレン事件についての彼の判例報告の草稿で受け入れており，そこで彼は，通常の国王大権が「法の通常の過程によって決定できる」のに対し，彼の絶対的な国王大権は，国王自身によってのみ決定されるべきであると述べた[27]。国王の絶対的な権限を挙げる際，コモン・ロイヤーたちは，よく一群の統治の事柄を挙げていたが，そのなかで最も顕著であったのは，彼の宣戦布告，通貨の価値の決定，そして恩赦を付与する権利であった[28]。サー・ジョン・デイヴィスは，「取引，貿易と商業の統治と規律で，国土内外のものは，主要な大権として王権に依存している」［*ibid.*: 32］と付け加えた。統治のそのような領域においては，国王の権力は，賞賛とともに記述された。例えば，1606年に，国会の成員を招集する国王の権利に言及しつつ，クックは，「派遣の場合，国王の書状は法の力をもつ」［Hawarde 1894: 288; Burgess 1996: 200］と指摘した。フランシス・ベーコンもまた，国王の主権的

---

26) デイヴィスは，国王たちが彼らの権力を，もともとは万民法から得たと述べた。彼は，「一般的で通常の場合，国王は，かしこくも自ら実定法によって，彼の絶対的な権力を制約，制限し，彼自身を通常の法のルールで拘束なされた。……にもかかわらず，万民法により彼に与えられた絶対的で制限のない権力を，多くの点において保持し，確保している。……ならば，国王大権は，人々によって彼に与えられたのではなく，彼自身によって，自らのために確保されていた」［Davies 1656: 30］と書いていた。

27) Corré［1996: 1297］で引用されている BL, MS. Harl. 6686, fols. 573–573v.

28) Smith［2014: 257］で引用されたクックの覚書（BL Harley MS 6686A, f. 95r）を参照。また，Corré［1996: 1297n］で引用されている独占事件におけるタンフィールドの議論（BL, MS. Add. 25203, fol. 558）も参照。さらに，Keeler et al.［1979–83: 527］所収のサー・ロバート・ヒース法務総裁の演説も参照のこと。

権力は,「どのような裁判官も非難できない」ものであり,「統治の事柄であって,法の事柄ではなく,彼の国家の評議会によって運営する彼に任せられなくてはならない」と論じた［Bacon 1868: 371］。国王の絶対的権力は委任されえないもので,個人的なものであった。ベーコンが述べたように,「彼ら個人の意思と判断に従う国王にある絶対的な大権は,いかなる臣民によっても行使されえない」［Bacon c.1900: 390-91］[29]。

国王は,彼の絶対的な大権に基づいて法を創ったり,その適用を免除する権限をもっていたのか。第1の問題は,国王の布令を発する権限について審議した1610年の裁判官の会議において議論された。この会議の報告において,クックは,国王が布令を発することによって法を創ることができるということを否定した。コモン・ロー,制定法や慣習とは違って,布令は法ではなかった。彼はすでに不法である行為をしないように彼の臣民に警告するためにのみ,布令を用いることができたのであって,それ以前にそうではなかった何かを不法にはできなかった[30]。彼は,それ自体で悪である事柄（mala in se）——自然法に反し,したがってコモン・ローに反すること——を犯さないように,臣民に警告する布令を創ることはできたが,重要でない行為——禁止された害悪（mala prohibita）——を不法と宣言する国会の機能を侵害することはできなかった。しかしながら,クックでさえ,もし「何かがコモンウェルスにとって有害であり,損害を与えるならば,……その同一のものが法によって禁止されていなくても,女王陛下は,そのものを彼女の人々の善のために禁止してよい」［Coke in Burgess 1996: 201］と認めた[31]。裁判官たちもまた,彼の「絶対的な」大権の領域——宣戦布告,通貨の規制と恩赦の付与——においては布令を創ることができ,その何らかの違反が,犯罪として罰せられるだろうことに関して,国王に同意していた。以下の点もまた,同意されていた。

---

29) ニコラス・フラーも同様に,「何らかの絶対的権力の委任は,絶対的不正の要因であるが,法はそれを知らず,そのような手続も許容しない」と論じていた。Darcy v. Allin（1602）Noy 173 at 176.
30) Case of Proclamations（1610）12 Co Rep 74 at 75.
31) 彼自身,「布令が法と同等の力をもったり,あるいは同じ程度の力をもたない」ということを認めていたが,国王はまた,国会が対処できる前に起こるかもしれない害を防ぐことを義務であると考えているとも述べていた［Cope 1971: 219］。

> 必要性が法において犯罪を創る際，国王は，布令によって，禁止あるいは命令してもよい。しかしそのとき，犯罪は，法によって創られなければ法はそれを罰しないため，布令ではなく，必要性に基づく法が犯罪を創った [Cope 1971: 221]。

　国王は新しく禁止された害悪（*mala prohibita*）を創ることによって，国会の権限を奪うことはできないが，彼は，禁止された害悪を規制する制定法の適用を免除することができたことは，コモン・ロイヤーたちによって同意されていた[32]。中世の事例は，国王が，制定法によって禁止された活動を，制定法にもかかわらず（*non obstante*）という条項をもって特権を付与することにより許可できるが，それ自体で悪である事柄（*mala in se*）の不正を犯すことを許容するだろう場合は，彼はそのような条項を使うことができなかったということを確立させていた。この立場は，1495年に，王座裁判所の首席裁判官であったフィノウによって説明された。彼がいうには，国王は，大金を稼いだり，羊毛を輸出したりすることを，そのような（ほかの点では合法であった）活動を不法とする制定法に反して，許可することができた。彼は，他者を殺害したり，公道でニューサンスを犯すことは許可できなかったが，これらは自然法におけるそれ自体で悪である事柄（*mala in se*）だったからである。しかし彼は，犯罪がなされた後，犯罪者を恩赦にすることはできた[33]。これは彼の権力における唯一の制限ではなく，国王はまた，特定の臣民を害するようなかたちで，法の適用を免除することはできなかった。どのような事柄であれ，国王が彼自身の権利の適用を免除することは，'*non obstante*' の使用にもかかわらず，同じ事柄に関して特定の諸権利を有している臣民が，国王による被授与者に対してそれらの諸権利を主張することを禁じるとはみなされていなかった[34]。サー・ジョン・デイヴィスは，中世の諸事例を次のように要約した。「国王は，公道

---

32) [Egerton undated: 7]; BL MS Stowe 153, f 40, in [Corré 1996: 1264].
33) *Anon* (1495) YB Mich 11 Hen VII fo. 11, pl. 35.
34) 国王の恩赦によって，原告の刑罰への訴えが禁止されたか否かについては，YB Mich 37 Hen 6, f 4a, pl. 6 を参照。また，*Thwaites v. Waterford Merchants* (1484) 64 Selden Soc 94 も参照のこと。

でニューサンスを犯すものを免除することはできなかった。そしてもし彼がそうするならば，そのような適用免除は無効である。国王は，もし誰かが私に対してトレスパスを犯す際，私が彼に対して訴訟を提起できない，あるいは，ある人が彼自身の訴訟の裁判官になるべきであるというようには，権利を付与することはできない。したがって，私たちの著作では，国王大権は，いずれの臣民も害すべきではないとたびたび書かれている」[35]。'non obstante' の効果をみる際，裁判所は，王権の基礎をなしている権力をみるよう期待されていた。したがってクックは，「コモン・ローにより，女王がいかなる方法でも権利を付与できないところでは，コモン・ローの 'non obstante' は，……権利の付与を実現しないだろう」[36] と報告した。1542年の事例もまた，国王が「彼自身が相続権を有する」──税金のような──ものを，将来，免除することはできたが，彼は「ある法律が創られる前に，国会の制定によって創られることになっているその新しい法律の適用を免除する」[37] ことはできないと判示した。

クックは，国王の法律の適用を免除する権限を，さらにダーシー対アレン事件，〔すなわち〕，独占事件において議論した。この事件において，トーマス・アレンは，エリザベス女王によってエドワード・ダーシーに出され，彼にトランプのカードを製造し輸入する排他的な特権を付与した開封勅許状の正当性に挑戦した。1463年の制定法は，トランプのカードの輸入を禁止しており，国王が，'non obstante' を用いて適用を免除したといわれたのは，この制定法であった[38]。クックの（不正確な）判例報告によると，その事件においては，その法律が公共の善のために (pro bono publico)〔国会で〕可決されていたため，その権利の付与は無効であると決定された[39]。エルズミアは，この区分を「判例報告者によって発明された新しい区別」[Egerton undated: 7] と退けた。クック

---

35) *Le Case de Commenda* (1612) *Le Primer Report des Cases & Matters en Ley resolues et adiudges en les Courts del Roy en Ireland* (Dublin, 1615) 68 at 75a. *Willian v. Berkley* (1562) Plowden *Commentaries* f 236〔の次の一節〕も参照。「コモン・ローは，あらゆるものの相続財産を奪い去ったり，傷つけないように彼の国王大権を割り当てた」。
36) *Bozoun's Case* (1584) 4 Co Rep 34b at 35b.
37) *Anon* (1542) Dyer 52a.
38) この事件については，Corré [1996] を参照のこと。そこでは，ダーシーが実際はカードを輸入していなかったことが示されている。

のこの事件についての説明は,彼がこれを被付与者以外の他者の権利に国王が干渉している例としてみていたことを示唆する。なぜなら彼は,独占が,国のカード製造業者からから商売,仕事を,1人の私人の利益のために奪うと論じていたからである。同じく,国王が制定法の適用を免除できるいくつかの方法を述べていたジェームズ・モリスも1578年に,国王が「彼の特許状によって,彼の王国の商人たちから,彼らの一般的な商売や取引を奪う独占を打ち立てる」,あるいは,「彼の権利の付与によって,彼の王国においておこなわれている職業や仕事を少数のものの完全な私的なものにする」ことはできないと指摘した[40]。いくつかの点で,この事例は新しい問題を提示した。一方で,その適用免除は,確立された法に反していないようにみえた。なぜなら,カードを作ることはそれ自体で悪である事柄(*mala in se*)でもなく,コモン・ローに反してもおらず,国王が,制定法による禁止された害悪(*mala prohibita*)の何を適用免除できないのかは明白ではなかった。そして,ほかの商人たちもカードを作る既得権を有していなかったので,国王の権利の付与は,誰かから権利を奪ったわけではなかった。その一方で,それは確かに,商売への一般的な自由を奪っているようにもみえた。

　裁判所における彼の議論において,ニコラス・フラーもまた,法の支配と公共の善の概念に訴えることで,独占を付与する国王の権限を制約しようとした。彼は,国王によって付与されたすべての開封勅許状が,裁判官によって法に従って解釈されるべきだと強調した。国王の恩赦する権限でさえ,彼の戴冠式の宣誓によって拘束されているため,その宣誓に違反して付与されたいかなる恩赦も無効だろう。国王のすべての属性――権力,正義,慈悲――は,「臣民の善のために当てるよう,彼のなかにある」。正義は,「臣民の善のためとして,権利の付与における権力と慈悲の双方,命令,保護〔と〕恩赦」をコントロールした[41]。キケロとマグナ・カルタを引用し,フラーは法の支配に訴えて,もし国王が,国会の同意なく戦争のために,彼の臣民から1シリングを取ること

---

39) 実際は,裁判官たちはこの事件における彼らの決定の理由を明確に述べることはなかったが,それはおそらく国王大権以外の点に向いていただろう。
40) BL Egerton MS 3376, f. 19v.
41) *Darcy* v. *Allin* [1602] Noy 173 at 177.

ができないのなら，いわんや，彼は，彼らから——カード遊びのような——「穏やかな娯楽」を奪うことは，彼らを奴隷にすることなしにはできないと論じた。彼はさらに，ある人が彼の労働によって生きることを禁じるあらゆる法は，神の法に反しているとして，無効であると論じている。フラーの幅広い範囲の議論は，カードを印刷する原告の権利のための法的基礎を見つけ，この権利を彼から奪う権限を国王は有していないことを示そうとした。しかし，その包括的で広い性質のレトリックは，おそらく彼が確立された法を超えて進み，クックの公共善についての定式化に含意されていた，国王の権限への新しい規制の類を課そうと試みていたことを示している。

　もし諸個人の権利に影響を及ぼす法の適用を免除する国王の権限が法によって制限されるとしても——そして，もしコモン・ロイヤーたちがこれを，次第に度を増して法の監視の下に置こうとする徴候があったとしても——彼の絶対的な権力は制限されえないということは同意されていた。これは，法適用免除事件において，クックによって明らかにされた。「彼の人格に専属し，分かつことができないいかなる大権からも，国王を引き離すことができる法律はなく，彼は，'non obstante'で，その適用を免除してよい」。「国王の人格に専属し，分かつことができない事柄」——恩赦を付与する権限のような——である権限は，制限されえなかった[42]。この点を述べる際，クックは，十分に確立された立場を繰り返していた。ジェームズ・モリスが述べていたように，「彼の王らしい知恵によって，慈悲を用いることがよいと思われるときに，国王から恩赦と犯罪を許す権限と権威を取り上げることは，彼から彼の王権の主要な部分を奪うことであり，この王国の法は許容しないだろう」[43]。

4　管轄権についての論争

　クックのような法律家たちにとって，コモン・ローと王権の間には必然的な対立はなかった。しかしながら，その世紀〔17世紀〕の最初の何十年間には，数多くの憲法上の衝突があり，そこでは，コモン・ロイヤーたち——クックが主

---

42) *The Case of Non Obstante*, 12 Co Rep 18.
43) BL Egerton MS 3376, f. 16v.

要な役を演じていた——が国王と衝突した。基本的には，これらの衝突は，国王が彼の絶対的権力を，彼らの領域を侵害するようなかたちで用いているというコモン・ロイヤーたちの懸念と，コモン・ロイヤーたちが彼ら自身の管轄権を不当に拡大しようとしているという国王と彼の助言者たちの疑念から生じた。

ジェームズ１世の治世には，多くの管轄権の衝突があったが，そこでコモン・ロイヤーたちは，議論の余地がある方法で，ほかのいくつかの裁判所の管轄内のものを決定するために，彼らの権限を主張しようとした。クックは特に，教会裁判所の主張に懸念を抱いていた。教会裁判所の権限に対する懸念は，宗教改革まで遡る。多くのコモン・ロイヤーたちの見解では，（国会によってもたらされた）宗教改革は，教会を国土の法に服せしめていた。この見解によると，教会の裁判所は結果として，国王のために行動するコモン・ロー裁判所の最終的な監督に服していた。対照的に聖職者たちは，彼ら自身の権限を，別個に，神と，彼の勅許状を通じて国王から導かれたものとして，彼らの裁判所が独立した権限をもっているとみなしていた[44]。高等宗務官裁判所の権限は，1591年のカウドリー事件で精査されたが，そこで裁判官たちは，聖職者のロバート・カウドリーから彼の聖職禄を奪う際に，その教会裁判所は法の文言に従っていたと判示した。より重要なことに，その裁判所の権限は，国王の開封勅許状に由来し，この裁判所が礼拝統一法を解釈する，それ自身の独立の権限を有していると判示された。これは，国王の教会裁判所が，それ自体独立して国王の大権上の権限に由来し，コモン・ローには従属していないことを示唆していた[45]。クック自身は，彼のカウドリー事件についての判例報告でこの見解を支持していたようである。そこで彼は，世俗のものがコモン・ロー裁判所に委任されていたのと同じように，国王が，教会の事柄について彼の権威を教会裁判所に委任していたと論じた。彼はまた，イングランド人たちは，教会法を他者から借りたが，それらは，にもかかわらず，「一般的な同意によって，そしてそれとともにここで承認され，認められ」ていた「国王のイングランド教会法」であると熱心に強調した[46]。クックの要点は，イングランドの教会法の

---

44) その背景については，以下を参照 [Brooks 2008: ch.5; Smith 2014: ch.6]。
45) 以下を参照 [Boyer 2003: 170; Smith 2014: 190]。
46) *Caudrey's Case* (1591) 5 Co Rep i at ix.

権威が，──国王が長である──機関としての王国の政治体に由来し，ローマではないということを示すことであった。クックは，さまざまな事柄が──「聖物売買，近親相姦，姦淫，私通，淫乱」を含む──「コモン・ローには属していな」かったため，国王たちが，「コモン・ローの管轄権からは除外された，それらの際立っており重要な教会の訴訟を判決するため，国王の教会法によって，教会裁判所を彼らの下に権威づけること」が必要であったとした[47]。

　カウドリー事件は，どの法が適用されるべきかについて諸裁判所が同意していない場合に，だれが判決する管轄権をもっていたかという問題を提起してはいなかった。なぜなら，カウドリーは，トレスパスの訴訟を女王座裁判所に提起し，高等宗務官裁判所のこの事件での管轄権を認めたのはコモン・ロー裁判所だったからである［Smith 2014: 191］。王座裁判所（あるいは女王座裁判所）は，しかしながら，「その適切な管轄権のなかにそれらを保持するため」，ほかの裁判所に禁止令状を出す権限を，たしかに有していた［Coke 1797: 71］。教会裁判所に対する禁止令状は，（そのときは，ローマの究極の権威の下にあった）教会裁判所が，国王の裁判所の管轄権のなかにあったいかなる事柄であっても，そのような事例を審理し，王の権威を失墜させるのを妨げるため，宗教改革以前から発展していた。しかしながら，それらはそのときすでに国王の裁判所であったが，宗教改革のあとも，王座裁判所は教会裁判所に対し，そのような令状を出し続けた［Gray 1994］。例えば1600年には，教会裁判所の職員が，拘留するために，破門されていた女性の家をこじ開けたあとに，禁止令状が教会裁判所に出されている。女王座裁判所によると，「それらは精神の裁判所であり，破門であれ，ほかのいかなる事柄の理由であれ，いずれの人の身体にも干渉すべきではない」[48]のであった。禁止令状はたんに王座裁判所によって出される大権令状ではなかった──17世紀の初頭には，人民間訴訟裁判所もまた，それらを出せることが同意されていた──。この事件についての彼の判例報告において，クックは，禁止令状の事件においては，コントロールを及ぼすのは，彼の法的権限を行使していた国王の裁判官たちではなく，・コ・モ・ン・・・ロ・ーであるということを明らかにした。マグナ・カルタは，人民間訴訟は国王を追わない

---

47) *Cawdrey's Case*（1591）5 Co Rep i at xl.
48) *Smith* v. *Smith*（1600）Cro Eliz 742.

と定めていた。よって,「教会裁判所の裁判官たちが人民間訴訟裁判所の管轄権を侵害し,国土のコモン・ローに反して何らかの訴訟を扱うとしても,すべての人民間訴訟を決定することは,人民間訴訟裁判所の管轄権に属する」。実に,「コモン・ローは,それ自体で禁止令状なのであり,その管轄権を侵害したものは,法廷侮辱罪を招いた」[49]。

コモン・ロイヤーたちと教会裁判所のあいだの関係は,教会裁判所が,何らの告発を示すことなく被疑者を尋問することを可能にした職権による(*ex officio*)宣誓を運用したことに関して,16世紀の後半から17世紀の初頭にかけて,著しく緊張した。1602年にニコラス・フラーは,宣誓に基づく答弁を拒絶したことで高等宗務官裁判所によって拘禁されていた2人のピューリタンのために,人身保護令状を求めた。彼は,彼らのためにその議論を公刊したが,そこで彼は,教会裁判所の拘禁する権限を否定した。この議論において,フラーは,国王は法によってのみ行為でき,王座裁判所と人民間訴訟裁判所は,「この法という重要な相続財産の主要な擁護者」[Fuller 1602: 14-15]であると論じ,彼が独占事件で示していた法の支配についての議論のいくつかを繰り返した。フラー自身が,法廷侮辱罪で高等宗務官裁判所に召喚され,王座裁判所に禁止令状を求めた。彼らの判決において,王座裁判所の裁判官たちは,教会裁判所がどのような権限をもつかについて決定し,彼らに禁止令状を出す管轄権を主張した(彼らはまた,教会裁判所が宗教上の犯罪をなすことを罰する権限をもつとも判示したが)[50]。そのような権威の主張は,聖職者たちとは合わず,王座裁判所が高等宗務官裁判所に禁止令状を出せるのか,いつ出せるのかという問題を解決するために,国王,主教,裁判官のあいだで,いくつかの会議が開催された。

国王が,諸裁判所の管轄権の問題を決定する彼自身の権利を主張し,この問題について彼に代わって語るコモン・ローの裁判官たちの権威を拒絶したのは,

---

49) *Langdale's Case*(1608)12 Co Rep 58. YB(1430)Mich 9 Hen 6, f 56a, pl.42. が参照されている(パストン判事:コモン・ローは,それ自身で禁止令状である)。しかしながら,人民間訴訟裁判所では禁止令状は,当事者の懇願に拠ったが,王座裁判所では国王に依存していた。*Dixye v. Brown*, Noy 77.
50) *Nicholas Fuller's Case*(1607)12 Co Rep 41.

これらの会議においてであった。「国王〔は〕最高の裁判官であり，下級の裁判官たちは，彼の影であり，代理人である」とジェームズ〔1世〕は主張した。「国王は，もし望むならば，ウェストミンスター・ホールのいずれの裁判所においても審理してよい……国王は法の創始者であり，法の解釈者である」[51]。首席裁判官のクックは，これに異を唱えた。彼の判例報告によると——死後の1656年に出版されたが——彼は国王に，国王自身がいかなる事件も裁くことはできず，「これは，イングランドの法と慣習にしたがって，何らかの裁判所で決定され，裁かれなくてはならない」と述べた。クックは彼が国王に「法は，臣民の訴訟を審理する黄金の基準であり，物差しであって，陛下を安全，そして平和裏に守る」[52]と述べたと報告した。首席裁判官〔クック〕にとって国王が裁判の事項を決定すべきでない二つの理由があった。第1のものは，「国王は自身では，彼自身の訴訟において (in propria causa) 裁判官にはなれない」[Coke 1797: 71] というものであった。彼は，正義の源であり，いかなる権利侵害もなしえず，誤審に対して決して答責性をもたされえず，したがって，（王座裁判所が誤審をなした際にありえたようには）国王の判決に対してはいかなる救済もありえなかった。第2のものは，国王が彼の知識の不足により，誤審へと導かれるかもしれないというものであった。クックは，法の事例は自然的理性によっては決定されないもので，長いあいだの学究と経験を要する「法についての技術的な理性と判断によって」決定されると指摘した。

　これらの議論は国王を立腹させた。彼は特に，コモン・ローが国王を守っているというクックの発言に怒っていた。彼は，「国王が法を守るのであって，法が国王を守るのではない」[53]と返答したからである。クックが国王に，教会裁判所は世俗の裁判所によって束ねられた河のようだと述べた際，国王は，それらは「国王によって束ねられている」[James I in Smith 2014: 202] と言い返した。ジェームズの憤慨は，彼自身の権力もまた，コモン・ローの裁判官たちによって束ねられているという含意に向けられていた。彼はまた，クックの特別な知識の主張も退けた。「汝は法の論理にすっかり従っている」と彼は述

---

51) BL Lansdowne MS 160, f 424v in ［Smith 2014: 199］；［Usher 1903: 673］．
52) *Prohibitions del Roy*（1608）12 Co Rep 63.
53) BL Lansdowne MS 160 ff 423-4 in ［Usher 1903: 669］．

べた。「しかし,汝は正しい論理を有していない。それは,理性のルールから導かれたものであるからだ」[James I in *ibid.*]。最近,スミスによって発見されたその会議の報告書は,ジェームズの,法の解釈ができるという主張——特に高等宗務官裁判所に権限を付与した立法について——は,たんなるレトリックではなかったことを示している。なぜなら彼が裁判官たちに,彼が「立法者の考えを推断することで,合理的に制定法を解釈する」ことができる[James I in *ibid.*: 201]と述べているからである。国王は以下のように宣言した。

> 私は高等宗務官裁判所に禁止令状を出すことはまったくないだろうが,もし彼らが違反するのなら,それを国王に知らせるのが,裁判官たちの仕事である。……制定法の解釈については,より適切には,裁判官たちよりも国王に属し,国会で行使されると私は考える[James I in *ibid.*: 203]。

長期的には,一般に認められた正説になるのだが[54],高等宗務官裁判所の管轄権の境界を決定するコモン・ローの権利を主張するクックの試みは,国王の怒りを呼び起こす以外には,ほぼ何も果たさなかった。1616年の,王座裁判所の大法官裁判所に対する優位を主張する彼の試みは,彼の失職につながったため,彼にとってさらに悪い結果をもたらした[Baker 1986]。この機において論争となった問題は,コモン・ローにおいてすでに決定されていた事件を精査する大法官裁判所の権限についてであった。たとえコモン・ロー裁判所が,それ自身の,「外国の」カノン法に対する優位を主張して,国王の法を代表すると,もっともらしく主張することができたとしても,なぜ国王の大法官がコモン・ローによってコントロールされるべきかを説明することは,はるかに難しいことであった。ジェームズの治世までには,大法官裁判所自体,「大権の」裁判所と評され,そこにおいて大法官は「絶対的な」権力を行使した[Staunford:

---

[54] その会議から半世紀を越えて,サー・マシュー・ヘイルは,もし教会の裁判所が,「それらに許容されてきたもの以外の事柄に自身を拡張させ,その受容されたものの境界を越えるならば,あるいは,もしそれらの裁判所が,王国のコモン・ローによってコントロールされているときに,その法(教会法)に従って進むならば」,コモン・ローは「それらを禁止し,罰するし,そうしてもよい」と書いている[Hale 1713: 29]。

1590: f. 65b〕⁵⁵⁾。この考えは，中世の権威に先例をもっていた。1469 年に大法官は，彼が良心と物事の真実性に従って判決する，そして，手続には，絶対的なものと通常のものという二つの方法があるので，当事者が形式に沿っていないことで損害を与えられることは許容しないと宣言した⁵⁶⁾。ウィリアム・ラムバードにとって，もし通常の裁判所が以下を欠いている，〔すなわち〕「すべての不正や病弊に救済を適用する権威を〔欠いている〕，あるいは，それらがもっている権限や権威が，その自由な道筋や通路を享受できないならば，国王が，彼の卓越しており，王のものである管轄権を行使しなければならない。さもなければ，苦しめられた，害を受けた者は，神の命令と国王の裁判官の義務だけでなく，自然と理性の共通の法によっても彼に与えられる助けや救済を奪われるにちがいない」〔Lambard 1635: 119〕。

アンソニー・ベンも同様に，もし国王が，犯罪者を恩赦する権限，あるいは制定法の適用を免除する権限をもっているのなら，たしかに彼は，「彼の善いそして誠実な臣民を，法が彼に反する際は，民事の訴訟においてエクイティでもって助ける」⁵⁷⁾権限もまたもっていると論じた。

大法官裁判所の権威に挑戦したものは，中世の教皇尊信罪という犯罪を援用した。これは，国王の諸裁判所が管轄権をもっている事例を，王国外の別の裁判所（例えば，ローマにおける）にもっていき，それによって国王のコモン・ロー裁判所の権威を傷つけるという犯罪であった⁵⁸⁾。クックはひとたびある事柄がコモン・ローで解決されていたならば，ほかの裁判所がなんらかの管轄権を引き受けることは，その制定法の違反であると感じていた。『イングランド法提要』第 3 部の教皇尊信罪についての彼の議論において，彼は，その制定法によって対処される害は，コモン・ローによって判決が下されたあと，「それ

---

55) 新しい「大権の」理論については，Williams〔2016〕を参照。
56) YB（1469）Trin 9 Edw 4, f. 14a, pl. 9.〔Fitzherbert 1577: f. 187v, pl. 11〕〔の以下の一節〕を参照。「二つの権力があり，通常の権力と絶対的な権力であるが，通常の権力は実定法としてのもので，絶対的なものは，どのようなものであれ，真実性が知られるだろうことによる」。
57) BL Lansdowne MS 174, f. 206.
58) 当のその制定法は，4 Hen IV c 23 であったが，それは，国王の裁判所で判決が下されたあと，その判決が陪審査問や誤審令状によって取り消されるまでは，当事者たちは争ってはならないと規定していた。

らの判決を覆したり，それらに異議を申し立てたりするために，王国のほかの裁判所で訴訟が開始される」[Coke 1648: 120] ことであると論じた。クックは，大法官裁判所による日常的な干渉が，法を不安定にし，際限のない訴訟に導くと悩んでいたかもしれない。しかし彼でさえ，大法官裁判所が法の世界に，国王自身の裁判所の一つとしてその一角を占め，コモン・ローでは利用できない救済を与えていたことを認めざるをえなかった。高等宗務官裁判所への禁止令状の場合と同様に，国王は，クックの議論を受け入れる気にはなれなかった。星室裁判所へのスピーチにおいて，ジェームズ1世は，諸裁判所がそれらの境界のなかに止められなければならないと述べた。「もし私の国王大権，あるいは国家の仕事に関する問題が生じるならば」「国王，あるいは彼の評議会かその双方と相談するまではそれを扱ってはならない。……王位の絶対的な大権についていうと，それは法律家の発言の対象ではなく，異論を唱えることも合法ではない」と彼はコモン・ロイヤーたちに述べた。ジェームズは，大法官裁判所の管轄権を「国王の良心の分配者」として擁護し，彼自身の裁判所を統制しようとするコモン・ロイヤーたちの取組みを批判した。「教皇尊信罪が大法官裁判所やそこの官吏に対して提起されたとウェストミンスター・ホールにおいていわれなければならないこと」は，「私を大変悲しませる。どのようにすれば国王が，彼自身に対する教皇尊信罪を認めることができるのか」と彼はいった。さらに彼は，クックの技術的理性の概念に狙いを定めた。「コモン・ローが汝自身には知られている専門技能や技術であっても，もし汝の解釈が，論理と常識をもつほかの人々がその理性を理解できないようなものであるならば，私はそのような解釈を決して信頼しないだろう」[McIlwain 1918: 332-34]。クックの職務からの追放とともに，裁判についての究極の権威者としての国王の大権上の権限は，強く再確認されたようにみえる [Brooks 2008: 150]。そして，王座裁判所を法の究極の声としようとするクックの試みは後退した。

5　国家的理由

　禁止令状と教皇尊信罪をめぐる論争において，国王は，法の外で彼の絶対的権力を使おうとしたのではなく，むしろ，管轄権の問題を解決するための，主

権者としての彼の権威を主張しようとしたのであった。しかしながら、17世紀の初頭において、国家の問題について扱う国王の絶対的権力の範囲について議論されたいくつかのほかの論争があった。国王が私人の財産に干渉することを可能にする一定の国王大権を有しているということは確立されていた。彼は、合理的な価格で商品を彼に提供するように、商人たちに要求する徴発権という権限を有していた。彼はまた——最近、気づかれたものだが——王国を守る火薬のために使う硝石を求め、臣民の土地を掘削する権限も有していた[59]。国王はまた、彼の臣民が王国を去ることを妨げたり、外国人と貿易することを妨げる権限も有していた。これらは論争の余地のない権限であった。

　ジェームズ1世の、国会の同意なしに租税収入を調達するための国王大権の権限行使の試みは、はるかに論争的であった。これを国王は、外国の商品の輸入に対する関税の賦課によってなした。1606年に、そのようにしようとする彼の権限は、トルコから種なし干ブドウ（カラント）を輸入した商人のジョン・ベイツによって挑戦されたが、そのベイツはこれを国会の同意を必要とする課税の一形態とみなしていた[60]。ベイツが関税の不払いで訴追されたとき、財務府裁判所首席裁判官のサー・トマス・フレミングは、このような税を賦課する権限は国王の絶対的権力の一部であって、彼の私的な利益のためではなく、公共の善のために充当されると判示した。「当の問題は、国家の本質的な問題であって」「政策のルールによって判示されなくてはならない」と彼は判決を下した［Howell 1809: vol.2, 389］。フレミングの見解では、貿易のすべての事柄は、国王の絶対的権力に関連し、そして結果的に、彼は関税を賦課する権限を有していた。彼がいうには、この事件ではどの臣民も課税されていなかった。なぜなら、関税は、国外にあるときに外国の商品に課されるものだったからである。これはまったく文字通りに、コモン・ローの管轄権の及ばない事柄だった。

　数多くのコモン・ロイヤーたちが、そのような賦課金を徴収する王の権利に異を唱えたときである1610年に、賦課金の問題は、国会において再度議論さ

---

59) *The case of the King's prerogative in saltpetre*（1606）12 Co Rep 12.
60) よって、王権のために「これらの国王大権の事例においては、判決はコモン・ローのルールではなく、この裁判所の先例に従ったものでなければならない」と論じられた［Howell 1809: vol.2, 383］。

れた。多くの議論が，国王の絶対的権力の性質に向けられている。何人かの法律家たちは，国王の絶対的権力それ自体が法的精査を受けることを確実にするよう望んだ。そのような権力があることを認めつつ，ヘニッジ・フィンチは，それが「意思ではなく理性の，身につけられたものではなく許可された，法の上のではなく法による絶対的権力」であると論じた。コモン・ローによっては「確固としていて確実なルール」には還元されえない――戦争や貨幣制度のような――多くの「うつろいやすい性質の」事例において，法は国王に絶対的な権力を与えたが，「それらのいずれもそこまで絶対的なものではなく，私たちの理性の対象で，信仰の教義ではない」。したがって，防御戦，攻撃戦における国王の権限を定めた法的ルールがあったし，どのような種類の戦争かを決定するのは法であった。フィンチは国王の大権上の権限が，法の外にはないというコモン・ロイヤーたちの見解を繰り返した。「この王国の法により，国王はすべての彼の大権と権力を引き出す王冠を身につける」[Foster 1966: 234-37]。ウィリアム・ヘイクウィルは，法によるもの以外では，緊急事態においてさえ，国王が租税収入を調達できるということを否定した。侵略の場合のみに緊急事態があり，そのような場合には，法は，彼の防衛に来るよう彼の臣民に強制することを許容していた [Hakewill 1641: 23][61]。しかしながら，このような強いレトリックにもかかわらず，コモン・ロイヤーたちは，国王の絶対的権力が法のコントロールに服する，あるいは，彼が関税を賦課する権限を欠いているといういずれについても，議論の余地なく論証することはできなかった。実際，王の法律家たちは，国王が王国内で税を課す権限がないことを認めたが，海外の貿易を規制する権限はあるとして，「告白し」，非難を「免れた」[62]。

国王の絶対的権力の範囲は，1627年に再び試された。このとき論争となっ

---

61) 彼は首席裁判官のサーニングによる，1405年の以下のコメントを参照した。すなわち，「だれも王国外における国王の戦争で王国外に出るよう拘束されない。なぜならそれは，報酬のためのものだからである。しかし，人々は彼らの忠誠と，そしてまた土地保有条件により，国王の命令の下，王国内に王国の防衛に行くよう拘束されている」[Brooke 1586: f. 253, pl. 44]。

62) 国会〔の同意〕なしに租税収入を調達する国王の権限の性質は，1634年のクックの死後の何年かにも，コモン・ロイヤーたちと王権の権威の支持者たちを決裂させた。最も有名なのは，チャールズ1世が船舶税を課すことで租税収入を調達しようとした1630年代後期である。船舶税事件については，Howell [1809: vol.3, 825] を参照。

た点は，国王の財産に干渉する権限ではなく，臣民の自由に干渉する法的資格である。国王への強制貸付金の支払いを拒絶したことで拘禁されていた 5 人の騎士は，王座裁判所から人身保護令状を求めることで，彼らの投獄に挑戦した。騎士たちが，「陛下の特別な命令によって」拘禁されたという答弁がなされたとき，裁判所は，国王が彼らを逮捕し，拘禁する権限をもっていたか否かを考慮しなければならなかった。マグナ・カルタの最も著名な規定によれば，法の過程によらずには，だれも彼らの自由を奪えなかった。また，国王は，「もし彼が権利侵害をなした際に当事者は訴訟をできないので，彼の臣民のいずれもできるようには，反逆罪や重罪の嫌疑でだれかを逮捕することはできない」[63]という命題のための中世の裁判の先例があった。同様に，不法監禁についての訴訟が，国王の命令によって逮捕した官吏に対して提起できるという命題のための先例があった [Fitzherbert 1577: f. 83, pl. 182]。

　一方，王の権利の擁護者たちは，ウェストミンスター第 1 法律の規定に注意を向けたが，それは，シェリフが，殺人で拘禁された人，あるいは「国王か彼の裁判官たちの命令によって」拘禁された人々を保釈する権限をもたないと規定していた[64]。この規定の効果について論評する際，ジェームズ・モリスは，1578 年の彼の制定法講義において，「なぜ国王が，王国のどんな臣民であれ，陛下のみに知られている理由に基づき，彼の絶対的な権威によるのと同じように，重罪や反逆罪の嫌疑で逮捕し，投獄するよう命じてならないのか」[65]わからないと述べた。さらに 1592 年には，裁判官たちが，王がその「特別な命令」によって収監する権限をもつと決議していた[66]。クック自身も，1604 年に書かれたマグナ・カルタの第 29 章についての注解でその問題を検討していたが，そこで彼は，「法の適正な過程」による拘禁とは正式起訴やコモン・ローによる訴訟だけを意味するのではないと述べた。いくつかの事例においては，「ひとは，上述のマグナ・カルタという法律にかかわらず，答弁なしに逮捕され，拘禁されうる」[Baker 2015: 395-96]。さらに，「もし何らかの人身保護令状につ

---

63) Per Chief Justice Huse of the King' Bench in YB (1485) Mich 1 Hen 7, f. 4b, pl. 5.
64) First Statute of Westminster (1275) cl 15.
65) BL MS Egerton 3376, f. 27.
66) Holdsworth [1924: 496] によって引用されている。

いて，彼が拘禁されたのは，「国王の命令による」と報告されるなら，特定の理由が示されていなくても，それはよいものであるが，……囚人は，国王の命令などによって拘禁されているときを除き，再拘束されなければならない。彼は，通常は，そこで彼の審理を受けよという国王の命令で移送される」[ibid.: 398]。

クックのここでの言明も，この場合，国王は法的手続に従うことを期待されているが，そうするよう強制はされえないというモリスの見解を繰り返している。モリスが述べているように，「王としての権力と絶対的権威をもつ国王は，王国のいずれの臣民をも〔拘禁〕されるよう命令してもよい。……しかし，陛下は正義によって，適切な時期にそのような拘禁の理由を公判し明らかにするよう義務づけられていて，そのように収監された当事者は，この王国の法と慣習にしたがって，彼の犯罪について罪状の認否を問われ，審理され，判決を下される」[67]。

クックは，「評議会は何らの理由を示すことなく，ひとを収監することができる」[68]と明確に述べた，王権の法的権限に関わる職務〔枢密顧問官〕に就いていた1616年に，彼の信念を確認した。

ジョン・セルデンを含んだ5人の騎士たちを代理した法律家たちは，マグナ・カルタに訴え，それが国の法によらなければだれも拘禁されるべきでないと述べているところで，それは「告発か正式起訴のいずれかによること」を意味していると論じた。もし国王の特別命令が法であると認められるならば，「この法律は何もしていなかったことになる」とセルデンは論じた[Howell 1809: vol.3, 18]。王権に関しては，法務総裁のサー・ロバート・ヒースは，国王が，法以外の方法によって進めるよういかなる裁判所にも命令できないことを認めたが，「それらの法的命令と，それによって国王が命令する，主権者がもっている絶対的な権力 (*absoluta potestas*) のあいだには違いがある」[ibid.: 37]と付け加えた。これは，彼が望むようにする権限ではなかった——「なぜなら，彼には自身を治めるルールがあるから」——が，正義の源である国王の命令に

---

67) BL MS Egerton 3376, f. 27.
68) *Salkinstowe's Case*（1616）1 Rolle 219.

異議を唱えるのは裁判所の役割ではなかった。これらの事柄では国王の所見は，法の事柄についての裁判官たちの終局的な判決と同じように終局的であると主張するに加えて，ヒースは，国王が収監の理由を明らかにしなかった場合は，それが公的な開示には十分に熟しておらず，「国家の事柄として意図されるべきである」からだと論じた［ibid.］。神の秘密とともに国家の秘密（*Arcana Dei, et Arcana Imperii*）があった［ibid.: 44］。彼は裁判官たちに，「それらについてさらに問うよりも，それらの事柄が理由をもってなされたと信じるよう，国家の手続を尊重する」［ibid.: 45］よう促した。例示としてヒースは，もし拘束されなければ，海外に逃れ，国家に対する陰謀を企て続けることを可能にさせられるだろう，海外の敵と共謀する反逆者の危険性について話した。このような国家の事柄においては，彼が恩赦，硬貨鋳造や貿易に対する彼の権限を濫用しないと信頼されるべきであったのと同様に，国王は，彼の権威を濫用しないと信頼されなければならなかった。それら以前に引用された先例を調べてみると，裁判所は，それが被拘禁者を解放する権限をもたないと判示しており，国王は，法に従って行動するよう拘束されていたかもしれないが，この事例においてはそう行動するよう信頼されなければならなかったというヒースの議論を受け入れていた。

　5人の騎士は監獄に再拘束されたが，1628年の1月に，彼に金銭を付与するよう望んで国会を召集していたチャールズ1世によって解放されたため，そこには1ヶ月ちょっとしかいなかった。その国会は，臣民の権利を主張すること，それから，審理なしに拘禁するために国王が有していたあらゆる権限を制約することに，より関心を示していた。クックは，この国会での議論で主要な役割を演じたが，そのことは，権利請願へとつながった。多くの時間が，国家的理由によって拘禁する国王の権限について論じる議論に費やされた。コモン・ロイヤーたちは，国王がそのように行動できるという考えを攻撃した。「私は，国家の事柄ということを理解することはない」とセルデンは宣言した。裁判官たちは，人々を「理由を知らずに監獄に」送り返すようには期待されえなかった。「そのようなことは，彼らが正義に基づくことを誓った裁判所ではありえないことである」［Keeler et al. 1979-83: 151］。ジョン・ブラウンはさらに進んで，絶対的な権力と法的権力の区別そのものを拒絶した。

> 私は，法がそのための規定を創ったもの以外の危険はないといおう。……王国の必要性のため，そしてその防衛のために私の家が取り壊され，私の土地に塹壕が掘られるならば，国家の法は何のために必要なのか。法はそのような国家的理由なしにそれを可能とする［*ibid.*: 172］。

　クック自身は庶民院に，国王の大権は法の最高の部分であって，どんな人とも同じように喜んでそれを守ると述べた。しかしながら彼は，国王が法を通じて行動するという彼の見解を繰り返した。「国王の命令は王座裁判所にあるが，それは国王の裁判所（*coram rege*）であって，国王の命令により（*per preceptum regis*）ということは，王座裁判所の裁判官の命令である」［*ibid.*: 101］。クックはまた，国王が拘禁を「彼自身の言葉の命令によって」［Staunford 1574: f. 72v］命じることができるというスタウンフォードの見解を，「国王の命令は裁判官によって表される」［Keeler et al. 1979-83: 101］と反駁することで拒絶した。この見解によると，国王は彼の個人としての資格ではなく，彼の機関としての法的資格において行動したが，それは，適切な法的文書を通じてでなければならなかった。国家の事柄において，告発の詳細を明らかにすることは安全ではないという議論については，クックは，反逆罪や謀殺の際，告発の詳細を示す必要はなく，一般的な理由を示していると応えた。彼の演説においてクックは，理由を示すことなくだれかを監獄に送ることは理性に反するということだけではなく，「この問題は法の問題である」［*ibid.*］こともまた強調した。

　1628 年の国会は，彼らの苦情に国王が対処するまでは，国王のためのいずれの歳出についての投票を検討することも拒絶した。結局国王は，いかなる自由人も，5 人の騎士のようには拘禁，留置されてはならない，また，「いかなる自由人も今後は，贈与物，貸付，献上金，税やそのような負担を，国会の制定法による一般的な同意なしに，なしたり払うことを強制されない」という彼らの権利請願を受け入れた。権利請願は，コモン・ロイヤーたちが，国王による彼の絶対的権力の過度の使用を制御する，彼らの古来の，そして根本的な権利と見ていたものを確実にしたようだった。しかしながら，実際はその請願は，コモン・ロイヤーたちと王党派のあいだの不信や不一致を解決はせず，それらの問題は，解決されるまでに内戦と名誉革命を要した。

6 おわりに

　多くの方法により，クックのような法律家たちは法の支配とコモン・ローを同一視することを望んでいた。彼らの見解では，国王は法を通じて統治しなければならず，その法を適用し，解釈する特別な役割を有しているのがコモン・ローの裁判官たちであった。クックの時代においては，コモン・ロイヤーたちは，国王のために法を伝える彼らの権威を拡張しようとした。このことの一つの様相は，大権令状を通じて，国王に代わってほかの裁判所の管轄権を監視し，国王がさまざまな権限を委任していた人々が，それらを濫用しないことを確かにする，彼らの発展していた権限であった。王座裁判所の大権令状を通じた下級の管轄権や官吏を監督する権限は，たしかに，クックが生きていた時代に確立され，彼はその発展において小さくない役割を果たした。しかしながら，ほかの領域では，コモン・ロイヤーたちは彼らのコントロールを主張するに際し，その成功はより小さいものであった。このことの一つの理由は，彼らが，国王が，（何人かの後の理論家たちが論じるだろうように）政府についての原初契約のもと，限られた権限を与えられた下級の官吏ではなく，裁判の源にほかならず，法の形式的な源泉であったという，まさに彼らの法システムについてのヴィジョンによって制約されていたということである。国王の中心性というこのヴィジョンを考慮すると，クックのようなひとに，──国王ではなく，むしろ──彼らが，彼〔国王〕の上級裁判所の境界を画定できる，あるいは，彼らが，国家の善のために統治する国王の権限を制限できると成功裡に論じることは，あまりに困難であった。

　〔付　記〕
　※注（27），（28），（32），（40），（43），（51），（53），（57），（65），（67）の「BL（…）MS.」は，大英図書館の草稿のことを指す。

【引用・参考文献】

Bacon, F. (1868). *The Letters and the Life of Francis Bacon*, vol.3, (ed.) J. Spedding, London.
――――. (c.1900). An Explanation What Manner of Persons those should be that are to Execute the Power or Ordinance of the King's Prerogative, in *The Works of Francis Bacon*, vol.12, (eds.) J. Spedding, R. Ellis, & D. Heath, Boston.
Bacon, M. (1740). *A New Abridgement of the Law*, vol.3, London.
Baker, J. (1986). The Common Lawyers and the Chancery: 1616, in *The Legal Profession and the Common Law: Historical Essays*, Hambledon Press, pp.205-230.
――――. (1994). *Reports from the lost Notebooks of Sir James Dyer*, vol.1, Selden Society.
――――. (ed.) (2015). *Selected Readings and Commentaries upon Magna Carta*, Selden Society.
Bohun, W. (1732). *The English Lawyer*, London.
Boyer, A. (2003). *Sir Edward Coke and the Elizabethan Age*, Stanford University Press.
Brooke, R. (1586). *La Graunde Abridgment*, London.
Brooks, C. (2008). *Law, Politics and Society in Early Modern England*, Cambridge University Press.
Burgess, G. (1996). *Absolute Monarchy and the Stuart Constitution*, Yale University Press.
Coke, E. (1648). *The Third Part of the Institutes of the Laws of England*, London.
――――. (1671). *The Second Part of the Institutes of the Laws of England*, London.
――――. (1789). *The First Part of the Institutes of the Laws of England on a Commentary upon Littleton*, London.
――――. (1797). *The Fourth Part of the Institutes of the Laws of England*, London.
――――. (2003). *The Selected Writings of Sir Edward Coke*, 3 vols., (ed.) S. Sheppard, Liberty Fund.
Cope, E. (1971). Sir Edward Coke and Proclamations, 1610, *American Journal of Legal History*, 15, 215-21.
Corré, J. (1996). The Argument, Decision and Reports of *Darcy* v. *Allen*, *Emory Law Journal*, 45, 1261-1327.
Cromartie, A. (2006). *The Constitutionalist Revolution: An Essay on the History of England, 1450-1642*, Cambridge University Press.
Davies, J. (1656). *The Case Concerning Impositions*, London.
Dodderidge, J. (1631). *The English lawyer*, London.
Egerton, T. (n.d.). *The Lord Chancellor Egerton's Observations on the Lord Coke's Reports*, London.
Fitzherbert, A. (1577). *La Graunde Abridgment*, London.
Forsett, E. (1606). *A Comparative Discourse of the Bodies Natural and Politique*, London.

Fortescue, J. (1997). *On the Laws and Governance of England*, (ed.) S. Lockwood, Cambridge University Press.
Foster, E. (ed.) (1966). *Proceedings in Parliament 1610: House of Commons*, vol.2, Yale University Press.
Fuller, N. (1602). *The Argument of Master Nicholas Fuller, in The Case of Thomas Lad and Richard Maunsell*, London.
Gray, C. (1994). *The Writ of Prohibition: Jurisdiction in Early Modern English Law*, vol.1, Oceana Publications.
Hakewill, W. (1641). *The Libertie of the Subject against the Pretended Power of Impositions*, London.
Hale, M. (1713). *The History and Analysis of the Common Law of England*, London.
Halliday, P. (2010). *Habeas Corpus: From England to Empire*, Harvard University Press.
Hart, J. (2003). *The Rule of Law, 1603-1660: Crowns, Courts, Judges*, Longman.
Hawarde, J. (1894). *Les Reportes del Cases in Camera Stellata*, (ed.) W. Baildon, London.
Holdsworth, W. (1924). *A History of English Law*, vol.5, London.
Howell, T. B. (ed.) (1809). *A Complete Collection of State Trials*, vol.2, 3, London.
Jacob, G. (1744). *A Law Grammar*, London.
Keeler, M., Cole, M., & Bidwell, W. (eds.) (1979-83). *Proceedings in Parliament 1628*, vol.2, Yale University Press.
Lambard, W. (1635). *Archeion: or a Discourse upon the High Courts of Justice*, London.
McIlwain, C. (ed.) (1918). *The Political Works of James I*, Harvard University Press.
Rolle, H. (1668). *Un Abridgement des Plusieurs Cases et Resolutions del Common Ley*, vol.2, London.
Smith, D. (2014). *Sir Edward Coke and the Reformation of the Laws: Religion, Politics and Jurisprudence, 1578-1616*, Cambridge University Press.
Sommerville, J. P. (1999). *Royalists and Patriots: Politics and Ideology in England, 1603-1640*, 2nd edn., Routledge.
Staunford, W. (1574). *Les Plees del Coron*, London.
――――. (1590). *An Exposition of the Kinges Praerogative*, London.
St. German, C. (1974). *Doctor and Student*, (eds.) T. F. T. Plucknett, & J. Barton, Selden Society.
Thorne, S. (ed.) (1968-77). *Bracton on the Laws and Customs of England*, 4 vols., Harvard University Press.
Usher, R. (1903). James I and Sir Edward Coke, *English Historical Review*, 18, 664-75.
Whitelocke, J. (1658). *The Rights of the People concerning Impositions*, London (1st. edn., 1610).
Williams, I. (2014). Edward Coke, in *Constitutions and the Classics: Patterns of Constitutional Thought from Fortescue to Bentham*, (ed.) D. Galligan, Oxford

University Press, pp.86-107.

―――. (2016). Developing a Prerogative Theory for the Authority of the Chancery: the French Connection, in *Law and Authority in British Legal History*, (ed.) M. Godfrey, Cambridge University Press, pp.33-59.

第2章
クック，ホッブズ，ブラックストーンと法の支配
国会主権の確立と国王大権

戒能通弘

1 はじめに

　本章では，イギリスの国会主権が確立する過程で，イギリスの法の支配の思想がどのように変容したかを跡づける。権利請願（1628年）の後，ピューリタン革命（1642-49年），王政復古（1660年）を経て，名誉革命時に権利章典（1689年）が発布された。この権利章典では，エドワード・クック（Sir Edward Coke, 1552-1634）などが問題視した法適用特別免除（*non obstante*）——国会の制定した法律の適用を免除する国王の権限——が廃止され，国王大権に対する法の支配が確立する。それと同時に，国会主権，立法権の至高性や無制約性も確立された。国王大権をいかにして法の支配，コモン・ローの支配に服せしめるかという問題は，とくに二つの革命の後は，後景に退き，国会主権，国会における国王（King in Parliament）との関係で国王大権が論じられるようになった。

　本章では，まず，クックによって判示されたボナム医師事件（Dr. Bonham's Case, 1610年）を検討する。「国会の制定法が，共通の正しさと理性に反する場合，……コモン・ローは，それをコントロールし，そのような制定法が無効であると判決する」[Coke 2003: 275]というクックによるボナム医師事件の判決の意見は，建国前後のアメリカにおいても比較的知られるようになり，反植民地派の拠り所の一つともなっていた。「マグナ・カルタあるいはイングランド人特有の権利に反する議会制定法はその事実自体で無効である」という法格言が，クックに帰され，専制的な本国の立法が批判されたのである［小山 2013: 61］[1]。一方，ボナム医師事件におけるクックの意見は，違憲立法審査制の源

泉というよりも，制定法の解釈に過ぎなかったという理解が，最近は強調されている。本章では，次節（第2節）において，中世，近世の制定法解釈のあり方のコンテクストでボナム医師事件を理解するウィリアムズの研究，コモン・ローは，自らの合理性を慣習や制定法に適用していたというスミスの研究に基づいて，ボナム医師事件を検討したい[2]。

その一方で，クックの意見自体は非常に曖昧なものであり，とくに同時代には，イングランドでも基本法であるコモン・ローの支配に制定法を服せしめる意図をクックに帰すことがなされていた[3]。そして，第2節の最後に触れるように，名誉革命後のイギリス法の集大成ともいえる『イングランド法釈義』(1765-69年) において，ウィリアム・ブラックストーン (Sir William Blackstone, 1723-80) は，ボナム医師事件に明示的，かつ否定的に言及しつつ，国会主権，立法の至高性や無制約性を論じている。クックのボナム医師事件での意見を否定することによって，イギリスの法の支配の伝統は，新たな局面を迎えたという整理も可能であろう。

本章では，第3節で，ブラックストーンとともにトマス・ホッブズ (Thomas Hobbes, 1588-1679) についても検討する。ホッブズについては，近年，「ホッブズと法の支配」という論点がダイゼンハウスによって提示されているが，そのダイゼンハウスは，自然状態に逆戻りすることを避けるために，ホッブズの

---

1) これは，マサチューセッツ副総督のハッチソンの1765年の文書における言明である［小山 2013: 61-62］。
2) 小山［2013］は，ボナム医師事件についての主要な学説を整理している。まず，プラクネットによると，クックは，制定法の上に基本法＝コモン・ローの存在を前提し，それに反する制定法は無効であると考えていた。一方，田中英夫によってわが国に紹介されたソーンは，クックの意見は，妥当な結論に達するために限定的な解釈では不十分な場合に，その適用を拒否するという中世的な法理に基づいていたとする。プラクネットのクック理解については，Plucknett［2004］（初出は1926年），ソーンのものについては，Thorne［1938］を参照。近年では，プラクネットを支持するものとしては，Boyer［1997］，逆に，ソーンと近い理解から法の解釈としてボナム医師事件を捉えるものとして，本章でも検討する Williams［2006］などがある。なお，ボナム医師事件の解釈史については，［*ibid*.: 112］も参照。
3) クックによるボナム医師事件の判決意見については，17世紀から20世紀と，時代が移り変わるにつれて，主要な理解のあり方も変わっていった。法思想史，法制史の研究者によるものではなく，より一般的な法学者などによる解釈の変遷については，本章末尾のコラムを参照いただきたい。

主権者は自然法に，また，ホッブズの裁判官もエクイティの原則に事実上拘束されていたと論じている。ただ，ホッブズは，主権者としては，君主を国会に優先させており，国王大権を制約しようとする国会制定法を無視すること，さらに，既存の制定法を覆したり，無視したりすることも認めている。第3節では，ホッブズと法の支配という論点について，よりバランスの取れた理解を示すことにより[4]，さらには，ブラックストーンの憲法に関する議論をホッブズの議論と対比的に整理することにより，ブラックストーンの国会主権論もクックの法の支配の議論[5]と同様に，国王大権の制約を主眼としていたことを確認したい。

2 クックのボナム医師事件判決と法の支配

❖ 2-1 ボナム医師事件

イギリスにおける国会主権の原則と法の支配の関係を考える上で避けて通ることができない1610年のボナム医師事件であるが，そこでのクックの見解を正確に理解することは，イギリスの法の支配の歴史を理解する上でも重要なことである。ボナム医師事件では，王立医師会設置法が問題になったが，この法律は，王立医師会に加入していないものが医療行為をしていた際に，そのものを審判して罰金を科すとともに，その一部を収入にすることも同会に認めていた。要するにこの法律は，王立医師会に，裁判官，当事者，執行官の三つの地位を与えたのであったが，ボナム医師事件を裁いたクックは，本章冒頭でも引用したように，「国会の制定法が，共通の正しさと理性に反するか，矛盾を含んでいるか，あるいは実行することが不可能な場合，コモン・ローは，それをコントロールし，そのような制定法が無効であると判決する」[Coke 2003: 275] と述べている。

---

4) ダイゼンハウスのホッブズ理解については，以下を参照 [Dyzenhaus 2005; 2012]；[Dyzenhaus and Taggart 2007]。同じくホッブズにおけるエクイティを強調するものとして，May [2013] がある。これらを批判するものとして，本章では，以下を参照している [Poole 2012]；[Sorell 2014]。
5) 国王大権に法の支配を及ぼそうとしたクックの議論については，本書の第1章を参照。

上述のクックの言明だけに焦点を当てるならば，今日の違憲立法審査制に近いものをクックが示していたとする理解も可能であろう。実際，次項でもみるように，クックと同時代のイングランドでは，そのような理解がなされていたし，現代のクック解釈においても，違憲立法審査制と関連づける理解は根強く残っている。本章の注2）では，プラクネットの研究を紹介したが，政治思想史の研究者であるバージェスも，クックの法律の無効は，制定法にその本来の意味以上のものをもたせる広範な司法の権限を前提にしていたと論じ，違憲立法審査制に近いものとしてクックの判決理由を捉えている［Burgess 1996: 193］[6]。

しかしながら，ボナム医師事件までに，コモン・ローに反するような制定法は数多く制定されており，クック自身も，制定法の役割を，コモン・ローを修正し，要約し，説明することであると述べていたことにも留意する必要がある［Tubbs 2000: 157］。そのようなイングランド法のコンテクストとより整合的なボナム医師事件の理解を提示しているのがウィリアムズのものであるが，それは，わが国でも通説的な理解とされているソーンの所説［小山 2013: 48］を発展させたものともいえるだろう。

ウィリアムズは，16世紀の法曹学院の模擬法廷において，土地の譲与を定める法律で，土地の譲受人がその土地から利益を得ることを禁止するものが，無効となる制定法の例として挙げられていたことに注目している。そして，コモン・ロー，イングランド法の土地保有態様の制度では，土地は必ず誰かに帰属する必要があり，土地の譲与は，その土地の利益に対する権利を与えていたため，そのような制度は無意味であり，無効である（void）と論じられていたことを指摘している［Williams 2006: 117-18］。また，ウィリアムズによれば，ボナム医師事件で問題になった裁判権の譲与にも中世以来のルールがあり[7]，特権的な

---

[6] なお，バージェスは，クックの判決意見のなかの「共通の正しさと理性」という言明から，ボナム医師事件を自然法と結びつける解釈が生じると指摘するとともに，そのような解釈からは距離を置いている。Sommerville［1999］は，その一例であるが，バージェスが指摘しているように，16, 17世紀のイングランドの法律家の間では，「共通の理性（common reason）」は，コモン・ローの同義語として用いられていた［Burgess 1996: 183］。ここでの論点は，「コモン・ローに基づく違憲立法審査制の原型」か「法の解釈」かということになるだろう。戒能［2013: 270-71］も参照。
[7] 「何人も自ら関係する事件の裁定者たるを得ず」という *nemo judex* ルールとして知られているもののことである。

裁判権の譲与も，自らの訴訟の裁判権までは付与していないと解釈されていた [ibid.: 119]。この裁判権は，財産権の一種と捉えられていて，ボナム医師事件の判例報告で引用された事例もそのようなものに関するものであったが，上述の土地の譲与など，財産に関わる一般的な文書がコモン・ローの解釈ルールから無効にされたのと同様に，ここでの法律の無効とは，当該制定法をコモン・ローでは解釈することが不可能であり，それを実行に移すことができないことを意味していたにすぎないというのがウィリアムズの論旨である [ibid.: 124]。ウィリアムズによれば，上述のバージェスによって指摘されていたような，コモン・ローを基本法とする観点は見出しにくいということになる。

　一方で，スミスはその近著において，コモン・ローが地域の慣習や条例を精査し，コモン・ローの合理性とは一致しないような地域的な実践を，コモン・ローと一致するように解釈したり，無効にしたりするといった裁判官たちの試みが，ボナム医師事件に至ったのではないかと分析している。

　スミスは，クックが裁判官として唯一ボナム医師事件を引用したものとして知られているロールズ対メーソン事件に注目している。そこでクックは，「制定法に矛盾がある場合，あるいは慣習に不合理性がある場合，ボナム医師事件でそう見えるように，コモン・ローはそれを許容せず，拒絶する」[Coke in Smith 2014: 173] と述べていたが，スミスの整理によると，伝統的に，慣習については合理性，制定法に関しては理解可能性と執行という観点から，コモン・ローによって評価されていた。さらにスミスは，当該事件の判例報告の草稿から，制定法がコモン・ローの格率（maxim）[8] に反する場合も無効になるとクックが考えていたと論じている。ただ，その際，コモン・ローの裁判官が，制定法を廃する，すなわち，コモン・ローを制定法の上に置くという意味で，クックの見解が現代の立憲的なアプローチに近かったわけではないことをスミスは強調している。スミスによれば，ボナム医師事件，あるいは，ロールズ対

---

8) コモン・ローの法原則のことを指す。例えば，フランシス・ベーコンは，民事事件に関して，「法は，遠因ではなく近因（proximate causes）を顧慮する」「法は，不法行為者の害意ではなく，被害者の損害を見る」といったものを，また，緊急避難（necessity）と強迫（duress）に関しては，「行為が強制的なもので自発的なものでなく，同意がなく，選択したものでなければ責任はない」といったものを挙げている [Lobban 2007: 38-39]。

メーソン事件は、地域的な慣習や地方の条例をコモン・ローによってコントロールしようとしてきた従来の試みの極端な形態の表出として捉えるべきなのであった［*ibid*.: 174-75］。クックは、その表面上の管轄を超えて、コモン・ローの権威を及ぼそうとしていたのだが[9]、その延長線上に、ボナム医師事件も位置づけられるということになるだろう。

❖ 2-2　国会主権の確立とボナム医師事件

クックの、コモン・ローは、国会の法律をコントロールし、無効であると判決するという前項で検討した一節は、クック自身が編集した『判例集』第8巻（1611年）において初めて登場したことがグレイの研究によって指摘されている［Gray 1972］。クックは、法廷においては上述の趣旨の言明をなしておらず、1年後に、自らの判例集にあえて付け加えたことになるが、このグレイの研究を詳細に検討している小山貞夫が示唆しているように、そこから、コモン・ローを基本法とする立場を強調しようとするクックの意図を読み取ることも可能であろう［小山 2013: 53-54］。

実際、1614年のサヴァッジ対デイ事件において、判事のホバートはボナム医師事件をほのめかすようなかたちで、たとえ国会制定法であっても、ある人を自らの訴訟の裁判官にするような自然的衡平に反するものは、それ自身で無効であると傍論で述べている［Smith 2014: 172］。さらにスミスによると、大法官を務めていたトマス・エジャトンも、国会制定法は国会によってのみ覆されるべきであり、ボナム医師事件は、裁判官によって国会制定法を無効にしたものであると批判していた。エジャトンは、クックが「ある特定の裁判所の理性を、王国の判断より上位にもち上げた」［Egerton in Smith 2014: 173］と批判していたのである。

ただ、制定法が実行できない際、あるいは明白な矛盾（direct repugnancies）——一見しただけで明らかな矛盾——をかかえる際は、エジャトンも裁判官によって無効にされることは認めていた。エジャトンが批判したのは、制定法の実質面、内容面での矛盾を裁判官が明らかにして、それを無効にすることであ

9）この点については、第1章4節で詳細に検討されている。

った。ウィリアムズが指摘しているように，クックは，立法者の意図が比較的明白な場合でも，その制定法の結果が矛盾をもたらすならば，当該制定法を無効にできると考えていたのであるが，その背景は，クックが，制定法とそのほかの法律文書を区別せずに，同様な解釈手法を用いていたことにある［Williams 2006: 126］。中世の制定法は一般方針を示す通達のようなもので，その文言に拘束力を認めることはなく，よって裁判官たちは，制定法を自由に解釈し，当該の制定法の適用範囲にある事例でも，結果が妥当でなければその制定法を適用しないこともたびたびあったのである［小山 2013: 46］。ならば，ウィリアムズが論じているように，クックとエジャトンとの対立は，制定法はほかの法律文書などと同様に扱われ，コモン・ローを含む法全体のなかに統合されると考えたより古い伝統を体現していたクックと，制定法を根本的に異なった次元のものとみなしていたエジャトンの対決として整理されることになるだろう。ボナム医師事件のクックの判決意見で示されたのは，「違憲立法審査制」を正当化するような法理論ではなく，コモン・ローの伝統的な解釈ルールの，制定法への適用であったと考えるべきである［Williams 2006: 128］。

興味深いのは，ウィリアムズの整理を裏づけるかのように，18世紀のブラックストーンが，当事者の一方に裁判権を付与する制定法を例として挙げつつ，エジャトンに同調するようなかたちで制定法の解釈ルールを提示していることである。ブラックストーンの『イングランド法釈義』(1765–69年) の第1巻においては，「すべての修正的制定法の解釈において考慮されるべき三つの点がある。旧来の法，弊害そして救済〔である〕」［Blackstone 1979: vol.1, 87］といった「弊害準則 (mischief rule)」[10] と並んで，制定法を解釈する10番目のルールとして，「実行されることが不可能な国会の法律は妥当性をもたない。そして，もしそこから，共通の理性に明白に矛盾するような何らかの不合理な結果が付随的に生じるならば，その付随的な結果に関しては，無効である」［*ibid.*: 91］というものが挙げられている。ここでは，制定法とそのほかの法律文書を区別しないクックの解釈の手法とさほど変わらないものが示されているようにもみ

---

10) ヘイドン事件 (1584年) の法理を一般化した制定法の解釈ルールで，制定法の文言だけでなく，国会が是正しようとした弊害を考慮しつつ，立法目的に即した解釈をすべきとするものを指す。

えるが，ブラックストーンは，「もし国会が不合理なことがなされるべきであると明確に制定するならば，私はそれをコントロールできるいかなる権力も知らない」[*ibid.*]という留保をつけている。より具体的には，「ある人が，ほかの人々のものと同様に，彼自身の訴訟も審理すべきであると制定することが国会には可能であると私たちが考え，それが立法府の意図であったかどうか疑いの余地がないような明白ではっきりとした言葉で表現されているとき，その立法府の意図を無効にする権力をもった裁判所はない」[*ibid.*]と論じられているのである。そして，その際，ブラックストーンが，注でボナム医師事件についてのクックの判例報告を引用しながら，論を進めていることが注目される。小山貞夫が指摘しているように，ブラックストーンは，クックの判例集でボナム医師事件を理解して，さらにはそのクックの考えを正面から否定することで，制定法の優位，国会主権を論じたのであった［小山 2013: 59］。

　ブラックストーンは，ボナム医師事件で示されたような制定法の解釈の手法は，「司法の権力を立法権力の上に置くことで，すべての政府を混乱に陥れるものであろう」［Blackstone 1979: vol.1, 91］と論じていた。ブラックストーンは，クックの例を用いながら，裁判所と国会の役割についてクックとは異なる見解を提示し，内戦後，名誉革命後の現実を示そうとしたとの指摘もされている［Orth 2009: 87］。ブラックストーンは，名誉革命，権利章典を経て国会主権が確立した後の現実を記述していたのであるが，ただ，その過程もまたクックたちの取り組みと同様，国王大権を制約する試みとして特徴づけられうる。次節では，国王大権を擁護するような議論を提供していたホッブズとブラックストーンを対比的に論じることで，イギリスにおける法の支配の新たな局面を描いてみたい。

3　国王大権と国会主権：ホッブズとブラックストーン

✣ 3-1　ホッブズのコモンウェルス

　法の支配の観点からホッブズを論じるために，ここではまず，ホッブズの法思想，コモン・ロイヤーに対する批判の概要を示しておきたい[11]。

　ホッブズは，『法学要綱』（1640 年），『市民論』（1642 年），『リヴァイアサン』

(1651年)などで「命令」あるいは「法」と「助言」の峻別論を論じている［深尾 2017: 517］。例えばホッブズは『リヴァイアサン』において、人々が「ときには助言者の教えを命令者のそれと取りちがえ、ときにはその逆の誤りを犯す」［Hobbes 1985: 302/268］のを防ぐことを目的として、「《命令》とは、命令を発する者の意志以外、なんら他の理由を予想せずに、「これをせよ」とか「するな」というばあいである」［ibid.: 303/同上］のに対し、「《助言》とは、それによって相手にもたらされる利益をみずからの論拠として、「これをせよ」とか「するな」というばあいである」［ibid./同上］として、その両者の区別を試みている。また、『法学要綱』ではより具体的に、以下のように論じられている。

> 助言における表現は、それが最善であるから、そうしなさいというものだが、法においては、私があなたを強制する権利をもっているため、そうしなさい、あるいは、わたしがいっているのだから、そうしなさいというものである。それが〔なすように〕促す行為の理由を与えるはずの助言が、それ自体で理由になるならば、もはやそれは助言でなく法である」［Hobbes 1999: 178］。

　ホッブズの観点からは、「法学者の意見は、如何に勝れたものであったとしても助言に過ぎないのであって、「命令」たる「法」と峻別されるべきである」［深尾 2017: 519］と考えられていたのである。そして、この議論は、周知であるところの、その政治哲学から導かれる当然の結果であった。
　ホッブズの政治哲学は、ピューリタン革命などで混乱の状態にあったイングランドにおいて、自然法が、主権者が絶対的な権利、権能をもつ国家の設立を要請していることを論じるものであった。
　ホッブズは、自然法を「理性によって発見された戒律または一般法則であり、それによって人はその生命を破壊したり、生命維持の手段を奪い去るようなことがらを行なったり、また生命がもっともよく維持されると彼が考えることを

---

11) 本項については、戒能［2013: 第1章］も参照されたい。

怠ることが禁じられる」[Hobbes 1985: 189/160] ものとして捉えている。より具体的には，ホッブズは，周知の通り，「各人は望みのあるかぎり，平和をかちとるように努力すべきである」[ibid.: 190/同上] という第1の自然法，「平和のために，また自己防衛のために必要であると考えられるかぎりにおいて，人は，他の人々も同意するならば，万物にたいするこの権利を喜んで放棄すべきである。そして自分が他の人々にたいして持つ自由は，他の人々が自分にたいして持つことを自分が進んで認めることのできる範囲で満足すべきである」[ibid./160-61] という第2の自然法，そして，「結ばれた契約は履行すべし」[ibid.: 201/172] という第3の自然法からコモンウェルスの設立を導き出している。

　このコモンウェルスとはいかなるものなのかについて，ホッブズは，「1個の人格であり，その行為は，多くの人々の相互契約により，彼らの平和と共同防衛のためにすべての人の強さと手段を彼が適当に用いることができるように，彼ら各人をその（行為の）本人にすることである」[ibid.: 228/196-97] と定義している。そして，そこでの人格を担うものが主権者なのだが，ホッブズは，「主権者は，国民が他の同胞によって干渉されずに享受することができる財産，なしうる活動が何かについて規則をつくる全権を担っている」[ibid.: 234/202] と述べていた。コモンウェルス，主権が設立される以前においては万人が万人に対して権利を有しており，それが戦争の原因であったが，平和を求める自然法により，自分のものと相手のものを画する管理権，および「国民の行為の「善」「悪」・「合法」「非合法」にかんする」[ibid./同上] 規則である市民法を創る権利が，主権者に専属することが必要とされるのであった。ホッブズの法の定義は，「《市民法》とは，すべての国民にとってコモンウェルスが善悪の区別，すなわち何が規則違反で何がそうでないかを区別するのに用いるよう，ことば，文書，その他意志を示すに十分なしるしによって，〔主権者が〕彼らに命じた諸規則である」[ibid.: 312/277] というものであるが，ホッブズの「法」と「助言」の峻別の意図は明白であろう[12]。

　ホッブズが，このような絶対的な主権の権利，権能を侵害し，平和を乱す元凶として非難していたのが，聖職者であり，そして法律家であった。1660年代半ば以降に書かれたとされる，クックに対する包括的な批判の書であっ

た『哲学者と法学徒との対話――イングランドのコモン・ローをめぐる』[13]　においては，「法律を作成するのは，知恵［学識］ではなく権威」[Hobbes 2005: 10/12]であるという「法」と「助言」の区別に基づき，「1 人の人あるいは多数の人びとがいかに賢明であろうとも，かれらの技術は法律ではないし，また 1 人のあるいは多数の技術者がいかに完全であろうと，かれらの作品が法律であるわけではない」[*ibid.*／同上]とホッブズは断じている。そして，前節で触れたエジャトンと同じように，「ある裁判官の理性や，国王を除いた裁判官全体の理性が，最高の理性であり，それが法律そのものだと考えている」[*ibid.*／同上]とクックを批判した。国王大権，それから（エジャトンの批判に基づくと）国会をも法の支配に服せしめようとしたクックに対して，そのような立場は内乱を招き，平和を乱すと批判していたのである[14]。

　むしろホッブズにおいては，内乱の抑止，平和の維持のために，主権者が，法も含めて，すべての拘束から自由であることが必要であった。犯罪，あるいは侵略を防ぐために必要であるならば，例えば資源を収用することにおいて完全な裁量が主権者には認められていた。必要とされる軍隊のためには際限なく金銭も財産も没収されうるし，犯罪や征服を防ぐためには，際限なく外的な行為を主権者は規制できると考えられていたのである。ソレルが指摘しているよ

---

12) ホッブズは，すでにみた排他的な立法権の他に，主権者には以下のような「あらゆる「権利」とあらゆる「権能」が生じる」[Hobbes 1985: 229/198]としている。すなわち，「国民は統治の形体を変更できない」「主権を剥奪することはできない」「大多数によって宣言された主権の設立にたいして抗議することは不正である」「主権者の行為を国民が非難することは正当ではない」「国民は主権者のどのような行為も処罰することはできない」「主権者は国民の平和と防御に何が必要かを判断する」「主権者はまた国民にどんな教義を教えるべきかを判断する」「紛争の裁判，判決の権利」「彼が最善と考えるところに従って戦争を起こし，平和をもたらす権利」「平時戦時を問わず，顧問，大臣を選ぶ権利」「報償，処罰を行なう権利」「栄誉と序列を決定する権利」「主権者の権利は分割することができない」「主権者が主権を直接放棄しないかぎり，権利はけっして譲渡されえない」などといった権利や権能である［*ibid.*: 229-37/198-201, 203-205］。
13) この小論は，1673 年までには，一部の人々の間では出回っており，正確な年代は不明だが，おそらく 1660 年代の半ばにホッブズによって執筆されたということも推定できるとされている［Cromartie 2005: pp.xvi-xvii］。
14) 『哲学者と法学徒との対話――イングランドのコモン・ローをめぐる』におけるホッブズのクック批判については，戒能［2013: 17-22］もご参照いただきたい。

うに，主権者の要求が不可能であるという事態が生じるには，何が平和にとって必要なのかについて主権者以外の判断が作用する余地が生じてくるが，そのようなことは，主権者を確立した社会契約に違反することになるだろう［Sorell 2014: 115］。

ただ本章の冒頭でも触れたように，近年，ホッブズの法概念や，ホッブズのエクイティ論に注目して，ホッブズに法の支配の要素を見出そうとする研究がいくつか公刊されている。次に，よりバランスの取れたホッブズ解釈に依拠することで，ブラックストーンと対照するための準備をしてみたい。

❖ 3-2　ホッブズと法の支配

「ホッブズと法の支配」という観点からは，ホッブズの法概念において，法のパブリシティが論じられていたことを強調する研究が，まず注目される。『哲学者と法学徒との対話――イングランドのコモン・ローをめぐる』において，法が「主権を有する人もしくは人びとが，かれもしくはかれらの臣民に与えた命令であって，臣民がなにをおこない，なにをおこなってはならないかを，公けにかつ明白に宣言したものである」［Hobbes 2005: 31/45］と定義されていたことなどに注目し，プールは，ホッブズの法の概念には，パブリシティの要素が組み込まれていたと論じている［Poole 2012: 80］。また，たしかに，私権剥奪法（bill of attainder）――反逆罪などを犯したとして，裁判によらずに特定の人から市民の権利，資格を剥奪する立法――の合法性も認めている余地があったが，ホッブズは，すでにみたように，『リヴァイアサン』では，法を「ことば，文書，その他意志を示すに十分なしるしによって彼らに命じた諸規則」［Hobbes 1985: 312/277］と定義しており，法を規則，ルールとして捉えていたともいえるだろう。関連してプールは，『市民論』においてホッブズが，法を市民の将来の行為に関する命令と定義しているところから，ホッブズの法の定義は遡及法を含まないものであったと論じている［Poole 2012: 80］。

このように，ホッブズが法のパブリシティを重視し，法の一般性を前提として，遡及法を否定していたという理解から，例えばメイは，ホッブズに法の支配の萌芽的な要素を見出すことも不可能ではないだろうと論じている［May 2013: 107］。また，プールも，ホッブズには法の支配への感受性があるとした

上で，まさにホッブズの国家がもたらそうとした社会の安全と諸個人の共存のために，法の安定性と明確さが求められたのではないかと指摘している［Poole 2012: 94］[15]。

　ホッブズと法の支配を結びつけるもう一つの契機として，ホッブズのエクイティ論を挙げることができるだろう。ホッブズは，法はつねに解釈に対して開かれていると考えており，また，法の文言ではなくて，法の精神に従って解釈されるべきであると論じていた。そして，その際，エクイティが制定法の解釈において中心的な役割を果たし，裁判官は，もしそれに相容れないことが，主権者によって明白に命じられていなければ，主権者がエクイティの原理に沿って立法したとみなして制定法を解釈しなくてはならないと考えていた。また，ホッブズのエクイティは上訴の段階で，法の適用の誤りを正す役割も有していたが，プールは，ホッブズが，エクイティを抽象的な原理としてではなく，大法官裁判所によって運用されていたものを想定していたのではないかと論じている［ibid.: 91-92］。

　ホッブズ自身は，以上の点について，『リヴァイアサン』で次のように述べている。

> 立法者の意図はつねに公平〔エクイティ〕にあると考えられる。なぜなら裁判官が主権者についてそれ以外に考えることはひじょうな傲慢だからである。したがって，もしその法のことばが理性的な趣旨を権威づけるのに十分でないならば，裁判官は自然法によってそれを補うべきである。あるいは，もし事件が困難なものであれば，より適当な権限を受けるまでその判決を延期すべきである［Hobbes 1985: 326/291］。

　そして，エクイティに基づく制定法の解釈とはどのようなものかについては，『哲学者と法学徒との対話——イングランドのコモン・ローをめぐる』において具体的に，「無実の人を罰せず，合理的な理由もなく，悪意をもって告訴した者にたいする正当な損害賠償権を奪ったりしないように気を付ければ，裁判官

15）ただ，本項の後半でみるように，メイ，プールの双方とも，ホッブズと法の支配を結びつけることには消極的である。

は，その判決において，成文法に違反したり，あるいは立法者の意図に逆らうことを避けることができる」[Hobbes 2005: 65/100-101]と述べていた。

さらにホッブズは，エクイティの原理とともに裁判において適用される自然法として，今日では法の支配の価値として知られているような，「何人も自己の裁判官になることはできない」「不公平となるべき自然の理由を持つ者は，裁判官となることはできない」といったものを挙げており，主権者がそれらに反する場合は，「戦争の状態が続くことになる」[Hobbes 1985: 214/183]と論じていた。「何人も自己の裁判官になることはできない」という自然法はクックのボナム医師事件判決を想起させるものであり興味深いが，ダイゼンハウスは，エクイティに基づくホッブズの制定法の解釈論に焦点を合わせ，それを法の支配の価値と結びつけて論じている。ダイゼンハウスは，1998年の人権法における裁判官の役割とのアナロジーによって，ホッブズの制定法の解釈論を捉えているのである。周知の通り，1998年人権法の第3条によって，裁判官は，人権の原理と一致するようにイギリスの国会制定法を解釈する義務を課せられているが，それと同様に，ホッブズの裁判官も，エクイティに基づくと想定された主権者の意図によって成文法を解釈することが要請されている[Dyzenhaus & Taggart 2007: 155]。さらに，ホッブズの権威の概念は「理性に基づく権威の概念（reason-based conception of authority）」であるとして，「ホッブズにとって，法秩序は市民社会の秩序を維持するために欠くことができないもので，その法秩序の制度は，法の支配と一致する政府が本質的に正統であるようなかたちで形成されている」[Dyzenhaus 2005: 94]と結論づけている。裁判官によるエクイティに基づく制定法の解釈，それから，「何人も自己の裁判官になることはできない」といった自然法は，ダイゼンハウスのホッブズ解釈に基づくならば，市民社会の秩序を維持するために裁判官や主権者が遵守することが要請されていたものになり，ホッブズの法思想に法の支配の要素を見出すことが可能になってくる。

ただ，ホッブズの主権者は，裁判官にエクイティに基づく制定法解釈をするよう強制すること，あるいは，政治的，法的実践において，つねに自然法を遵守することを義務づけられているわけでもなかった。もし主権者が，社会の安全がエクイティを遵守することで脅かされると考えるならば，主権者は，安全

かエクイティのどちらを重視すべきか，慎重に考慮することのみを要請されていたのである [Sorell 2014: 116-17]。また，『リヴァイアサン』で述べられているように，自然法とは，「各人が自分自身の理性に訴え，法として受けとるべきだと思われるもの」[Hobbes 1985: 318/283]，「すべて万人の理性に訴えても同意しうる」[*ibid.*/ 同上] もので，さらには，「「外的法廷 (*foro externo*)」において，すなわちそれが行為に移されるところでは，必ずしもつねに拘束しない」[*ibid.*: 215/184]，「「内的法廷 (*foro interno*)」において拘束力をもつ」[*ibid.*/ 同上] 法であった。

なお，ソレルは，ダイゼンハウスなどは，ホッブズのリベラルな側面を強調しすぎているのではないかと疑義を呈している[16]。具体的には，ホッブズにおける正義とエクイティの関係についての考察から，ダイゼンハウスのホッブズ解釈を批判しており，ホッブズの倫理学，政治，法哲学においては，エクイティではなくて，むしろ正義こそが中心にあったと指摘している。ソレルによれば，ホッブズの法解釈の前提には，社会契約に従うことがある。言い換えると，たとえ主権者の要求することがエクイティに反していようと，主権者が，平和と社会秩序の安定のために法を通じて要求することに全面的に従うことが，ホッブズにおける正義の要請だったのである [Sorell 2014: 117n(20)][17]。

一方，本節では，ホッブズの法概念に法のパブリシティ，法の一般性の前提と，遡及法の否定が組み込まれていることを指摘している研究も扱った。ただ，ホッブズに法の支配の萌芽的な要素を見出すことも不可能ではないと論じたメイ，ホッブズには法の支配への感受性があるとしたプールは，双方とも，ホッブズと法の支配の価値を結びつけることに懐疑的である。そして，その懐疑は，ホッブズにおける国王大権や国会の位置づけに基づいている。

本節において，ホッブズが私権剥奪法を法として認めていたことに触れたが，ホッブズは，『哲学者と法学徒との対話—イングランドのコモン・ローをめぐる』において，国会の同意のない，国王単独の命令である布令 (proclamation) も，

---

16) ソレルは，本章で触れている May [2013] も同様に批判している。なお，ホッブズをリベラリズムと関連づけた思想家として，レオ・シュトラウスの名も挙げられている [Sorell 2014: 110-11n(5)]。
17) この点は，Sorell [2016] で詳述されている。

「主権者が，臣民に下した命令であり，また公けに発表されたもの」[Hobbes 2005: 31/46]であるため法であることを認めている。また，ホッブズは同書で，国王は国民の安全について責任を負っているがゆえに，王国の一般的な同意なしには賦課金などを徴収できないとする国会の「制定法によって，国王が，その職務を遂行できないということはない」[ibid.: 18/26]とも述べ，国王は，国王大権を制限しようとする国会制定法を無視できると断じている。プールによると，ホッブズは，ジェームズ 1 世以来の議会派と国王派の対立において，明白に後者の立場を取っていたのであり[18]，法の適用を免除する一般的な権限についても正面から認めていたのである [Poole 2012: 87]。

　周知の通り，ホッブズは『リヴァイアサン』において，コモンウェルスが取りうる形態として，君主制と，少数，あるいは多数によって構成される会議体——貴族政と民主政——を挙げていたが，平和の維持のためには君主制の方が優れていると考えていた。さらに，ソレルによれば，ホッブズには君主制についての規範理論のようなものがあり，党派性を免れない会議体の支配に対し，王は，自らの利益と公的利益を同一視できると考えていたとされている [Sorell 2014: 113-15]。

　もちろん，1660 年の王政復古後に書かれた『哲学者と法学徒との対話——イングランドのコモン・ローをめぐる』には国会を評価する記述もあり，田中浩も，そこでホッブズは，「「王政復古」下の「国王と両院議員」の連合体である議会が，将来のイングランドにおける主権者の一形態となりうると考えていたように思われる」と指摘している [田中 2002: 303]。ただ，同著ではすでにみたように，布令の合法性，法の適用免除が認められていた。「イングランドの法はすべて，貴族院と庶民院に座を占めている国会議員たちの意見を徴しながら，イングランドの王たちが制定なさったもの」[Hobbes 2005: 10/13]であるとホッブズは述べているが，同時に，国会の定めたことが「理性であるというのであれば，そのさいには，人民を危険な状態のままに放置し，また最後の 1 人になるまで，好き勝手に殺し合いをさせても良い，ということだ」

---

18) この論争における議会派のリーダーであったクックの，布令，法の適用免除についての議論は，本書の第 1 章 3 節において，詳細に検討されている。

［*ibid*.: 18/26］とホッブズは断じていた。メイが指摘しているように，ホッブズにおいては，主権が国王，貴族院，庶民院によって分有されるという，「国会における国王（King in Parliament）」の観念自体が希薄であったとも考えられる［May 2013: 147］。

　ホッブズは，コモンウェルスの平和，安定の維持，さらには法秩序そのものの維持のために，主権者は，制約なき大権を行使すべきだと論じていたのであった。いわば，法が法であるために，圧倒的で制約のない力が主権者に委ねられていたのであるが［Poole 2012: 95］，本書の第１章で詳細に検討されているように，そのような絶対的権力は，まさにスチュアート朝前期に，クックたちが法の支配，コモン・ローの支配の下に置こうとしたものであった。そして，名誉革命や権利章典を経て，次にみるブラックストーンは，国会主権や国会における国王という制度によって，国王の絶対的権力，恣意的統治は封じ込められると論じている。

❖ 3-3　ブラックストーンと国王大権

　ブラックストーンの権利論や権力の抑制と均衡（チェック・アンド・バランス）論，そして司法の独立の議論などは，独立前後のアメリカの法律家たちに影響を与え，アメリカ合衆国憲法，さらには近代立憲主義の礎となったと評価されることもある［Dippel 2014: 214］。ここでは，ブラックストーンの司法の独立についての議論を端緒として，ブラックストーンが国王大権をどのように制約しようとしたか，検討を開始したい。

　ここまで検討してきたホッブズは，「国王は，世俗のあらゆる訴訟にかんする最高の裁判官であり，また現在では，世俗と宗教関係双方のすべての訴訟にかんする最高の裁判官でもあり，そのことを否定する者は，きわめて重い刑罰を受けることが法律によって定められている」［Hobbes 2005: 54/83］と述べていた。そして，国王が裁判官を任命する際，委任（committing）と譲渡（transferring）の区別をしなかったとクックを批判し[19]，「権力を譲渡した人はその権力を失うが，しかし，みずからの名において，他者に権限を委任した人

---

19) この点についても，本書第１章２, ４節でのクックについての考察を参照のこと。

は,いまなおその権力を保持している」[ibid.: 54-55/同上]と述べている。一方,ブラックストーンは,名誉革命の際の大きな懸案であった司法の独立が1701年の王位継承法(Act of Settlement)によって保障されたことを高く評価していた。ブラックストーンによれば,「王権によってたしかに任命されるけれども,彼の随意では解任されえない特定の集団に属する司法権が別個に分離して存在することに,公的な自由の破壊を食い止める一つの主要なものがある」[Blackstone 1979: vol.1, 259]のであった。さらにブラックストーンにおいては,国王を裁判,正義の源泉とする際の,源泉(fountain)の意味合いもホッブズとは異なるものであろう。ブラックストーンは明確に以下のように述べている。

> 裁判,正義の源泉ということによって,法が意味していることは,〔国王が〕創造者(author),もしくは起源(original)ということではなく,たんに分配者(distributor)に過ぎないということである。裁判,正義は,彼の自由な贈与として,国王に由来するのではない。彼は社会の管理人なのであり,それが与えられるべき人に分配している。彼は水源(spring)ではなく,〔裁判,正義の〕容器(reservoir)であった[ibid.: 257]。

やや難解ではあるが,ハリデーは,ブラックストーンは,具体的な存在であった国王(King)を,そのような具体的な存在を欠き,制度として捉えられる(制限的)君主(Crown)に転換することを試みていたのではないかと論じている。イングランド法においては,マグナ・カルタ以来,国王と制度的なものである君主の間に一貫した区別がなされないことが続いていたとの指摘がラフリンによってなされている[Loughlin 2013: 44]。そして,ホッブズの,国王による法の適用免除を擁護する議論は,制度としての君主ではなく,個人としての国王が前面に出てきているものの典型といえるだろう[Poole 2012: 87]。また,上述のように,司法権に関しても,ホッブズにおいては具体的な「国王」が前面に登場し,裁判に干渉するというモデルが取られていた。対照的に,ブラックストーンの「君主」はあくまでも司法制度を支える「容器」なのであって,具体的なアクターは,「国王」によっては解任されえない裁判官であったとハリデーは整理しているのである[Halliday 2014: 180-81]。

第2章 クック，ホッブズ，ブラックストーンと法の支配

ブラックストーンは，国王を法制度に還元することを試みたのであるが，それとともに，人々の自由を守るために，時宜を得た「抑制と制約（checks and restrictions）」を国王大権に適用し，国王大権を適切なおもりによる「均衡と限定に服せしめる（balanced and bridled）」ことの重要性も強調していた［Blackstone 1979: vol.1, 233］。ここで想起されるのは，ブラックストーンの権力の抑制と均衡（チェック・アンド・バランス）の議論であろう。まず，国王大権，行政権の「抑制」は，「国王はいかなる権利侵害もなしえず（King can do no wrong）」というコモン・ローの格率から，国王自身を罰することはできないが，助言をした悪質な輔弼者，大臣は尋問され，罰せられうるとブラックストーンが述べていたところと関連しているだろう。「正式起訴，あるいは国会による弾劾により，国土の法に矛盾することを，敢えて君主に対して助力するものはいないだろう」［ibid.: 237］とブラックストーンは考えており，国会による弾劾などにより，国王大権は抑制される。

一方，国王の権力の肥大化を防ぎ，「均衡」を保つことは，国王が，庶民院，貴族院と立法権を分有していたことでもたらされる。国王は——ホッブズにおいては希薄であった——「国会における国王」と位置づけられることにより，その権力の肥大化が阻止され，均衡が保たれることになるとブラックストーンは論じていたのである。『イングランド法釈義』でも，「君主は単独で，現在ある確立された法に何らかの修正を加えることに着手することはできない」こと［ibid.: 150］，さらに，「イングランドにおいては，いかなる君主の権力も新しい法を導入できず，古いものの執行を停止できない」［ibid.: vol.4, 67］ことが確認されている。

ホッブズは，コモンウェルスの平和と安定のために，国王単独の布令による立法を認め，さらには国王大権を制約する国会制定法などの適用を，国王が任意で免除したり，無視したりすることを許容していた。一方，ブラックストーンは，17世紀の内乱後は，「国王大権と自由の境界線がよりよく定められ」「臣民の権利が，法的規定によってより明白に守られた」［ibid.: vol. 1, 206］と述べている。ホッブズ的な立場が，「君主」あるいは「国会における国王」といった制度的枠組みに封じ込められ，国王の恣意的な統治，「人の支配」に対するコントロールが完成した様をブラックストーンは描いていたのである。

4 おわりに

　以上，本章ではやや変則的ではあるが，クックのボナム医師事件での判決意見が，国会主権に基づいてブラックストーンによって完全に否定されたこと，ただ，その一方で，ブラックストーンが描いていたように，その主権が，国王，貴族院，庶民院によって分有されたこと——国会における国王——により，国王大権へのコントロールが確立されたことをみてきた。しかしながら，そのブラックストーンにおいては，国会主権に対する制約は十分には考察されておらず，その限界が，独立前のアメリカに顕著に生じていた。

　1765年の印紙税法（Stamp Act）は，イギリスの国会が，アメリカの内国税の徴収に踏み切ったもので，続く宣言法（Declaratory Act）は，イギリスの国会によるアメリカ植民地への立法権を宣言したものであった。植民地側のジェームズ・オーティスなどは，コモン・ロー上の権利に基づき，彼ら自身，あるいは代表者の同意なしに，税金は課されるべきではないと論じていたが，イギリス側は，国会は観念的代表（virtual representation）に基づくと反論している[Lobban 2005: 53-54]。さらにボストン茶会事件後は，1774年に制定された耐えがたい諸法（Intolerable Acts）により，マサチューセッツの統治構造が一方的に変更されるなど，イギリスの国会による弾圧がエスカレートする。このような弾圧は，ロックなどの自然権に植民地の人々を向かわせ，やがてアメリカは独立することになる。「社会の主要な目的は，不変の自然法によって付与されたこれらの絶対的な権利の享受において，諸個人を守ることである。……それ故，人定法の第1のそして主要な目的は，諸個人のこれらの絶対的な権利を保持し，規定することである」[Blackstone 1979: vol.1, 120] と述べていたブラックストーンであるが，皮肉にもアメリカ植民地の人々の人権を侵害したのは，自らが定式化した国会主権の原理であった。もちろん，万能とされた国会が，イギリス本国の人々の権利や自由を侵害することへの具体的な処方箋も，ブラックストーンにおいては用意されていなかった。

❖コラム①：
クックのボナム医師事件をめぐる解釈の変遷

　第2章でも確認したように，クックのボナム医師事件の判決意見は，極めて曖昧なものであった。最近のわが国の憲法学においては，重大な留保をつけつつも，違憲立法審査制の源泉として捉えられることもある［佐藤 2015: 53–54; 見平 2016: 123］。一方，歴史的にもボナム医師事件は，時代的要請，あるいは解釈者の問題関心によってさまざまな理解がなされてきた［Williams 2014: 106–107］。

　まず，ボナム医師事件に似通った事例を裁いたジョン・ホルトについて触れてみたい。ロンドン市のシェリフに就任することを拒絶したウッドに対して，ロンドン市は，市長裁判所（Mayor's Court）において，市長の名の下に訴訟を起こして罰金を課した。この決定は，市長が自らの訴訟において判事を務めたとして，1702年のロンドン市対ウッド事件（*City of London* v. *Wood*）で覆されている。その際，王座裁判所首席判事のホルトは，ボナム医師事件にも言及しつつ，より一般的に国会主権，立法権への制約について論じている。ホルトは，クックのボナム医師事件の判決を，自身の訴訟を判決することを命じる国会制定法を無効にしたものと整理しているが，同時に，国会は不法はなしえないけれども，極めて奇妙にみえること（things that look pretty odd）はなしうるとも述べている。この「極めて奇妙にみえること」とは，立法によって人々の服従義務を解除し，自然状態に送り返すことであった。ホルトは，ボナム医師事件の判決が国会制定法を無効にするものであったと理解しつつも，1702年当時にはそのような権限が裁判所にはないことを認めざるをえず，国会主権に対する制約を自然法に求めていたのである［Hamburger 1994: 2096］。

　第2章でも検討したが，18世紀の半ばには，ブラックストーンがボナム医師事件におけるクックの判決意見を否定的に評価することで，国会主権の確立を強調している。ブラックストーンの『イングランド法釈義』では，クックの意見は，「自らを自身の訴訟の裁判官にするような不合理な立法が制定された場合，裁判官は，そのかぎりにおいて，当該制定法を無視することができる」といった制定法の解釈準則の一つに位置づけられると同時に，そのような制定法を創る立法者の意思が明確であるならば，裁判官はそれを覆す権能はもっていないと付されていた［Orth 2009: 85］。第2章でも触れたように，不合理な法を国会が制定することができると考えられるならば，そのような法律を裁判官は覆せないとブラックストーンは論じていたのである。なお，興味深いのは，アメリカのブラックストーンと称されることもあるジェイムズ・ケントが，制定法に対する合理的な解釈というブラックストーンの解釈を容れるかたちで，クックを理解していたのに対して［*ibid*.: 86］，ベンサムが法を無効にできない際のブラックストーンの前提──「不合理な法を国会が制定することができる」と考えられること──自体がナンセンスであると論じていたことである［戒能 2013: 279–80］。クックを限定したブラックストーンをさらに批判することで，ベンサムは立法の至高

性の徹底を試みたともいえるだろう。

　20世紀に入ると，「法の内面道徳」を論じていたロン・L・フラーの理解が興味深い。フラーは，クックが自身の訴訟を裁くことを命じる国会制定法を不正であると論じたことに着目し，手続的自然法に基づく推論としてボナム医師事件を理解している。フラーは，「クックが頭においていたのは，法を通じて獲得されていてしかも法によって奪われた諸権利，すなわち言いかえるならば，まさに，遡及法によって提供されるような種類の問題であった」［Fuller 1964: 100/134］と整理しているのである。第2章でも論じたように，クックの推論には，財産権に関する法律文書の解釈手法を制定法に援用したという具体的なコンテクストもあり，フラーの理解も十分ではない。ただ，遡及法が現代の法律家に受け入れられないのと同じように，自身の訴訟を裁くことは当時の裁判官にとっては考えられないことであったとフラーは指摘しており，コモン・ローの言語で理解できない制定法を無効にするというボナム医師事件におけるクックの思考に沿った解釈であるといえるだろう。

　最近では，法の支配をコモン・ローの支配と捉える「コモン・ロー立憲主義（Common Law Constitutionalism）」を唱えているアランのクック理解が特徴的である。コモン・ローが共同体の重要な価値を反映しているとの前提のもと，アランは，制定法がコモン・ローの原理と一貫するかたちで解釈されなくてはならないと論じ，国会制定法が「共通の正しさと理性」に反する際は，適切にコントロールされなければならないという，ボナム医師事件におけるクックの判決意見を引用している。アランは，現代のイギリスで選挙によって選ばれた立法府が極端に走る際は，コモン・ローの伝統によって馴致されなくてはならないと論じ，その一例として，クックの判決意見を取り上げているのである［Allan 1999: 241-42］。

　クックのボナム医師事件は，現代に至るまでの英米の法の支配の論者たちの，いわば「共通の教養」として示唆を与え続けてきたといえるだろう。ただ，このコラムの冒頭でも触れたウィリアムズは，クックは概して理論を示さずに，後代の理論に適うよう解釈されうるいくつかの例を提供していると指摘している。そして，仮に理論を示すとしても，その根拠となるところをはっきりとは示さない上に，その表現自体も非常に曖昧であったため，多様な解釈を呼び込んでいるとも分析している［Williams 2014: 106］。であるからこそ，クックに関してはとくに，クック自身が何を考えていたかということと，その後の歴史において，どうクックが理解されたのかを峻別する必要があるだろう［小山 2013: 54］。

【引用・参考文献】

Allan, T. R. S. (1999). The Rule of Law as the Rule of Reason: Consent and Constitutionalism, *Law Quarterly Review, 115*, 221-44.

Blackstone, W. (1979). *Commentaries on the Laws of England*, 4 vols., The University of Chicago Press.

Boyer, A. (1997). Understanding, Authority, and Will: Sir Edward Coke and the Elizabethan Origins of Judicial Review, *Boston College Law Review, 39*, 43-93.

Burgess, G. (1996). *Absolute Monarchy and the Stuart Constitution*, Yale University Press.

Coke, E. (2003). *The Selected Writings of Sir Edward Coke*, vol.1, (ed.) S. Sheppard, Liberty Fund.

Cromartie, A. (2005). General Introduction, in *Writings on Common Law and Hereditary Right*, (eds.) A. Cromartie, & Q. Skinner, Clarendon Press, pp.xiii-lxv.

Dippel, H. (2014). Blackstone's *Commentaries* and the Origins of Modern Constitutionalism, in *Re-Interpreting Blackstone's Commentaries: A Seminal Text in National and International Contexts*, (ed.) W. Prest, Hart Publishing, pp.199-214.

Dyzenhaus, D. (2005). Hobbes and the Legitimacy of Law, in *Hobbes on Law*, (ed.) C. Finkelstein, Ashgate Publishing Limited, pp.93-130.

―――. (2012). Hobbes on the Authority of Law, in *Hobbes and the Law*, (eds.) D. Dyzenhaus, & T. Poole, Cambridge University Press, pp.186-209.

Dyzenhaus, D., & Taggart, M. (2007). Reasoned Decisions and Legal Theory, in *Common Law Theory*, (ed.) D. Edlin, Cambridge University Press, pp.134-67.

Fuller, Lon L. (1964). *The Morality of Law*, Yale University Press.（稲垣良典［訳］(1968).『法と道徳』有斐閣）

Gray, C. (1972). Bonham's Case Reviewed, *Proceedings of the American Philosophical Society, 116*(1), 35-58.

Halliday, P. (2014). Blackstone's King, in *Re-Interpreting Blackstone's Commentaries: A Seminal Text in National and International Contexts*, (ed.) W. Prest, Hart Publishing, pp.169-87.

Hamburger, P. (1994). Revolution and Judicial Review: Chief Justice Holt's Opinion in *City of London* v. *Wood, Columbia Law Review, 94*(7), 2091-2153.

Hobbes, T. (1985). *Leviathan*, (ed.) C. Macpherson, Penguin Books.（永井道雄・宗片邦義［訳］(1993).「リヴァイアサン」永井道雄［編］『ホッブズ　第5版』（世界の名著28）中央公論社, pp.43-524.）

―――. (1999). The Elements of Law Natural and Politic, in *Human Nature and De Corpore Politico*, (ed.) J. Gaskin, Oxford University Press, pp.1-182.

―――. (2005). A Dialogue between a Philosopher and a Student, of the Common Laws of England, in *Writings on Common Law and Hereditary Right*, (eds.) A. Cromartie, & Q. Skinner, Clarendon Press, pp.1-146.（田中　浩・重森臣広・新井明［訳］(2002).『哲学者と法学徒との対話―イングランドのコモン・ローをめぐる』

岩波書店)

Lobban, M. (2005). Custom, Nature, and Authority: The Roots of English Legal Positivism, in *the British and their Laws in the Eighteenth Century*, (ed.) D. Lemmings, The Boydell Press, pp.27-58.

―――. (2007). *A History of the Philosophy of Law in the Common Law World, 1600–1900*, Springer.

Loughlin, M. (2013). *The British Constitution: A Very Short Introduction*, Oxford University Press.

May, L. (2013). *Limiting Leviathan: Hobbes on Law and International Affairs*, Oxford University Press.

Orth, J. (2009). Blackstone's Rules for the Construction of Statutes, in *Blackstone and his Commentaries: Biography, Law, History*, (ed.) W. Prest, Hart Publishing, pp.79–90.

Plucknett, T. (2004). *Bonham's Case* and Judicial Review, in *Law, Liberty, and Parliament: Selected Essays on the Writings of Sir Edward Coke*, (ed.) A. Boyer, Liberty Fund, pp.150-85.

Poole, T. (2012). Hobbes on Law and Prerogative, in *Hobbes and the Law*, (eds.) D. Dyzenhaus, & T. Poole, Cambridge University Press, pp.68–96.

Smith, D. (2014). *Sir Edward Coke and the Reformation of the Laws: Religion, Politics and Jurisprudence, 1578–1616*, Cambridge University Press.

Sommerville, J. (1999). *Royalists & Patriots: Politics and Ideology in England 1603–1640*, 2nd edn., Longman.

Sorell, T. (2014). Constitutions in Hobbes's Science of Politics, in *Constitutions and the Classics: Patterns of Constitutional Thought from Fortescue to Bentham*, (ed.) D. Galligan, Oxford University Press, pp.108-21.

―――. (2016). Law and Equity in Hobbes, *Critical Review of International Social and Political Philosophy*, 19(1), 29-46.

Thorne, S. (1938). Dr. Bonham's Case, *Law Quarterly Review*, 54, 543-52.

Tubbs, J. (2000). *The Common Law Mind: Medieval and Early Modern Conceptions*, Johns Hopkins University Press.

Williams, I. (2006). Dr Bonham's Case and 'Void' Statutes, *Journal of Legal History*, 27(2), 111-28.

―――. (2014). Edward Coke, in *Constitutions and the Classics: Patterns of Constitutional Thought from Fortescue to Bentham*, (ed.) D. Galligan, Oxford University Press, pp.86-107.

戒能通弘 (2013).『近代英米法思想の展開―ホッブズ=クック論争からリアリズム法学まで』ミネルヴァ書房

小山貞夫 (2013).「違憲立法審査制の史的淵源としてのボナム博士事件再考」『法学』77(5), 41-68.

佐藤幸治 (2015).『立憲主義について―成立過程と現代』左右社

田中　浩（2002）．「解説」T. ホッブズ／田中　浩・重森臣広・新井　明［訳］『哲学者と法学徒との対話―イングランドのコモン・ローをめぐる』岩波書店，pp.273-305.
深尾裕造（2017）．『イングランド法学の形成と展開―コモン・ロー法学史試論』関西学院大学出版会
見平　典（2016）．「違憲審査制」曽我部真裕・見平　典［編］『古典で読む憲法』有斐閣，pp.120-40.

第3章
正義の魂
ベンサムとパブリシティ，法と法の支配[1]

ジェラルド・ポステマ／戒能通弘［訳］

1 はじめに

> パブリシティは正義の魂そのものである。……パブリシティによってのみ，正義は安全の母になる [Bentham 1790: 25-26]。

　パブリシティは，ベンサムの法と統治についての理論の中心的な概念である。ベンサムの見解では，社会とその個々の成員の安全は，法の中心的な目的であり，基本的な仕事である[2]。しかし，法は創られ，運用され，適用され，強制されなくてはならない。よって，法が政治共同体に導入されるのなら，法を創り，適用し，強制することが人間に任されなくてはならない。法は統治の主要な方法であり，道具であるが，法はそれにより統治するものの作用を通じてのみ統治する。しかし，そうであるならば，法が権力の濫用に対して私たちに安全を提供しようとしても，それは，そのような濫用の新しい機会と資源を作り出してしまう。法は，私たちが政府の公職者に委ねている権力の濫用の潜在性から生じる安全のなさの，新しく，特に困惑させる形態のものを導入する。誰が守護者を見張るのか。ベンサムの見解では，この問題に対する唯一の効果的

---

[1] 本章はG. Postema (2014). The Soul of Justice: Bentham on Publicity, Law, and the Rule of Law, in *Bentham's Theory of Law and Public Opinion*, (eds.) X. Zhai, & M. Quinn, Cambridge University Press, pp.40-62 の翻訳である。
[2] この主張の擁護については，Postema [1986: ch.5] を参照。

な解決法はパブリシティ,すなわち,すべての形態の公的な権力を社会によって監視する頑健で包括的なシステムである。「パブリシティは,正義〔すなわち法〕の魂そのものである。……パブリシティによってのみ……正義は安全の母になる」[Bentham 1790: 25-26]。

　いま述べられた問題は,法の支配の中心的な問題である。法の支配は,法が支配している政治共同体の状態,あるいは条件である。ある政治共同体で,法の支配が頑健であるとき,法がその共同体で効果的に支配しているときには,その共同体の成員は,まず公職者からの,そしてまた,(個人であれ,団体であれ,あるいは集合であれ)同輩の成員たちからの恣意的な権力の行使から守られている。法が支配するのは,法が統治するものの手にあるたんなる道具となるだけでなく,それによって統治するものに指針を与え,指示し,コントロールするときであると私たちはいえるかもしれない。しかしながらここで,古来の,そして今なお人々を悩ます問題が生じる。すなわち,プラトンが説いたことだが,人のみが支配するのに,いかにして法が支配できるのかという問題である。古来の回答は,法により支配することを委ねられたものたちが,その支配に服する,すなわち,それに導かれ,コントロールされることにコミットするときにのみ,法は支配できるというものである[3]。

　私は,ほかのところで,このコミットメントが個人的なものではなく,政治的なものであって,法が支配できるのは,公職者と法の対象〔となる人々〕のあいだに,相互の責任とお互いにその法の下での答責性を守らせることへのコミットメントについて,豊かなエートスがあるときのみであると論じた[4]。しかしながら,この回答は,よくても不完全なものであると合理的に反論されうる。これは,態度,行動,内面化された責任についてのみ語っている。それは法の支配の倫理について述べてはいるが,法の支配のインフラについて,法の

---

3) この回答は,古典的な表現をローマ法に見出す。Krüger [1998: 103] を参照。そして翻訳は,以下の Tierney [1963: 391] にある。「君主が,彼自身が法に拘束されていると公言することは,支配者の威厳に値する言明である。私たちの権威は,それだけ,法の権威に依存している。そして実に,至上権にとっては,最高権力を法に服せしめることは,より威厳のあることである」。
4) 私はこのテーゼを Postema [2014] で論じている。それは,Postema [2010] において,少し異なる観点から最初に論じられたテーマを発展させた。

支配の倫理が栄える社会的条件や、それを可能にし、それに力を与える制度についてのはっきりとした説明が必要である。ベンサムのパブリシティについての省察は、この必要とされるものに取り組み、法の支配についての思考の長い伝統に価値あるものを提供しそうだ。

しかしながら、パブリシティのメリットに関する彼の広汎な論稿からは、ベンサムが法の支配についていいたいことがたくさんあったということは、明らかではないかもしれない。彼は、法の支配という用語を決してはっきりとは用いなかった。そのことは、それ自体では驚くべきことではない。なぜなら、その観念や理念は古来の起源を有しているけれども、その用語はより最近の年代のものであるからである。しかしより重大なことに、ベンサムの法理学の表面的な知識以上のことは、ベンサムが主権的な政治権力を保持して行使するものを法が支配するという観念に共感していなかったと、合理的には考えさせるだろう。『法学の刑事的部門の領域』〔以下では、『領域』と略記する〕の最初の方で、彼の主権者の命令としての法の定義を提示したすぐあとに、周知のように、ベンサムは以下のように書いている。

> 主権者の命令は、それがどのようなものであれ、不法にはなりえない。それは賢明でないかもしれないし、憲法に反してさえいるかもしれない。しかし、それは不法たりえない。例えば、それは影響を与える人々に与えられていたかもしれない何らかの特権と矛盾していることで、憲法に反しているかもしれない。しかし、そのことを不法であると称するのは、言葉の誤用であり、観念の混同であろう [Bentham 2010: 38]。

この一節は、ベンサムが統治権力への法的制限という観念に敵対していたことを示している。しかし、もしそれが正しいとしても、ベンサムのパブリシティについての議論が、法の支配の精巧な概念であるよりもむしろ、その観念の代替物を提供しているか否かが問われるかもしれない。この問題に対する答えは複雑で微妙である。私は、この小論の最後にこの点に立ち返りたい。しかし、私たちは初めに、ベンサムの法と統治の理論において、パブリシティの考え方と数多くの工夫が果たす役割について探求しなければならない。

2 パブリシティとその所産

❖ 2-1 「悪政に対する安全」

　法の通常の対象〔となる人々〕を，支配している公職者の手による権力の恣意的な行使から守るための二つの方策が，西洋の法の支配伝統において，一般に用いられてきた。一方は，通常の法の上位にあり，通常の法について判断を下している法，一定の基本的な権利を確固たるものとする法を考える。もう一方は，政府の権力を厳密に分立させることで，ほかの政府の部門を各々の憲法的な権限の範囲内に止めることを課されている司法部の独立を保障することを主張する[5]。ベンサムは双方の戦略を即座に拒絶した。よく知られているように，彼は自然権という観念をナンセンスであるとして拒絶している[6]。彼はまた，基本的自然権を彼らの各々の憲法，基本法に組み込むという，アメリカやフランスの憲法理論家たちの戦略もまた拒絶した。彼の反対理由は数多く，詳細であるが，続く二つのものが，最も重要で最も知られているものに含まれている。第1に彼は，憲法的な諸規定が訴えている諸概念は，どうしようもなく曖昧で，それらを国の基本法のなかで確固たるものにすることが，それらを具体的で，社会的にアクセス可能にするということもないと論じた［Bentham 1990: 231］。第2に彼は，立法の妥当性を，基本権の尊重という一定の基準への制定された法の合致に依存させることは，重大な過ちであると論じていた。彼が論じるには，そうすることで実際は，立法権を司法部に移しているのであるが，そのことは，専制の原因である［Bentham 1977: 485-88］。ベンサムは，法的な義務と立法権への法的制約を困難なく区別したが，彼はたんに，政府の立法部門をそのような（ホーフェルド的な）法的無能力に服せしめることに反対したのであった。このように立法権を制約することは，裁判官の手に制約のない権力を与える。

　同様の異議が，モンテスキューの権力分立という憲法の原則に対する彼の拒絶の中心にあった。彼は，統治制度の権力を制限し，それらを競争や，ほかのそのような権力による制約に服せしめることは，統治制度の構築の根本的な誤

---

5) 例えば，モンテスキューが Montesquieu［1989: 156-66］で論じているようにである。
6) 例えば，Bentham［2002: 330］を参照。

りであると論じていた。彼が繰り返し論じたところでは，より合理的で有効な戦略は，それらが効果的であるために必要なすべての権力を政府の諸機関に与える一方で，同時に，それらを包括的で容赦なく，避けることのできない公衆の監視に服せしめること，すなわち，彼が「継続的な責任」[Bentham 1962: vol.9, 62] と呼んだものに，それらを服せしめることによってであった。

　自然権への訴えに頼り，それらを法システムの基本的な法に埋め込む，あるいは，権力分立のための精巧な制度を設計することではなく，ベンサムは，現実の，そして普及していた公職者による権力の濫用の脅威を阻止するために，注意深く設計された「悪政に対する安全」のシステムを提案した。悪政に対する安全は，彼のスローガンであり，彼の独特の目標であった。パブリシティは，そのような安全を実現するための，彼の最も強力な道具であった。

❖ 2-2　道徳的適性

　ベンサムは，政治的支配が失敗しうるのは，以下の三つのかたちであると考えたが，それは，「公職の適性」の三つの構成要素の欠乏に対応している。生じうるのは，①知的適性の欠乏——知識，あるいは（規範的でない）判断の欠乏，②行動的適性の欠乏——出席，あるいは注意力の欠乏，③道徳的適性の欠乏——道徳ないしは法的判断，より根本的には正しい判断に基づいて行動する動機の欠乏，である。断然に最も重大な懸念は，彼のこのトピックに関する数多くの著述において，そのエネルギーのほとんどが費やされたものであったが，統治する公職者における道徳的適性の欠乏であった。彼がまず，それに対して安全を保障しようとした「悪政」は，彼が「邪悪な犠牲」と呼んだもの——すなわち，公的な利益を，権力をもったものの私的な利益の犠牲にすること——に現れていた道徳的適性の欠乏であった。彼にとっての何よりも重要な目標は，「公職者の道徳的適性を最大化する」であろう制度的な工夫を設計することであった [Bentham 1989: 13-76, 270-324; 1993: 21-38; 1990: passim]。

　ベンサムは，「道徳的適性」を，判断の形成や，主体を動機づける利益——彼らの私的ないしは個人的利益，そして普遍的ないしは公的利益——の観点から理解した[7]。個人の利益が，他者の利益，とくに公的利益一般に反するように作用する（よって公的利益を犠牲にする）傾向がある方法で行為するように至

らしめるとき,ベンサムはそのような私的な利益を「邪悪である(sinister)」と名づけた。したがってベンサムは,まず第1に,道徳的適性を,一定の特徴的な傾向が欠如している消極的な状態として特徴づけた。すなわち,「各々の瞬間に彼自身の主要な利益であると彼には思われるもののために,すべてのほかの利益を犠牲にする……人間性に普遍的な一定の傾向」[Bentham 1989: 13] の欠如としてである。政治的なコンテクストでは,ベンサムは,「適切な道徳的適性」の反対のものは,「恣意的な権力を行使する傾向」であると考えた [Bentham 1962: vol.5, 556]。

公職者たちのシニスター・インタレストを打ち消し,それによって彼らのなかの道徳的適性を強め,力を与えるには,ベンサムによれば二つの方法がある。それは,公職者たちに公的利益についての重大な理由を提供するか,あるいは,〔公的利益と〕対立する,彼らの私的な利益に基づいて行為する機会を与えないかによってである [Bentham 1989: 236]。最初の方法は,公職者たちが,生来,社会的な傾向があり,彼らが自身の幸福を他者の幸福のために進んで犠牲にするほど,概して他者の福利への一種の共感によって駆り立てられるならば実現可能である。ベンサムは,このような動機づけは人間にとって有益であると考えたけれども,人々一般のあいだでは相対的に稀なものであり,とりわけ,政治的権力をもっている人々のあいだではそうであると考えていた。よってベンサムは,とくに権力の避けることのできない誘惑を考えると,法的,政治的制度を考案する際,この種の公共精神に依拠することは,重大な過誤であろうと考えた。彼の見解では,唯一の安全な制度設計の戦略は,もし公職者たちが機会を与えられるならば,彼らは邪悪な犠牲をなすだろうと想定することであった [*ibid.*: 15, 234][8]。彼が論じるには,より賢明な方向は「〔公職者たちが〕不正をすることをできなくさせつつ,正しいことができる余地を残す」[*ibid.*: 15] ことであろう。これは,「不正」をできなくするか [*ibid.*: 236; Bentham 1962: vol.9, 100; Postema 1986: 391],(一個人としては費用が高すぎるため

---

7) ベンサムの普遍的利益と特殊的(私的,ないしは個人的)利益の区別と,それらと関連する公的利益とシニスター・インタレストの区別については,Postema [2006] を参照。
8) ベンサムの「戦略的なエゴイズム」については,Postema [1986: 383-93] を参照。

に), 〔不正をなすことを〕不適当にする, すなわち, 「統治者の特殊な利益を普遍的な利益と一致……させること」[Bentham 1989: 235] によってなされる。

　欲求が, その実現の希望を拒絶され, 公職者の私的利益が, もはや公的利益と対立しないならば, どのような動機が残るだろうか。ベンサムは時折, 私的利益と公的利益を連携させること (すなわち, 公職者に公的利益のために行為する十分な私的動機を与えること) は, 公職者の私的利益の「邪悪な」次元を無力にすると述べている。しかしながら, ほかの折にベンサムは, 公職者の私的利益が, その実現の希望を拒絶されたとき, 彼の行為を駆り立てるのは, 公的利益への彼の関心であると示唆している。このように「すべてのそのようなシニスター・インタレストを事実上奪われ」ているならば, 「それにより彼の行動が決定され得る唯一の利益として残るのは, 彼の正しく適切な利益, すなわち, ……全体としての普遍的利益と一致する利益」[ibid.: 236] である。このようにベンサムは, 「道徳的適性」が積極的な側面をもつことを認めているようだ。それは, 少なくとも彼自身の利益が, 公的利益の組み込まれた一部であると認識する限りにおいて, 公的利益によって行為する傾向と関係している[9]。全般として, ベンサムは消極的な描写に彼の注意を集中させる傾向があったが, 時折, 彼は積極的な次元も動員しようとした。後ほどみるような「道徳的制裁」についての彼の説明は, 対抗している潜在的に邪悪な, 個人的, 私的利益を上回るような外的な阻害要因の付加以上の何かに, 部分的には依拠するようだ。

✧ 2-3　パブリシティ

　公職者の道徳的適性を最大化するために, ベンサムは数多くの制度的工夫を提案したが, それには, 例えば, 公職者が意のままにできる金額を最小化したり, 実行できるところでは, 公職者たちを, 彼らの公的な義務違反の際の法的処罰に服せしめることも含まれていた [ibid.: 30-73]。しかし, ベンサムにとって断然に最も重要な工夫はパブリシティであった。実に彼は,『悪政に対する安全保障』において, パブリシティが公的権力の唯一の効果的なチェックであると主張した。「彼らがその下に生活している政府の権力に対する, どのよう

---

[9] 道徳的適性のこれら二つの理解と, それらの道徳的制裁との関係についての, より詳細な議論については, Postema [1986: 376-83, 393-402] を参照。

なものであれ，何らかのチェックを見ようと望む人，あるいはその下における彼らの苦難を制限するものを見ようと望む人は，そのようなチェックや制限を輿論法廷の力……この代わるもののない避難所……に求めなければならない」[Bentham 1990: 125] [10]。別のときにはベンサムは，ほかの工夫もまたその目的に役に立つかもしれないと認めていたが，しかし彼の見解では，パブリシティは，公的な権力行使のコントロールのための，どのようなものであれ，ほかの制度的戦略が成功するための不可欠の条件であり続けた。「パブリシティがなければ，ほかのすべてのチェックは成果のないものである。パブリシティと比較すると，ほかのすべてのチェックはあまり重要でない」[Bentham 1790: 26] [11]。「パブリシティがなければ，いかなる善も永久のものではない」と彼は論じたが，一方で「パブリシティの援助の下では，いかなる害悪も続くことはできない」[Bentham 1999: 37] とも論じていた。さらに，ひとたび法が明白，かつ公的に定められるのならば，「すべての実践的な目的にとって，〔裁判官の〕適切な道徳的適性は，彼が輿論法廷に依拠する厳密さに正確に比例すると考えられなければならない」[Bentham 1962: vol.5, 555]。

ベンサムは，すべての種類の政府の活動——立法，行政，執行，司法——を，（ほぼ制限のない[12]）パブリシティに服せしめようとした。彼はこの目的のために，彼が想像できたすべての種類の工夫と手段に協力を求めた。彼は，政府の活動の公開性と開示を要求する法を，これらの工夫のなかに含めたが，同じく，公的空間の物理的，社会的構造，そして公的な問題が議論され，公的な業務が執り行われる建物や部屋の構造についても考えていた。彼はパブリシティのエンジニアであり，そしてさらにいうならば，文字通り，パブリシティの建築家であった。彼はまた，公的な事柄や活動，そして公職者たちの活動への公的な調査のための機会を促進し，提供する公式，あるいは非公式の制度を設計

---

10) Bentham [1989: 241; 1999: 29] も参照。そして，「政府の権力の有害な行使に対して，それ〔すなわち，輿論〕は，唯一のチェックで，有益なものに対しては，欠くことのできない補充である」。Bentham [1983: 36] も参照。
11) Bentham [1962: vol.5, 555] も参照。
12) ベンサムのBentham [1827] には，裁判におけるパブリシティへの必要な制限についての広幅の議論が，少なくとも証拠調べに関してはある〔同論稿の当該部分が収められている〕[Bentham 1962: vol.6, 351-65] を参照。

しようとした。これらの準公式の制度のなかで最も重要だったのは，自由な報道と，彼が「准陪審」と呼んだものなどであった。彼のヴィジョンでは，特定の事件を決定する責任や権限を，彼が准陪審には与えなかったということを除いて，准陪審は，刑事審理におけるイギリスの陪審をモデルとした制度であった［Bentham 1962: vol.2, 141-61; vol.9, 41, 554-67］。准陪審の主要な役割は，裁判官による，民事，および刑事の審理の指揮を監視することであった。パブリシティは，「審理しているあいだ，裁判官自身を審判の下に置き続ける。……パブリシティの援助の下，法廷における訴訟そのものと輿論法廷への訴えが同時に進んでいく」［ibid.: vol.6, 355］。ベンサムは，たんにすべての種類の政府の活動を透明にしようとしただけでなく，政府の活動に対する輿論法廷の監視を促進し，可能にし，教育して，それに権限を与えようとしていた。輿論は，「ほかのすべての法廷よりも強力である」［Bentham 1999: 29］と彼は考えていた。

✣ 2-4　輿論法廷

　これらのパブリシティの工夫を活用して，ベンサムがその意見を結集しようとした公衆は，「指定できない」諸個人の不確定な集合で，それは非公式かつインフォーマルな法廷の一種としてみなされてもよいものであった。彼の憲法の論稿において，彼はそれに公的な地位を与え，「最高構成」権力の「委員会」として扱っている［Bentham 1983: 35-39］。ベンサムは，少なくとも私たちが公衆の「集合全体」を，（「裁判官の形式で」）［Bentham 1990: 28］付与された権限を行使している，あたかも公式に設立された集合体のようにみるかぎりは，輿論法廷は，厳密にいえばフィクションであって，「想像上のもの」［ibid.: 212］であることを認めていた。しかし彼は，それが害なく，有用なフィクションである——それどころか必要なものである——と主張した［Bentham 1989: 70; 1962: vol.9, 41; 1990: 28, 121］。そして彼は，そのフィクションは，公的な事柄で積極的に役目を果たす成員という部分集合に焦点を合わすことで，大抵は回避されうると考えていた。彼の「准陪審」の提案のように，全体のなかの部分集合が制度化され，特定の准法的機能が与えられているときは，なおさらであった。したがって，関連する公衆は，社会のすべての成員から成っているが，ベンサムは，厳密な意味での輿論法廷の成員——その「准司法的な」集合——が，

公的な事柄について積極的に考量するすべての人々から成ると考えていた。彼は，彼らを一種の自任による「全体のなかの委員会」，すなわち，全体の仕事をする任務を引き受ける，全体のなかの，確定的ではあるが公式に確定されたのではない部分として考えることを好んでいた [Bentham 1990: 121]。

ベンサムは，輿論法廷の成員資格は，非常に幅広い基礎をもつと考えていた。彼はそれを，選挙権を与えられた「最高構成権力」の成員に限定しなかった。逆に，その社会のすべての成人の成員は，男性であれ，女性であれ，資格があった。彼は，物を書いたり出版したりする人々は主要な役割を演じるだろうが，ほかの人々は読むことを通じて参加できると考えていた。読み書きができない人々さえも，ベンサムの広大な全体像のなかでは資格があった。唯一の適格条件は，目的の真剣さと，公職者の活動を観察，精査し，そしてこれらの観察をもとに意見をまとめ，公的に表明して，ほかの人々に加わって公的な事柄について見解を共有しようとする意欲であった。ベンサムはこの公共圏を，そのような問題を考量し，それらについての議論に積極的に関わる，その社会の外部にいる人々や集団に対してさえも開放した [Bentham 1990: 28, 57-58, 121; 1989: 57, 283; 1983, 35; 1962: vol.9, 41]。パブリシティは，政府の権力の行使を日の光にさらすことになっていたが，その光によって，関心をもったあらゆる観察者に，これらの活動が明らかにされた。

そのような活動を公にし，輿論法廷の幅広い構成員に知らせるための鍵となる制度が出版であった。ベンサムの見解では，自由な出版は，広く開かれた公共圏の力強さと活力にとって不可欠なものであった。「出版の自由と，口頭での公的議論の自由」は，「いくらかでも適切さをもって良い統治と称されうるすべてのことにとって……あらゆる時代，どこにおいても欠かせないものである」[Bentham 2012: 4]。出版の自由に関する彼の２番目の書簡における注目すべき一節において，ベンサムは次のように書いている。

> その効果を生み出すのに適切な国家において，このような〔抵抗の〕傾向の存在に必要な手段は，教示，刺激，通信である。理解に向けられるのは教示であり，意思に向けられるのが刺激であるが，双方とも，適切な活動と通信の効果に必要なものである。個々人が別個に扱われる際の教示と刺

> 激,そして,究極的な効果を生み出すために必要かつ十分な数の諸個人の
> あいだの協調のための通信である。通信は,教示と刺激と同一の広がりを
> もたなければならない。……国家的な目的のために,国家的な規模での尽
> 力が必要な場合,(いうまでもないが),協調なくしてなされる尽力は,効果
> がない [*ibid*.: 30]。

　ベンサムの見解では,協調性があって共同の,一般的で公的な「抵抗」の活動を可能にすることは,極めて重要であるため,出版の役割は,たんに人目に晒して知らせることではなかった。

　ベンサムによれば,興論法廷の主要な機能は,「批判的な」ものであった。その狙いは,すべての種類の政府の公職者の「責任の最大化」であった [Bentham 1989: 28]。パブリシティについての幅広く多様な工夫は,この活動のための方策を可能にし,促進し,引き受け,提供するために,さまざまなかたちで設計された。彼の見解では,重要な二次的な機能は,教育的なものであった。立法,司法の活動への公衆のアクセス,監視は,道徳の最も重要な関心事が掲げられ,議論され,強制される「正義の学校」を一般の公衆に提供する [Bentham 1999: 31; 1962: vol.2, 143, 148, 149–50; vol.6, 355]。彼は,公的な議論や討論を観察し,それに参加することで,人々が,公的な言説における主要な言語が私的な(邪悪な)利益ではなく,むしろ公的ないし普遍的な利益――諸個人の利益に対立している社会の利益ではなく,すべての個々の成員が重要な利害をもつ社会の利益 [Bentham 1962: vol.2, 144; Postema 2006: 117–19]――であることを学ぶと考えた。

　ベンサムは,この公衆を理想化することはなかった。彼は,公衆が無知で,自己の利益に捉われ,未熟で操作されやすいことを認めていた [Bentham 1962: vol.9, 42]。これらの問題に対する彼の解決法は,さらなるパブリシティであった。より大きなパブリシティがあれば,無知を修正する情報へのアクセスは増すであろう。また,公的な議論のモデルを作ることは,公的な利益について公衆を教育するだろう。であるから,目下,公衆が十分には啓発されていなくても,パブリシティは公衆を啓発する最良の手段である。「この法廷は誤るかもしれないが,腐敗しない。……〔そして,〕それは継続的に啓発されるように

なる傾向がある」[Bentham 1999: 29]。輿論法廷が「腐敗しない」のは，それが誤ることがないからでも，きわめて有徳であるからでもなく，その利益が定義上，全体の利益であるので，その指図が，大体において「最大多数の最大幸福」の指図と一致しており，そして，より大きなパブリシティが与えられれば，後者〔最大多数の最大幸福の指図〕からの逸脱は減り，最終的には消えるだろうからである [Bentham 1983: 36]。しかしながら，このことは，公衆の一定の部分に関しては真実ではない。特に，彼の時代のイングランドでも支配的な階級であった「非生産的な」「貴族階級」についてはそうである [Bentham 1989: 68-76; 1990: 67-68]。この階級の利益は，ベンサムの見解では，多数派である「生産的な」「民主的な階級」の利益に，まさに対立していた。パブリシティは，貴族階級の所業に典型的なごまかし，巧みな操作，腐敗，そして「邪悪な犠牲」を露見させることになっていた。しかし，私たちは，この階級の自由になる資金と権力が，彼らが，（例えば新聞などの）パブリシティの仕組みを操ることを可能にするのではないかと思うかもしれない。ベンサムも，これについて心配していたようだ。彼により考慮されたが，完全には是認されなかった解決法は，輿論法廷の成員の地位を貴族階級の一員には拒むことであった [Bentham 1989: 76]。しかしながら，たとえベンサムがこの提案について真剣であったとしても，彼の説明によれば，輿論法廷には公式の適格基準，認可の決まり，そして，懲戒による追放のプロセスがないため，彼らが追放されうるような方法はないようだ。さらに，彼らを公式に追放することは，彼ら自身の目的のためにパブリシティの手段を操る彼らの能力を，除去するのではなく，ことによると覆い隠すだけになるだろう。

❖ 2-5　責任の最大化

　私たちは，ベンサムがパブリシティに，悪政に対する保障として，教育と規律の役割を与えたことに注目した。パブリシティの「教育的な」役割についての彼の見解は，ほとんど認知されることがなく，さらに詳しい議論に値するが，これは別の機会に取り上げられなくてはならない。ここで私は，パブリシティの規律的な機能に注意を集中させる。

　この規律的な機能の中心的な狙いが「責任」であったことを私たちはみた。

第 3 章　正義の魂　83

「信頼に反することに対する安全にとって，唯一の適切な救済は……継続的な責任である……すべての機会，あらゆる時代において」，公衆への「最も厳密で絶対的な依存である」[Bentham 1962: vol. 9, 62]。ベンサムは，この責任を二つの相補的な方法で考えていた [Postema 1986: 367-68]。①答責性，すなわち，なされる，あるいは提案された行為に関する明白で公的な理由の説明への正統な要求に服すること，そして，②刑罰への責務，すなわち，法的責務に類比的な道徳的制裁に服すること [Bentham 1983: 24; 1962: vol.9, 50-51, 151-52; vol. 2, 31] である。ベンサムが，責任（と義務）を非常に密接に制裁と関連づけたため，答責性の側面，そしてそれとともに，ベンサムの公職の責任の概念の精妙さを容易に見落としてしまう。しかし，私たちはまず，制裁への責務としての責任を検討し，続いて相補的な答責性の概念を探求しよう。

　ベンサムは，輿論が概して，たんなる意見以上のものを含むと述べていた——それはまた，公衆の好意や敵意も加わらせる [Bentham 1962: vol.9, 41]——。そして彼は，そのような敵意が，私的，そして公的な非難さえをも相当に越えて，及ぶかもしれないという事実を認め，歓迎していた。彼は，それがまた，服従の撤回，そしてさらには公的活動に対する集団的な対抗や妨害にさえ及ぶだろうと認めていた [Bentham 1977: 485]。それどころかベンサムは，自由な政府は，民衆の抵抗への傾向を育て，奨励し，可能にすべきであると論じていた。「専制的でない政府については，したがって，結果として起こる抵抗への傾向を育てることさえもが，重要な特徴である」[Bentham 2012: 30]。このことは，公的な責任のシステムを「不信のシステム」にすぎなくするのではないかとベンサムは問い，実際そうであると彼は答えた。しかし，「すべての良い政治制度は，この基礎に基づいている」。なぜなら，「大きな権力が託され，それを濫用する大きな衝動をもつ人々でなければ，私たちは誰を疑うべきなのか」[Bentham 1999: 37]。『統治論断片』においてベンサムは，「厳密に服従し，自由に批判せよ」[Bentham 1977: 399] という彼の法理学の標語を掲げたが，悪政に対する安全に必要な工夫についての彼の考えが発展するにつれ，輿論法廷——「自由な批判の法廷」[Bentham 1998a: 98]——は，ますます積極的な役割を果たすようになった。彼は，自由な批判が服従を限定，制限し，そして抵抗をも刺激しうるし，時折はそうしなければならないと信じるようになった。彼は，立法者と，

(すべての裁判官を含む)すべてのレベルの政府の公職者たちの定期的な選挙のための制度を考案したが，公職者たちを規律する——答責性をもたせる——ことにおける公衆の参加は，彼らをほかの公職者に取って代えることに限定されていなかった。彼は，選挙のプロセス以外においても，創られ，運用される法の下で，公衆が，積極的に答責性を保持させることを可能にし，そして，そのような権限を与えるためのパブリシティの工夫を考案した。それらは，公衆が，彼らの一般的な法の遵守を制限，限定することを可能にし，それによって，法により支配しようとするものの権力を監視し，制限することを可能にした。

　良心的な不服従と，抵抗さえもが公衆の装置の一部であったけれども，ベンサムの見解では，公衆によって用いられる主要な手段は，評判や評価を操作することであった。公衆による非難は，公職者の評判を脅かすものであった。「裁判官は名誉の人である。彼は維持し，改善すべき評判の豊富な蓄えをもっている」[UC lvii. 9]。これを知っているので，裁判官たちやほかの公職者たちは，予期された公衆の判断を内面化した。彼らは人々によって抱かれた，まだ表明されていない判断を予期し[Bentham 1962: vol.9, 42]，このことは今度は，彼らの自尊心を動かす。したがって公職者たちは，彼らの行為の根拠を示す公的な言語を見つけるよう強いられる。公衆の眼前での弁明へのこの衝動は，責任のもう一つの形態——答責性，すなわち，公衆の代理としてなされた行為の，公的な理由の言語による説明への要求に対する責務——を作動させる。ベンサムのヴィジョンでは，この法的・政治的機能のために動員されるとき，道徳的制裁は，推論的で，理由を要求，評価する側面を伴う。

　ベンサムは，判決において働く道徳的な力についての彼の議論において，このことがどのように作用するかについての一つの例を提供している。ベンサムの見解では，「司法部」に関する完全で制約のないパブリシティの最も有益な結果は，各々の判決や行為を説明し，正当化するためにパブリシティを追求するよう，裁判官を強制することであった。「陪審に与えられた権限により，裁判官は，事件の性質と，もし何らかのものが与えられているのなら，彼の助言と推奨が基づいている根拠について説明する彼の言説を，彼ら(陪審員)に向ける必要があることに気づく」[*ibid.*: vol.2, 141-42][13)]。パブリシティは，裁判官たちに「裁判官席から理由を与えるという習慣」を強制するという——完全

に必然的ではないにせよ——「自然で，経験において慣習的な」帰結を有している［*ibid.*: vol.6, 357］。裁判所に提示された法や証拠の曖昧さや，審理でなされた法的議論の複雑さを悪用したという印象を避けるために，裁判官は，「〔観察者たちを〕前にして，主張されたかもしれない何かほかのものではなく，むしろ，その力によって，彼により宣言された判決がその実際のかたちを帯びるようにされた諸考慮——理由——を述べるよう」［*ibid.*: 356］迫られていると感じる。「パブリシティの援助の下，理由を特定化するということは，彼の地位の性質が，……自然と，彼にその遂行をする気にさせる作業である」［*ibid.*: 357］。このようにして，不正判決がさらされるだけでなく，さらに，「その不正な様が，ある程度明白になる。……この場合の暴露は，理由を示そうとするあらゆる試みの欠如か，それよりはまだ良いものだろうが，彼の理由の弱さや不合理さによってもたらされる」［*ibid.*: vol.2, 147］。この必要性は，法的な義務の問題ではないが（そしてベンサムも，そうあってはならないと考えていたが），にもかかわらず，道徳的な義務であり，輿論法廷によって科される道徳的な制裁によって守られる［*ibid.*: vol.6, 357; vol.9, 147, 555］。

　このことは，政府の公職者たちがパブリシティを十分に考慮して行動しなければならないほかの制度の文脈においても，等しく重要であった。「立法，司法，そして，公職に就くものが，公衆，あるいはその一部に対して答責性をもつ，あるいはもつべきである人間の行為のすべての領域において，——理由を提示することは，行動の廉潔性と関連して，テストであり，基準であり，保障であり，解釈の源泉である」［*ibid.*: vol.6, 357］。すでに『統治論断片』においてベンサムは，統治者の責任が，「臣民が有する，彼に対して行使されるすべての権力の行為についての理由が，公に与えられ，精査されるという権利」［Bentham 1977: 485］にあるということを主張していた。ベンサムは，この公的な理由を提供する答責性の要求を，恣意的な権力の抑止に直に結びつけていた。ベンサムは，以下のように書いている。「司法における恣意的な権力を構成しているのは，上位者のコントロール，——彼の行為の理由を挙げる義務——公衆の眼による監督の精査から免れていることである」［Bentham 1962: vol.5, 556］。公職

---

13) Bentham ［1962: vol.2, 147］も参照のこと。

者たちの「責任」を保障する鍵となる方法の一つは，公衆があらゆる権力行使の根拠についての説明を期待し，要求することであった。完全な，そして包括的なパブリシティは，このような答責性を可能にし，公衆が統治するものの権力を抑止するのに必要なものを提供する。

ここでは，理由を与えることは，主として，権力を抑制して答責性をもたせるというかたちで理解されているが，ベンサムが，司法，あるいは立法の公職者によって提供される理由を支える価値や原理に関する論争において，公衆が参加することも歓迎していたと考えるべき一定の理由がある。ベンサムは，輿論法廷の成員たちが気づいた問題に関する熟慮的な公的議論において，輿論法廷の積極的な関与の可能性を認めていたようだ。これは，彼が輿論法廷を「自由な批判の法廷」と特徴づけていたことに含意されている。『統治論断片』のある箇所において，ベンサムは，この認識をさらにより明示的なものにした。立法を覆す権限を裁判官たちに与えるのは間違いであろうと論じる際，ベンサムは，そうすることが一つの非常に価値ある結果をもたらすだろうと認めていた。すなわち，それは法をめぐる活発な公的議論を促進するだろうと。「法の適切さに関する公的で権威ある論争が，この方法によってもたらされる。言葉の大砲が，法それ自体に援護されつつ，法に対して発射される」[Bentham 1977: 488n]。これは人々の利益におそらく資するだろうと彼は考えた。同様に，彼の，政府に対する監視における自由な報道の役割に関する議論は，（厳密にハーバーマス的ということではないが），より頑健で活動的な「公共圏」を示唆している。その公共圏に参加するのは，読んだり，書いたり，出版をするものであるが，読み書きできないものも，それでも，ほかの人々に加わり，公的な事柄について発言する [Bentham 1990: 58]。さらに，主要な政治制度に関するパブリシティによって確立され，供給される「正義の学校」は，ベンサムの見解では，社会の成員たちを，この種の積極的な参加に向けて訓練した。このようにベンサムは，公的な事柄についての熟議への，より活発な人々の参加の可能性や重要性を一定程度理解していたようだ。

✧ 2-6　公的な理由と法

ベンサムが，法の支配についての頑健な概念を提供しているか否かの問題に

戻る際，私たちは，理由を示すことと法のあいだの関係についての彼の見解を注意深くみるのがよいだろう。実際，公的な理由の提示は，法の適切な機能についてのベンサムの見解の中心にある。法を通じた統治は，ベンサムによると，恐怖から服従を導き出す野蛮な力の行使からは，明確に区別される。法は，(主権者の) 意思の公的な表明を必要とするものであったが，必要とするのはそれだけでないと彼は主張した。法の統治の典型的な形態は，彼の見解では，理解することができて，自らの状況に適用できる人に対して，明瞭で公的な，体系的に組織化された指令を向けることである。これは，ある人の意思をほかの人に強制するという問題ではなく，権威とともに，あることをなす何らかの要求を伴う指令を出すという問題でさえもなく，その構成員たちの理解に向けられた，立法者や法を適用するものの理解の問題である [UC cxxvi. 1; Bentham 1998b: 248-49; Postema 1986: 368]。「力が，さしあたりは，法に存在を与えるが」「しかし，それが，その安定性のために依存しなければならないのは理由である」と「フランスにおける司法制度」でベンサムは書いている [Bentham 1790: 11]。意思だけによって統治することは，不可避的にシニスター・インタレストにのみ，かなう権力である。統治の形態としては，それは，十分なパブリシティの光に照らすと，機能し得ない。なぜなら，合理的で，用心深く，情報に通じた公衆は，その命令に進んで従うことはないだろうからである。権威主義的なモットーの「かように望み，命じるという私の意思は，理由の代わりにある (*sic volo, sic jubeo, stet pro ratione voluntas*)」を拒絶し [Bentham 1962: vol.1, 159]，ベンサムは，法は理由を意思に取って代えることによって統治するのではなく，むしろ，意思の表示（法の命令）を，公的に宣言された指令の合理的な根拠についての公的な表明と結合させることによって統治すると主張した。これらの理由は，私たちがみてきたように，「基準，保障，〔そして〕解釈の源泉」を提供する。「人々を説得できるものは，必然的に彼らを一人前の人として扱うだろう。命令するだけの人は，説得できないことを率直に認め」[*ibid.*: 160]，命令への彼らの正統な要求を失う。これは彼が，18世紀のコモン・ローの実践への彼の批判から引き出した結論である。彼が非難するところによれば，コモン・ローは，まさにこの理由によって，その正統性を失ったのであった。それは，「犬法」であって，警告や公的な原理なしに制裁を科し，市民た

ちを鞭打ちしか理解できない生き物のように扱っている［Bentham 1962: vol.5, 235; Postema 1986: 275-78］。

　ベンサムのパブリシティの概念と法におけるその役割についてのこの理解によって，私たちはこの小論の初めに私が示した問題に戻ることができる。ベンサムは，法の支配についての特徴的な概念を私たちに提示しているのだろうか。あるいは彼は，その代わりに，その理念への特徴的な代替案を提示しているのだろうか。

3　パブリシティと法の支配

❖ 3-1　法の支配

　法の支配は複雑な理念である。それは法の諸規範や諸制度に適用される形式的で手続的な基準を含んでいる[14]。法が政治共同体で支配するのならば，法は公職者がその共同体を管理するために用いる道具であるだけでなく，それによって支配しようとする人々もまた，支配しなくてはならない。私たちはこれを，法の支配の反射的次元と呼んでよいだろう。権力に服しているものと同様，権力をもっているものも法に服さなくてはならない。政治権力を行使し，他者に法に対する答責性をもたせるものの何人かが，みずからは法の下で答責性を有さないなら，その共同体において法の支配は頑健ではない——そこで法は，効果的には支配しない——。問題は，「悪政に対する安全」と，法におけるパブリシティの中心的な役割に関するベンサムの見解が，法の支配の頑健な概念の源泉を提供するか否か，そして特に，それが法の支配のこの反射的な次元への余地をもつか否かということである。

　私は，答えは是であると考える。彼の悪政に対する安全についての広範な議論には，持続的ではっきりと示された，法の支配に必要なインフラについての探求がある。ほかの理論家たちは，法の支配の形式的，手続的要素についての私たちの理解に大きく貢献してきたが，私が知るかぎり，20世紀以前の主要な法理論家で，そのインフォーマルなインフラについての私たちの理解に，よ

---

[14] 例えば，Waldron［2008］を参照。

り貢献したものはいなかった。彼は背景となる条件を分析し，包括的で効果的な答責性のアーキテクチャにとって必要な，それを支える諸制度を設計した。

❖ 3-2　主権者への法的制限

しかしながら，この小論の初めにおいて私たちは，ベンサムが，彼の初期の法理学の論稿において，主権者が法に服しているといういかなる提案にも断固反対していたようだということに触れた。彼が，主権者の権力には，もちろん政治的，そしてことによると「憲法的な」制限さえあるだろうと主張したが，主権者が法的な制限に服しうるという見解は，ナンセンスだと主張していたことを思い起こそう [Bentham 2010: 38]。主権的な立法行為に対する制限とされるもの（主権者の権力行使に対する制限のような）は，政治的事実の事柄（人民の服従は，つねに限界を有する）に基づくだろうし，それらを破ることは，「賢明ではない」。あるいは，それらは，オースティンが後に「実定道徳」と呼んだもの――「道徳的制裁」で強制される社会的ルールや慣習――に依拠するだろう。しかし，それらは「政治的」，あるいは「法的な」（すなわち，法によって権限を与えられた強制的な）制裁によって強制される法的な制限たりえない。主権的権力への法的制限は，この見解では賢明でないだけでなく，不可能でもあった。もしこれが彼の見解であったのなら，ベンサムの「答責性」の議論に関して私たちが何をいおうとも，彼の法理論には，主権的権力をもったものを制限したり，支配したりする法の観念への余地はないと結論づけなければならない。法の支配のインフラについての頑健な理論の代わりに，ベンサムは，法の支配の理念の政治的に現実的な代替物を提供しているといえるかもしれない。しかしながら，この結論は，ベンサムの，法の性質についての見解と，法の通常で適切な機能における「道徳的制裁」と「一般の興論」の役割についての彼の見解双方を正当に評価していないと私は考える。

このように考える私の主要な理由は，私たちがちょうど検討した『領域』からの一節をより綿密にみることにかかっている。しかしそうする前に，私たちはベンサムの法の理解の進化を検討すべきである。ベンサムの，「憲法的な」制約を法的なものとみなすことへの躊躇は，彼の法についての命令モデルから直に生じているようだ。しかしながら，『領域』で彼の命令モデルを示したす

ぐあとに，彼は，そこから遠ざかり始めた。第1に，彼は，何が個別的法を構成するかについての彼の概念を緩め（精度を高め，作り直し），彼の命令モデルを限定した。『領域』の大部分は，完璧で完全な法体系——彼のいうパノミオン——を構築するために必要とされた論理的，概念的な資源を明らかにすることに充てられた。主権者の命令，決定，そして制定法さえもが，権威ある言葉の公式化を伴う，別々の歴史的な出来事であるが，ベンサムのよく考え抜かれた見解では，法は，観念的な統一体であった。一つの法——立法者によって定められる制定法とは異なるものとしての——は，完全な法システムの一部分である。「一つの単純であるが完全な法を意味する一つの法の観念は，ある意味，完璧な法体系の観念と不可分に関連している。したがって，一つの法が何かということと，完璧な法体系の内容が何かということは，双方とも，他方なしには十分には答えられない問題である」[ibid.: 21n]。彼の中心的な概念を一つの完璧な法の概念とすることで，ベンサムは，どのようなものであれ，彼の命令モデルという単純な理解も置き去りにした。

　第2に，ベンサムは法的な制裁と道徳的な制裁を区別していたけれども，彼は，道徳的制裁に，法本来の通常の働きにおいて果たされる不可欠な役割を与えた。早くから彼は，最高立法権力と執行権力（そして，最高司法権力以外のすべても）が，一方の集団に割り当てられ，その集団に答責性をもたせる権力が別のものに割り当てられた，政体における分割された主権の可能性を認めていた [ibid.: 91n][15]。そして彼は，後の著述において，公職者の責任を確保するという輿論法廷の役割を発展させた際に，その観念を精緻化した。法の輿論法廷，道徳的制裁の働きへの依存についてここまでみてきたことの多くは，政治権力は，輿論をその通常の作用において正しい方法で機能させないかぎり，法的な，そして法に統治される方法に特徴的なかたちでは行使され得ないとベンサムが考えていたことを明らかにしている。輿論は，ベンサムの見解では，法に不可欠なもので，法の基礎についてのいかなる法理学的な探求も，法の通常の作用における公衆の役割を無視できないのであった。

---

15) 私たちの多くは，前者が真の主権者であるといいたくなるであろうが，厳密にいうと，私たちはその場合，主権は共同に保持されるといわなければならないと彼は指摘した。

✤ 3-3 主権者に対する法

　この法と輿論の密接な相互依存は,『領域』における主権的な統治権力への憲法的な制約についての彼の議論において特に明白である。ベンサムの初期の法理学の草稿（以前,『法一般論』というタイトルで出版されたもの［Bentham 1970］）の最近の新しい版において, 編者のスコフィールドは, 先ほど引用された一節（ベンサムが, 主権者への制限が, 政治的, 憲法的なものではありうるが, 法的にはなりえないと述べているところ）の余白に書かれたコメントで, ベンサムが「変更。たしかに, これらの法は人民に対するものではないが,〔それらの法は〕主権者に対するものである」と書いていることを指摘している［Schofield 2010: xxii］。すなわち, それらは人々一般に向けられた法ではなく, むしろ支配する一団に向けられた法である。その元々の一節を書いてから, ベンサムは, 主権者に指針を与え, 制限する憲法的な規範の位置づけについての彼の思考を相当に洗練させていた[16]。彼は, そのような制約の性質や力についてのより微細な見解を発展させていた。彼は, そのような憲法的な制約を自ら課せられるものとして, すなわち, その権力に対する一定の制限を尊重する主権者の約束として考えることにより, ローマ法と教会法の理論家たちが伝統的に開始していたところから始めた[17]。しかしベンサムは, これらの約束が個人的な方針や自らに宛てられた命令とはまったく違うものであるということを理解していた。むしろそれらは, 主権者以外の当事者たちに保証をして, それらの当事者たちに, 主権者の行為を判断する権能を与えた。彼が以前にたんなる「譲歩」［Bentham 2010: 38］[18]と呼んでいたものを, 彼はここでは「主権者に対する法（*Leges in principem*）」と名づけている。たしかにそれらは法であるが,「超越的な」ものである［*ibid.*: 86］。超越的なのは, それらが「主権者に対して彼が何をすべきか, 彼ら〔臣民たち〕にどのような命令を彼が向けてよいか, あるいは, ならないか, そしてより一般的には, 彼が彼らに対してどのようにふるまうべきで, ふるまってよいのかを指図する」［*ibid.*］からである。

---

16) その議論は, Bentham［2010: 85-93］に見出すことができる。主権者に対する法の概念と, ベンサムの主権概念の発展については, Postema［1986: 250-56］を参照。
17) Krüger［1998: vol.1, xiv. 4］の彼らの注釈。本章前掲注3）を参照。
18) Bentham［1990: 138］もまた参照。

ベンサムは，最初はこれらのコミットメントを，約束，あるいは「誓約」[ibid.: 87][19]との類推で考える傾向にあったが，彼は，約束のモデルそれ自体が完全には適切ではないと気づいている。それは，コミットメントの範囲を，約束をした主権者に限定するものであったが，一方で，彼が念頭においていた憲法的な制限は，典型的には，連続する統治者たちを時間をかけて拘束するものであった。したがって彼は，そのような主権者のコミットメントに関する行為を，分析的には二つ区別されるが，潜在的には〔一つに〕含まれている様相をもっているものとして考えた。誓約を結ぶことで，主権者自身が約束すると同時に，彼は，いわば「推奨的な指令」[ibid.]を向けることで，彼の後継者たちに義務を負わせた。双方のコミットメントは，主権者から発せられ，主権者が守ることを公衆に約束することにより，法としての地位をもつ[ibid.: 90]。

このような方法による統治権力に対する憲法的制限の概念化は，もちろんベンサム独自のものではなかったが，もしこの方策を，彼のパブリシティの原理と，彼が輿論に与える根本的な法理学上の役割というコンテクストに置くならば，私たちは，その法理学上の重要性をよりよく評価できる。第1に，これらの憲法的な制限が自ら課せられるという考えに対して，どのような意味を私たちは与えることができるかとベンサムは尋ねる。人は，その人自身にどのように義務を課すことができるのか[ibid.]。彼は，ある臣民が，自身をほかの臣民に対して義務づけるのと同じように，この種の場合も困難はないと答えた。いずれの場合も，義務は単純に自ら課せられるのではない。通常の約束の場合には，臣民が彼自身を義務づけるのは，彼にこのコミットメントを守らせる何らかの当事者や力がある場合のみである。そしてベンサムは，主権者のコミットメントの場合も，同じことがいえると主張した。単純な契約の場合，法は，厳密にいうと，契約者当事者とその契約の保証人双方の成果である。後者〔主権者のコミットメント〕の場合は，保証人は，道徳的制裁を行使する輿論である[ibid.: 92][20]。

第2に，推奨的な指令の拘束力についてのベンサムの説明は，約束／誓約の

---

19) [ibid.: 138-41] もまた参照。
20) [ibid.: 139-40] もまた参照。

アナロジーをさらに拡張し，彼の主権者に対する法の説明を，法の基礎についての彼のより広い理論に統合する［ibid.: 88-89］。彼は，初めは政治的便宜についての考慮によって動機づけられた主権者の誓約は，主権者の交代が生じるとき，新しい主権者が同じ誓約を採用するよう，慣習によって義務づけられるというような程度まで，法の対象となる人々の期待をかたち作る傾向があると論じた。それどころか，彼は単純にそのようにしたとみなされるだろうから，前の主権者の誓約を明示的に採用することは，新しい主権者にとって必要ではないだろう［ibid.: 89］。このようにして，主権者の権力に対する歴史的，具体的な憲法的制限は，主権者の何らかの譲歩や約束から生じたかもしれないが，それらの現行の地位や力はその起源ではなく，むしろ主権者を義務づけている臣民たちの期待に根をもつその時代の慣習に依拠している。さらにベンサムが付け加えるには，このような誓約に従うという期待は，時が経つと，法を構成して基礎づける服従のコンヴェンション（「習慣（habit）」）に統合されるようになるだろう。〔彼は以下のように記した。〕

> この期待は非常に強くなり，それによって主権が事実上構成される，人々の側の服従への傾向の普及について抱かれる期待と等しいまでになるだろう。一方の側で誓約を遵守することが，他方の側で払われることになる服従の必須条件とみなされるほどまでにである［ibid.］。

主権者に対する法を支え，強制する期待と意見は，ベンサムが理解したところの法の基礎にある期待とひと続きのものである。これらの期待は，法を構成しているものであるという文字通りの意味で「構成的」なものである——すなわち，法の体系，その一体の総体を構成している——。なぜなら，ベンサムの見解では，いかなる法システムの存在と統一性も，立法する（そして法を執行し，判決を下す）主権者の取り組みに依拠しているのであり，そして，主権者がこのような権限を有するのは，まさに，その権限を認め，これらの取り組みに従う，その管轄における法の対象となる人々の調和した期待に基づいているからである。法は，臣民たちの「服従の習慣」によってのみ存在するが，この「習慣」は，考えのない，機械的で，命令への個別の応答ではなく，むしろ，権力・

権限をもつものの取り組みへの,調和された集合的な応答である[21]。それは,一種のコンヴェンション,「慣習」に基づくもので,その内容と形は,集められて公にされた公衆の意見によって決定される。ある時点でベンサムは,輿論の確固たる期待から発せられるルールと基準は,それ自体で一種の法になると明示的に述べることさえいとわなかった。彼の『憲法典』の冒頭で,「輿論は,人々の集合から発せられる法のシステムとしても考えられるだろう」[Bentham 1983: 36][22]と書いた。そのルールには,明白に述べられた権威的な規定はなく,「個別に指定できる言葉の形式は何も」有していないだろう。しかし,この点で,それは,イングランドのコモン・ローとまったく変わらない。それが,支配しているエリートの一部からではなく,むしろ,人々から発するため,コモン・ローに固有な種類の濫用を受けやすいことはないことをのぞいてであるが。法の基礎にある慣習,法を構成している,法の対象である人々の服従への傾向をかたち作り,それにニュアンスを与える慣習は,輿論の道徳的制裁,すなわち,法の対象である人々の,主権権力に答責性をもたせる意欲に究極的には依拠しているため,法でなくなり,義務づけなくなるということはない。

4 おわりに

このように,ホッブズやオースティンとは違って,ベンサムは,法が主権者を義務づけることが不可能であるとは考えなかった。適切に理解された法は,その直接の対象だけでなく,それを創り,運用し,強制するよう委ねられたものも義務づける。そしてベンサムは,法的に権威を与えられた公職者たちへの法理学的に必要な諸制約についての彼の説明と,これらの公職者たちが答責性をもたされることを可能にした工夫や制度を,法の基礎についての彼の説明に統合した。同時に,法の存在の条件についての彼の分析は,彼の見解では必然的に,政治社会において法が支配することの条件の分析であった。さらに,こ

---

21) ベンサムの,期待に基づく,「服従の習慣」の「相互作用的な」理解についての一般的議論に関しては,Postema [1986: 232-37] を参照。
22) これは,ベンサムがこの点を明白に述べた,私が気づいた唯一の一節であるが,その著作の最初に近い非常に目立つところに登場しているので,書き間違いとして片づけるのは難しい。

の分析は、法が支配するためには——彼の言葉では、悪政に対する適切な保障があるためには——、主権者の、自らを制限するというコミットメントは、主権者の支配の対象となる人々の側の、主権者にこれらの約束を守らせる等量のコミットメントによって応じさせられなければならなかった。ベンサムの見解では、法の支配は究極的には、その意見によって興論が構成される人々の心的態度、知性、用心、警戒、剛勇さ、エネルギー、忍耐力に依拠している [Bentham 1990: 139]。そして興論が、その抑止の魔法をかけることができるのは、すべての時点において、政府の権力の行使が公になっている場合のみである。彼がいったように、パブリシティは法の魂なのであり、パブリシティを通じてのみ、法は安全の母になる。それは、法の支配のインフラの重要な部分である。

【引用・参考文献】

Bentham, J. (1790). Draught of a New Plan for the Organisation of the Judicial Establishment in France: Proposed as a Succedaneum to the Draught Presented, for the Same Purpose, by the Committee of Constitution, to the National Assembly, December 21st, 1789, London.

―――. (1827). Rationale of Judicial Evidence, Specially Applied to English Practice (first published in 5 vols., 1827), in *The Works of Jeremy Bentham*, vol.6, pp.189-585, and vol.7, pp.1-644, (ed.) J. Bowring, Russell & Russell (1962).

―――. (1962). *The Works of Jeremy Bentham*, 11 vols., (ed.) J. Bowring, Russell & Russell.

―――. (1970). *Of Laws in General*, (ed.) H. L. A. Hart, Athlone Press.

―――. (1977). A Fragment on Government, in *A Comment on the Commentaries and A Fragment on Government*, (eds.) J. H. Burns, & H. L. A. Hart, Athlone Press, pp.391-551.

―――. (1983). *Constitutional Code*, vol.I, (eds.) F. Rosen, & J. H. Burns, Clarendon Press.

―――. (1989). *First Principles Preparatory to Constitutional Code*, (ed.) P. Schofield, Clarendon Press.

―――. (1990). *Securities Against Misrule and other Constitutional Writings for Tripoli and Greece*, (ed.) P. Schofield, Clarendon Press.

―――. (1993). *Official Aptitude Maximized, Expense Minimized*, (ed.) P. Schofield, Clarendon Press.

―――. (1998a). Papers Relative to Codification and Public Instruction, in *Legislator of the World: Writings on Codification, Law, and Education*, (eds.) P. Schofield, & J.

Harris, Clarendon Press, pp.1-185.

―――. (1998b). Codification Proposal, Addressed by Jeremy Bentham to all Nations Professing Liberal Opinions, in *Legislator of the World: Writings on Codification, Law, and Education*, (eds.) P. Schofield, & J. Harris, Clarendon Press, pp.241-384.

―――. (1999). *Political Tactics*, (eds.) M. James, C. Blamires, & C. Pease-Watkin, Clarendon Press.

―――. (2002). Nonsense upon Stilts, in *Rights, Representation, and Reform: Nonsense upon Stilts and Other Writings on the French Revolution*, (eds.) P. Schofield, C. Pease-Watkin, & C. Blamires, Clarendon Press, pp.317-401.

―――. (2010). *Of the Limits of the Penal Branch of Jurisprudence*, (ed.) P. Schofield, Clarendon Press.

―――. (2012). *Of the Liberty of the Press, and Public Discussion, and other Legal and Political Writings for Spain and Portugal*, (eds.) C. Pease-Watkin, & P. Schofield, Clarendon Press.

Krüger, P. (ed.) (1998). *Codex Iustinianus*, Keip.

Montesquieu, C-L de. (1989). *The Spirit of Laws*, (trans.) and (eds.) A. M. Cohler, B. C. Miller, & H. S. Stone, Cambridge University Press.

Postema, G. J. (1986). *Bentham and the Common Law Tradition*, Clarendon Press.

―――. (2006). Interests, Universal and Particular: Bentham's Utilitarian Theory of Value, *Utilitas*, *18*(2), 109-33.

―――. (2010). Law's Ethos: Reflections on the Public Practice of Illegality, *Boston University Law Review*, *90*(4), 1847-68.

―――. (2014). Law's Rule: Reflexivity, Mutual Accountability, and the Rule of Law, in *Bentham's Theory of Law and Public Opinion*, (eds.) X. Zhai, & M. Quinn, Cambridge University Press, pp.7-39.

Schofield, P. (2010). Editorial Introduction, in *Of the Limits of the Penal Branch of Jurisprudence*, J. Bentham / P. Schofield (ed.), Clarendon Press, pp.xi-xl.

Tierney, B. (1963). The Prince is Not Bound by the Laws: Accursius and the Origins of the Modern State, *Comparative Studies in Society and History*, *5*, 378-400.

Waldron, J. (2008). The Concept and the Rule of Law, *Georgia Law Review*, *43*, 1-61.

※ 84, 87頁の「UC」は, ロンドン大学ユニヴァーシティ・カレッジ所蔵のベンサムの草稿 (Bentham Papers, University College London Library) を指す。ローマ数字は草稿が収められた Box の番号, アラビア数字は, 各々の Box のなかの folio の番号を指す。

第4章
ダイシーと法の支配
形式性の背後面にある規範秩序

内野広大

1 はじめに

　本章では，イギリスの法の支配の思想を集大成したとされるアルバート・ヴェン・ダイシー（Albert Venn Dicey, 1835-1922）の主権論と習律（conventions of the constitution）論に焦点を当て，ダイシー理論およびその系譜に連なる理論が，イギリス法実証主義にいう「法の支配」の要請に，独立した規範カテゴリとしての習律でもって応えようとするものであることを明らかにする。

　ダイシー[1]が，その著『憲法序説』を著し，第2章において跡づけられた法の支配の思想を集大成して，法の支配を三つの定式で表したことは広く知られているところである［Dicey 1959: 188-205］。①正式の法が絶対的に優位すること，②通常法に対してあらゆる階級が服従すること，③憲法上の一般的規範は通常法の帰結であること，の三つがこれである。これらの内，第3の定式は，ダイシーの法の支配が国会主権に優位するかという問題を考察するにあたり示唆に富むものである。第3の定式を司法裁判所が国会をも不文の憲法原則によって拘束しうると主張するものとして受け取るならば，国会主権の原理と矛盾する［長谷部 2000: 151-52］といえる。他方，第3の定式はイギリスの法制度の下では，コモン・ローという実体的内容をもった実定法を想起させるため，「形式的概念」ではなく，「実質的概念」として理解される余地があり，実際，アランは，こうした法の支配の理解に依拠し，国会制定法を違憲無効とする裁判

---

1) ダイシーの法思想を時代の相に応じて捉えるものとして，石井［2005; 2006］を参照。

所の権限を肯定する［Allan 2001: 2, 3, 12-13, 31, 41; 愛敬 2005a: 13-14］。

 とはいえ，ゴールズワージーは，アランが好む政治道徳の諸原理はイギリスの法的上級公務員たちの実践と両立しないことなどを根拠として，国会主権の優位性を支持している［Goldsworthy 1999: 271］。これに加え，近時の研究によれば，ダイシーの法の支配は，「形式性」をその特徴とし，国会主権[2]の優位と両立するものであり，しかも，イギリスにおける法の支配の伝統的な考え方を明白に表すものとされている［戒能 2013: 285］。そうだとすると，やはり，ダイシーの法の支配は国会主権に対して従位的な性格をもつにすぎないということになるだろう。

 たしかにダイシーの法の支配はそうした性格をもつものにとどまるかもしれない。けれども，ダイシー理論およびその系譜に連なる理論は，その一方で，イギリス法実証主義にいう「法の支配」の要請には応えようとするものなのではないだろうか。本書第3章にあるように，ベンサムが輿論法廷[3]を通じた主権者に対する制約[4]を構想し，主権者に対する間接的制約が法の支配の反射的次元にあたるものとされていることからすれば，イギリス法実証主義にいう「法の支配」は，主権者に対する間接的・非法的制約を予定するものであるといえる。そして，ダイシー理論およびその系譜に連なる理論は，こうした間接的・非法的制約を主権論および習律論において具体化するものといえるからである。

 そこで以下では，まず第2節においてダイシーの説く主権論に着眼して，憲法と習律の認識構造を検討し，習律が国制（constitution）において憲法から独立した規範カテゴリとされることを明らかにする。次に第3節では，ダイシーの説く二つの主権──「法的主権」と「政治的主権」──の相互関係に着目して，憲法と習律の相互の連関を検討し，習律が法的主権者を制約するものであることを示していく。

---

2) 我が国のイギリス憲法研究において，国会主権論との関係で法の支配原理の展開を説明しようとするものとして，田島［1979］，愛敬［2005a; 2005b］および岩切［2009］を参照。
3) 輿論法廷の構成，機能については戒能［2007: 174-78］を参照。
4) ベンサムにおける最高の立法権が人民の服従の習慣により構成され，かつこの習慣によって限界づけられるとするものとして長谷部［1991: 44-46］を参照。本書第3章3節も参照のこと。

2 国制における習律の位置づけ：
独立した規範カテゴリとしての習律

❖ 2-1 分析概念の設定

　習律による主権者に対する制約は，仮に習律が国会制定法よりも効力上劣位にあるということであれば，厳密には成立しない。しかし，ダイシーおよびその系譜に連なる理論は必ずしも習律と国会制定法とを同一のレベルに置いているわけではない。むしろそれは，習律を憲法 (law of the constitution) とは区別される独立した規範カテゴリとするものといえる。憲法と習律との峻別はジョン・オースティンの法理学を反映するものであるが［Allan 1993: 239］，そうした理論によると，憲法 (law of the constitution) と習律とでは各々それを認識する構造が異なっているから，両規範は次元を異にして存在し，習律は憲法とは区別される独立した規範カテゴリであるということになる。そのため，両規範は矛盾したかたちでも存在しうることになる。こうした憲法と習律の関係モデルを「多元論」と称する。

　まずは分析概念を設定しておこう。およそ国制上の規範を認識する基礎となり契機となるものを「素材」という。素材のうち，例えば憲法典又は法律といった，特定主体が歴史的一時点において生み出す所産を「定立」と呼んでおく。これに対して，複数の行為主体（関係項）が相互に関係するなかにおいて連続的に生成されるものを，従来の用法とは若干異なるが，「慣習」と呼ぶ。この意味での慣習は実は我々の最も身近にあるものであって，音楽家が熟練した曲を奏でているまさにその時がその最醇なるものとなる，いわばメロディーのようなものだろう。一口に慣習といっても生成の関与主体に注目するとさまざまなものを区別でき，そのうちには，厳密な意味での統治機関間のみで生じるものもあれば，選挙民が諸関係項のうちで「有力な」ものとしてはたらく慣習もある。とはいえ，国制上の規範を認識するには素材だけでは十分ではなく，さまざまな素材間を整序する認識論上の規範を前提に据える必要がある。本章では，当該規範が国制上の規範として妥当するか否かを究極的に認定・識別する認識論上の規範を「妥当根拠」という。ここにいう妥当根拠は，「＊＊に従うべし」というかたちをとり，その具体例を挙げれば，「憲法典制定者の意思に

従うべし」というかたちをとることになる。さらに、国制上の規範を認識する際には、認識者がいかなる立場に立つかにより認識される世界は変わってくる。法律家の立場に立ったときと、それ以外の立場に立ったときでは、認識される規範が同一であるとはかぎらない。その意味での認識者の立場を「視点」という。このように分析概念を設定すると、ダイシー理論によれば、憲法と習律は各々認識構造を異にすることになる。

これとは対照的に、習律論につきジェニングスの継承者と目されるミッチェルは、ダイシーのいう憲法と習律は妥当根拠を同じくするものである——「受容されているところに従うべし」——から性質上区別されるものではなく、習律を広義の憲法を認識する「素材」として、つまり国会制定法や司法的先例と同じレベルにあるものとして位置づけ、しかも規範階層上、それらよりも劣位にあるものとして位置づける［Mitchell 1968: 7, 28-29, 33］。このような憲法と習律の関係モデルを「一元論[5]」と称する。

❖ 2-2　憲法と習律の認識構造

まず、憲法の認識構造からみていくことにしよう。ダイシー理論によると、例えば、いわゆる7条説が衆議院の解散権の行使原因に関して説くように、「内閣はその時期を問わず自由に衆議院を解散できる」という命題を憲法として認識するためには、その命題が憲法典なり、法律なり、司法的先例なりの定立によって与えられていなければならない。さらに、その命題を与える定立が、法的主権者の定める定立でなければならない。その理由は、人は、法律家の視点に立ったとき、憲法の妥当根拠である「法的主権者の意思に従うべし」という規範に従うからである。このことを以下で証示することとしよう。

第1に、ダイシーは、憲法の妥当根拠を「法的主権者の意思に従うべし」というかたちをとるものとするといえる。ダイシーのいう「法的主権」は全能性および終極性という二つの性質をもつことから、各々の素材は法的主権者の意思に適っているか否かにより整序されることになるからである。

そもそも、ここで鍵となる「法的主権」という概念とはいかなるものか。ダ

[5) 国会任期固定法による習律の変更を根拠として、国会制定法により習律を変更しうるとする見解として、戒能［2017: 42］を参照。

イシーは述べている。

> しかしながら,「主権」なる語は,オースティンが時折使う意味で精確に用いるかぎりは,単なる法的概念であって,いかなる法的限界にも拘束されない法形成権を意味するにすぎないということには留意しておくべきである。かりに「主権」なる語をこのように用いるとすれば,イギリス国制下における主権的権力は,「国会」であることは明白である [Dicey 1959: 72-73/68][6]。

ダイシーによれば,法的主権とはいかなる法的限界にも拘束されない法の形成権である。それでは,いかなる法的限界にも服さないとは具体的にはどのようなことをいうのであろうか。ダイシーはそのような性質をもつ法的主権が「国会」に帰属すると明言しているから,その説くところにしたがって「国会主権」にひとまず目を向けてみよう。ダイシーは,国会主権の規範内容を簡潔にこう述べている。

> 〔国王,貴族院,庶民院の三者から構成される〕ものとして定義された国会(Parliament)は,イギリス国制の下では,いかなる内容の法であれ形成しまたは廃止する権利を有する。さらには,イギリス法は,何人に対しても,いかなる組織体に対しても,国会立法を覆しまたは無効にする権利を有するものとして承認するものではない。国会主権の原理が意味するところは,これに尽きる [ibid.: 39-40/39-40]。

国会主権には全能性 [ibid.: 88/88] と終極性[7]と称すべき二つの性質がある。国会主権のもつこうした二つの性質を踏まえるならば,法的主権者の意思は,全能なもの,終極的なものとして現れるものといえる。それゆえに,法的主権者の意思は,諸法を整序する機能を果たすことから,ダイシーの想定する憲法の妥当根拠は,「法的主権者の意思に従うべし」というかたちをとることになる。

---

6) ダイシーがここで「単なる法的概念にすぎない」という表現を用いているのは,後に展開する政治的主権との対比を意識しているからにほかならない [Dicey 1959: 73-74/68-69]。

第2に，憲法の素材についていえば，ダイシーはそれを定立であると考えていたということができる。ダイシーは習律の流動性を根拠にそれを法律家の関心対象から除外しているが［ibid.: 30-31/26-27］，この点から憲法の素材が特定一時点において生み出されるものであるということを推知することができる。また，ダイシーは法律家の採るべき方法論を提示するなかで，国会の制定行為，判決，権威的傍論および司法的先例理論からの推論に依拠しなければならない［ibid.: 32/27］と述べるだけではなく，立法権限の帰属する可能性のある者として，女王，議院，選挙民，裁判所を選定している［ibid.: 50/48］。以上よりダイシーは，憲法の素材を特定主体により歴史的一時点において生みだされるものと想定していたといいうる。

　第3に，視点についていうと，「国会における国王を法的主権者とする」という規範命題は，「法律家の視点」から認識されていることから，憲法は法律家の視点から認識されることになる。ダイシーが国会主権の説明において「法律家」の視点を強調していることが目を引く。

　ダイシーは「国会における国王」がいかなる意味においても主権者であり，その意思は全能でありかつ終極的であるとは述べていない。それというのも，ダイシーは視点に応じて従うべき者が変わることを前提に議論しているからである[8]。そのことを端的に表しているように思われるのは，ダイシーが頻繁に用いている「法律家の視点」という語である[9]。すでに言及したように，ダイシーは，イギリスにおける法的主権者を「国会における国王」に求めた。ダイシーはその「国会主権」についてこう述べている。「国会主権は，法的視点からは，わが国の政治制度体の中でも最も重要な特徴であ」り，そこにいう「国会とは，法律家の言葉からすれば（もっとも，法律家の言葉は，しばしば通常の会話における意味とは異なる意味をもつけれども），女王，貴族院，庶民院をさす」

---

7) ミッチェル［Mitchell 1968: 64］は，国会主権のもつ二つの意味を厳密に区別するべきであると主張する。国会の立法権限に制限があるからといって，直ちに裁判所が国会立法を審査できる権限を有するということにはならないとする。これに対して，ゴールズワージー［Goldsworthy 1999: 9-10］は，ダイシーが法を「裁判所が強行しうる任意の規範」と定義していることを踏まえ，終極性から全能性を導出できるとする。
8) 主権を見る視点あるいは観点を積極的に主権論に導入するものとしては，榎原［1969: 18］を参照。

[*ibid.*: 39/39]（傍点は筆者）[10]。ここで大切になるのは，ダイシーが立場を重視している点である。ここでは，「国会における国王」の主権は，法律家としての立場から認識されているにすぎない。同じ「国会」という語であっても，人の立場が異なれば，その意味内容も変わっている。このことは，法律家が想定する「国会」と日常的な会話のなかで用いられる「国会」とが必ずしも同一の意味をもっているわけではないことからうかがい知ることができる。人が法律家の立場にある場合と，日常的会話をなす場合とでは，認識されている世界は異なっている。つまり，人が憲法を認識するのは，法律家の視点という一視点に立ったときに限られるのである。

以上から，ダイシーにおける憲法の認識とは次のようにまとめることができる。人が，ある命題を憲法として認識するためには，まず，その命題が定立によって与えられなければならない。さらに，その命題を与える定立が，法的主権者の定める定立でなければならない。それは，人は，「法律家の視点」に立ったとき，憲法の妥当根拠である「法的主権者の意思に従うべし」という規範に従うからである。

次に，習律の認識について検討してみよう。これは，憲法の認識とは対照的である。例えば，「内閣は国会と対立したときに限り，衆議院を解散することができる」という命題が習律として認識されるには，まず，その命題が慣習により与えられていなければならない。さらに，その命題を与える慣習が，政治的主権者がそこにおいて有力なものとしてはたらく慣習でなければならない。それというのも，人は，政治家の視点あるいは政治理論家の視点に立ったとき，「政治的主権者の意思に従うべし」という妥当根拠に従うからである。このことを，以下で明らかにしていくことにする。

---

9) ムンロー［Munro 2005: 134-35］は，ダイシーが「法律家の視点」という語を用いていることから，ダイシーの国会主権概念はあくまでも立法部と裁判所の関係を規律する法的規範にすぎないことを強調し，「〔ダイシーの説く〕国会主権は，法律家がそのフレーズを用いるように，国会制定法に対して裁判所が与えるべき効果に関するものにすぎない。立法形成の政治に関わるものでもなければ，国家における政治的支配権に関わるものでもない」とする。
10) その他視点を意識した記述として，ダイシー［Dicey 1959: 76, 429/71, 405-406］を参照。

第1に,習律の妥当根拠は,「……輿論[11] が公的生活の行為に関する受容された行為規範に対して妥当性 (validity) を付与するという主張は正しい」[ibid.: 444/419] とダイシーが率直に認めているところから示唆されるが,「政治的主権者の意思に従うべし」というかたちをとることになる。それはなぜかといえば,「政治的主権」という概念そのもの,それに加え習律の目的からこのような妥当根拠を推知できるからである。

ダイシーによれば,「法的主権」に対置されるべき「政治的主権」[12] とは,国家の公民が究極的にその意思に服する組織体のことを指す [ibid.: 73/68-69]。またそうした政治的主権の帰属する者は「真の統治者 (the true ruler)」[ibid.: 430/406] である。そして,こうした政治的主権は選挙民に帰属しているのである [ibid.: 73/68-9]。ここでは,この政治的主権の定義に埋め込まれた「究極的に」という副詞句がポイントとなる。政治的主権の究極性は法的主権の終極性と重なるところがあるといえ,政治的主権者の意思が法的主権者の意思と同様に,素材を整序するはたらきをするものと受け取ることができるだろう。

さらに付け加えて,ダイシーの記述のなかには,以上の点を裏づける記述を見出すことができる。それは,政治的主権者にあたる国民が,習律の規範内容が実現されるべきことを「期待している」という記述である。習律は国王および国会の裁量権の行使様式を定めるものであるが,その裁量権をどのように行使すべきかは,国民 (nation) が期待するとの記述が認められる [ibid.: 429/405] だけではなく,国民が特定の習律上の規範内容 (例えば,国会は毎年召集しなければならないという習律) を期待するという記述がある [ibid.: 444/419]。

とはいえ,習律が政治的主権者と密接な関係があるのか否かは問題となりうる[13]。そこで,習律の目的に着眼すると,ダイシーによれば,習律の目的

---

11) 戒能 [2017: 113, 115] はダイシーの輿論に一定の階層的インプリケーションがあると指摘する。詳細については戒能 [2010: 724, 727] を参照。
12) 邦語文献においても,政治的主権と法的主権の両者に着目するものがある。ダイシーの主権論や法と政治の峻別論に内在する破綻の評価については,戒能 [2010: 143-44] を参照。また,ダイシーの説く二つの主権論を「二重主権論」と称し,政治的主権者が自己の意思を実現するすべをもたないものとして批判する見解として,元山 [1974: 328-29] を参照。さらに,法的主権と政治的主権を統一する視点からダイシー国会主権論を考察する試みとしては,岡田 [1990] を参照。

は，国会および内閣が，政治的主権者である選挙民の意思を長い目でみて実現しなければならないということを保障することにある［*ibid.*: 429/405］[14]。また，ダイシーは，習律を「立法についての主権者の活動と政治的主権者の望むところとの間に調和を確保する規範」［*ibid.*: 430/406］とする。これらの記述から，習律が政治的主権者と密接な関係性をもつことは明らかである。

以上より，ダイシーは，習律の妥当根拠を「政治的主権者の意思に従うべし」という規範であると想定していたということができよう。

第2に，習律の素材は慣習である。習律の素材が連続性をもつものであることは，ダイシーが習律（convention）の一語で表そうとしているもののなかに，ふつうには特定一時点における形成を観念することのできないもの——了解（understandings），習慣（habits）あるいは実践（practices）——が含まれている［*ibid.*: 24/21］[15]ことから明らかである。この点はまた，ダイシーが，習律は流動的なものであるからこそ，法律家は習律を関心の対象としないのであると明言していたこともからも裏づけられるだろう。

そこで，問題となるのは，習律の素材が特定主体によって生み出されているものか否かである。結論から述べるならば，ダイシー理論において習律の素材は，複数の関係項の相互関係において生成してくるものである。このことは，ダイシーが習律の目的とは何かを考察している際に引き合いに出している国王の解散権に関する習律の生成過程[16]を検討すると，明瞭なものとなる。ダイシーは，国王ジョージ3世の庶民院解散行為が最終的には選挙民に支持された

---

13) 伊藤［1978: 276］および原田［1995: 8］は，ダイシー理論において法的主権が「憲法」と，政治的主権が「習律」と関連性を有していると指摘している。ただし，伊藤は，習律の機能が政治的主権者たる国民の意思を優越せしめる点にあるとするダイシーの見解を注目すべきものとしながら，その一方で，ダイシーの見解がすべての習律について妥当するか否かについては懐疑的である［伊藤1954: 93］。

14) ダイシー［Dicey 1959: 437/411］も参照。国会主権論とレファレンダム導入論をダイシーが同時に説いていたことに着目し，ダイシーが法的主権者としての国会の意思よりも政治的主権者としての国民の意思が憲法習律上優越する場合があることを認めたものであると評価する近時の見解として，石川［2006: 4-5］を参照。なお，国会主権論とレファレンダムの関係に関するイギリスの議論状況については，吉田［1976］を参照。

15) 流動性については筒井［1967: 8］を参照。

16) もっとも，ダイシーは1834年に行われたウイリアム4世の解散についても言及している。

という事実経過のなかに,「立法部の意向と国民の意向との間に現に相違が生じているとき,又は公正に見てそうであると推定されうるときであればいつでも,解散は許容され又は要請される」[ibid.: 433/408] という習律を読み取り,さらにすすんで,ジョージ3世が解散という手段を通じて選挙民に対立状況の判定を任せたことを捉えて次のように述べている。

> 〔国民の主権への訴え〕により,政治的にいえば,国会ではなく国民こそが国家の至高の権力であるというわが国現在の根本的な国制上の原理が確定的なものとなった [ibid.: 436/410]。

つまり,ダイシーは,一連の事実経過のなかから,解散権の行使要件および選挙民が政治的主権者であることの二つを読み取ったのである。

ここでの解散権の行使要件を定める習律の素材は,特定主体により形成されたものではなく,国王や選挙民といった関係項の相互関係において紡ぎだされてきたものといいうる。事実関係を冷静にみる限り,国王が解散権の行使を通じて単独で習律を生み出しているということはできないし,国王の解散権行使を受けて現実に投票を行った選挙民にしても,その投票行為が一連の事実経過のなかで決定的な位置を占めるとはいえ,解散権の行使要件を具体的に定めたわけではない。このことを裏付けるように,ダイシーは選挙民の性格について,次のように述べている。

> 選挙民団 (the electorate) は,事実上,イギリスの主権者である。それは,自ら立法を行うことはせず,その性質上どうみても立法をなしえない組織体である。また,主に歴史的諸要因により,理論上は至高の立法部を存在せしめてきた組織体である [ibid.: 430/406] [17]。

したがって,選挙民団は,解散権の行使要件を具体的に定めることのできる

---

17) 選挙民団 (the electorate) は,選挙民 (the electors) あるいは国民 (the nation) と互換的に用いられている [Dicey 1959: 429/405]。加えて,大衆 (the country) とも互換的に用いられていることには注目すべきである [ibid.: 433/408-409]。

組織体ではありえない。ダイシーは選挙民の性格をそのようなものとして想定していたからこそ，法的主権者たる国会と政治的主権者たる選挙民団との間を憲法ではなく習律が規律するとしていたのである［*ibid.*: 430/406］。

なお，習律の素材が関係項の相互関係において生じてくるからといって，習律の素材を生み出すうえで有力な関係項を想定できないということにはならない。すでにみたとおり，選挙民は解散権の行使要件に関する習律の素材の生成において決定的な影響力を及ぼしていたからである。

このようなわけで，習律の素材は，連続的であるとともに，関係項の相互関係において生じてくるものであるといえよう。したがって，それは定立ではなく慣習であるといいうる。

第3に，ダイシーによれば，習律は，法律家の視点とは区別される視点，「政治家の視点」あるいは「政治理論家の視点」から，認識されることになる。ダイシーは，ウォルター・バジョットおよびウィリアム・ハーンらが憲法をみずに，もっぱら習律のみをその考察対象とする点を批判しつつも，バジョットと同様ハーンもまた「新たな視点からイギリスの組織構造（English institutions）にアプローチし，そこに斬新な光をあてて凝視してきたのである」［*ibid.*: 19-20/8］[18]と述べ，かれらを高く評価し，法律家とは別の視点がありうることを指摘する。その上で，統治のなかでも最も枢要な諸問題については，法律家の領分に属するものではなく，「政治家の領分」あるいは「政治理論家の領分」に属するのだと述べる［*ibid.*: 21/19］。

以上においては，ダイシーの前提とする憲法と習律の認識構造にねらいを絞り，憲法と習律の関係の一側面を分析した。憲法と習律は同じ視点から認識されるものではない。また，認識する際の契機となる素材にしても，前提とする妥当根拠にしても，同じものではない。それゆえに，憲法と習律は次元を異にして併存する──「共在」する──ことになる。ダイシーが両規範の規範的評価を異なるものとしている［*ibid.*: 418-19/398］[19]のは，こうした両規範の関係についての考察結果を補強してくれるだろう。

---

18) ダイシーはバジョットおよびハーンらにあたるものを総称して習律論者（conventionalists）と呼んでいる。
19) イギリス特有の unconstitutional 概念については，原田［1995: 47-49］を参照。

3 憲法と習律の相互連関

❖ 3-1 政治的主権者による法的主権行使に対する牽制

　以上論じてきたところから明らかなように，ダイシー理論上，憲法と習律は次元を異にして併存している。本節では，ダイシー理論が，そうした両規範の関係から生じうる抵触[20]という事態に対して，どのように応接しようとするものであるのかを検討していこう。

　こうした抵触を放置し，各々の規範を完全に独立させてしまうとすれば，安定した統治を築き上げるのは難しくなるだろう。一方の規範システムが肥大化し，他方の規範システムが委縮を余儀なくされるようでは，両者を安定して併存させることは到底できない。ではどうするか。二つの規範間の相互連関を図る仕組み[21]を設けること，これである。この仕組みの一つとして考えられるのは，一方の主権者に対して他方の主権行使を牽制する力をもたせる方策である。ダイシー理論が法的主権の行使に対する限界［*ibid.*: 76/71］として「内的限界」と「外的限界」を想定している点を踏まえると，そこから，政治的主権者が法的主権の行使を牽制する[22]ことで憲法と習律に一定の相互連関をはかる仕組みを読み取ることができる。

　まず，ダイシーのいう二つの限界をみていこう。すでに述べたように，人が法律家の視点に立つときには，「国会における国王」は主権者である。したがって，

---

20) もちろん，国会制定法が慣習の生成に与えている影響力をどのように評価するかという問題は依然として残されている。さしあたり，習律は国会制定法によって規定し尽くされるわけではないということを確認しておくことはできるだろう。ダイシーは，「習律は形式的に成文化されることがあっても，制定法集に書き留めることはできない」といっているからである［Dicey 1959: 28/24］。

21) ダイシー自身も憲法と習律の関係について直接論じている。ダイシーは，習律の拘束力を担保しているのは弾劾されることへの恐怖でもなければ，輿論でもなく，法の強制力にほかならないという［*ibid.*: 445/420］。さらに習律は究極的には憲法に依存するとまでいっている［*ibid.*: 35/29］。これらの点を重視すれば，憲法こそが習律の根拠であり，憲法の優位を前提とする相互連関をダイシーは認めているとの議論も成り立ちえないわけではない。けれども，ここでのダイシーの主張は，習律の拘束力を担保するものは何かという問題のみに向けられたものである点には留意しなければならない。

22) 1988年地方財政法の実効性の喪失が同法を覆すべき政治的理由を創出したとする見解［Barnett 2011: 151-52］は，この点を強く示唆するように思われる。

「国会における国王」はいかなることについても，その内容を問わず立法することができる。にもかかわらず，一方でダイシーは，国会主権の行使には限界があるとも説いている。主権者の側からみて限界を画するものが外在的かそれとも内在的かによって，法的主権の行使についての限界を二つに区分している。

一つは，外的限界（external limit）である。それは，「臣民たち，あるいは大多数の臣民たちが，主権者の法に従わない，あるいは抵抗する可能性または確実性から構成される」[ibid.: 76-77/72] [23]。ダイシーが例としてあげるように，いかなる専制的君主であれ，現実には，好きなようにあらゆる法を制定し，変更することができたわけではない[ibid.: 77/72]。法的主権は，被治者がその統治に対して同意するかぎりにおいて，存続しうるにすぎない。もう一つの限界は，内的限界（internal limit）である。これは，法的主権そのものが，特定の社会空間および時間のなかで生成することから生じる限界である。すなわち，「主権保持者それ自体の性質（nature）から生じる」限界である[ibid.: 80/74] [24]。法的にはいかなることでもなしうる主権者であれ，その存在は特定の社会に根ざしたものである以上，それによる限界を免れることはできないのである。

そして以上の二つの限界は，ダイシーがイギリス国制を観察した当時において，選挙民によってかたちづくられているといえる。外的限界にいう不服従の主体，内的限界にいう特徴の決定主体に注目してみよう。

とりわけ重要なのは，外的限界である。たしかに外的限界についていえば，ダイシーは，あくまでも「臣民」による抵抗の可能性を指摘しているにすぎない。しかし，ここでの臣民は，選挙民と同様，漠然とした性質をもつ。そのことは，例をあげれば，「民衆の抵抗（popular resistance）」「広範な抵抗（widespread resistance）」といった記述[ibid.: 79/73-74]からうかがい知ることができる。さらに注目しておかなければならないのは，ダイシーが，代表による統治により内的限界と外的限界のズレが補正されうる[ibid.: 82-83/76]と説

---

23) ここで援用されているのは，政府の権力行使に限界を加えるのは輿論であるとするデイヴィッド・ヒュームの主張である。さらに，ダイシーは，人間組織の存在と変更は輿論によらなければならないとの主張を展開するなかでも，同じ箇所を引用している[Dicey 1920: 1-2/61]。
24) ダイシーは，内的限界の具体例として，いくつかの独裁者の事例を挙げている。ダイシー[Dicey 1959: 80/74]を参照。

く件において,外的限界を作り出す臣民に相当する者として国民 (the nation),イギリス国民 (the English people),選挙民 (the electors) をあげている点である [ibid.: 83/77]。ここには,はっきりとしたかたちで,選挙民が外的限界を作出することをダイシーが想定していると認めることができる。

外的限界の場合に比べてやや間接的ではあるものの,内的限界についてみても事は同様である。専制君主といえども,その権力を行使する際には,自らの特徴 (character) を踏まえた上で行使するが,その特徴を決めているのは,「君主が置かれている状況 (circumstances)」である。しかもその特徴には,「君主の属する時代および社会の道徳的感情」が含まれているとダイシーは述べている [ibid.: 80/74]。君主の属する時代および社会の道徳感情を中心的にかたちづくっている者から,選挙民を除くいわれはない。以上を踏まえるならば,ダイシーの説く法的主権限界論のうちに,選挙民による限界の作出をみることが許されないわけではないだろう。

以上述べてきたところから,ダイシー理論は,憲法と習律とが抵触したとき,その抵触を解消しようとする仕組みの一つとして,法的主権者に対する政治的主権者の牽制を想定しているということができる。

❖ 3-2　法的主権者定位命題(根本的命題)における接合

とはいうものの,こうした牽制は憲法と習律との共在を安定的に継続させようとするうえで十分な仕組みなのだろうか。このような疑問が生じてくるのは,こうした牽制の効果が法的主権者の自発性に大きく依存しているからである。こうした牽制のみでは,憲法と習律とを安定的に共在させることはできないと考えられる。ここにおいて,その問題点を克服しうる解決策が要請されることになる。

一つの可能性として,憲法の根本的命題を習律とすることが考えられる。すでに述べたように憲法の妥当根拠は「法的主権者の意思に従うべし」というかたちをとり,これにより憲法の素材となるべき一般的特質が定まるとともに,そうした一般的特質が複数存在し相互に衝突する場合に備えて優劣の順位が定まる。しかしながら,それだけでは妥当根拠の中身は未だ抽象的であり,法的主権が誰に帰属するのかが具体的に定まってはじめて,そうした一般的特質や優劣の順

位が定まる。例えば「国会における国王を法的主権者とする」ということが定まっていてはじめて裁判所は国会制定法を最上位の素材として扱うことになる。このように法的主権が誰に帰属するのかを定める命題を「法的主権者定位命題」(以下では「定位命題」と略称)と呼ぶことにしたとき，定位命題は，憲法の妥当根拠を具体的に定めるものであるから，認定のルール[25]としての性質をもつといえる。それゆえに，定位命題は憲法の根本的命題といいうるのである。

そして，定位命題が憲法だけではなく習律でもあるということになれば，政治的主権者が憲法の根幹を掌握し，憲法総体に対して隠然たる影響を及ぼすことができる。このとき，憲法と習律は定位命題において接合することになる。このようなかたちでの相互連関を，以下では「法的主権者定位命題における接合」と称することにしよう[26]。

それでは，定位命題は習律であるといえるのだろうか。近時では定位命題を習律として捉える見解も存在しないわけではない[27]。しかし，伝統理論のうちハートの法理論を援用する見解は，定位命題が習律としての性格をもちうることについて明言を避けているように思われる。例えば，伝統理論に位置づけられるフィリップスは，認定のルールを援用して説明しているものの，認定のルールが習律としての性格をもつとは述べていない[Philips & Jackson 1987: 50]。また，そもそもハートは，「国会が制定したものは法であるというルールは明らかに，〔法あるいは習律の〕いずれの範疇にも入らない。それは習律ではない」[Hart 2012: 111/183]と明言している。

それならば，「法的主権者定位命題における接合」はダイシー理論にとって縁遠いものとして斥けられるべきものということになるのか。たしかにダイシーはこうした接合について直接には語っていない。けれども，ダイシーの主権論を継承する諸説をダイシー伝統理論[28]（以下，これを「伝統理論」という）と称するならば，そうした接合を伝統理論から引き出すことができる。ここに伝

---

25) ハート[Hart 2012: 95/161]を参照。
26) もっとも，このような相互連関は，憲法と習律とが交叉する場面における連関であるという点で，極めて特殊な接合である。
27) アランは，「今日の国会が主権者であるのならば，今日の国会は，実定法に基づくのと同様，習律に基づいても主権者なのである」と明言する[Allan 1993: 284]。

統理論とは，立法部の構成と手続に関する定めは何ら拘束力をもたず，後の国会は自由にそれを無視でき，その結果として成立した法律も有効となるのであって，その定めはこの限度で黙示的に廃止されたに等しいとする見解[29]をいう［伊藤 1976: 34; 1978: 246］。このような考え方はハートにより「継続的主権（continuing sovereignty）説」と名づけられている[30]。

ダイシー理論のうちに「法的主権者定位命題における接合」を認めるには，定位命題が習律として認識されているのでなければならない。ここでは，特に次の二点の証明が必要になる。まず，定位命題が，慣習，しかも選挙民が他の関係項に比べて有力なはたらきをする慣習によって与えられなければならない。次に，定位命題を規範として認識する主観が，習律の妥当根拠を前提としていなければならない。

結論から先に述べるならば，伝統理論上は，定位命題は習律として位置づけられることになる。このことを明らかにするために，伝統理論がいかにして定位命題を認識しているのかを見ていくことにしよう。この点を把握する上で有用な貴族院判決として，2004 年狩猟法[31]の適法性とともに，その根拠法規である 1949 年国会法の適法性も争われたジャックソン対法務総裁事件（Jackson v. Attorney-General, 2006 年）[32] における貴族院判決を挙げることができる。1949 年国会法は，その根拠法規である 1911 年国会法 2 条 1 項所定の手

---

28) 主権論をめぐって相対立する当事者の一方を「伝統理論（the traditionalists）」，他方を「新理論（the new view）」と称するのが一般的である［Craig 2000: 222］。新理論とは，立法部の構成と手続に関する定めは，後の国会を拘束し，それは廃止されうるとしても，それが廃止されない限り，国会は現行の法規範に従わねばならず，それを無視することは許されないとする見解をいう［伊藤 1978: 246］。
29) 代表的な見解はウェイドの理論である。この点につき，以下の文献を参照［伊藤 1976: 34; 1978: 233］，［松井 1981: 57］，［中村 1993: 34-35, 42-43, 58-59］，［坂東 2000: 57, 196］。もっともウェイド理論は正統（伝統）理論と称することのできないものへと変質したと評価するものとして松井［1982: 147-48］を参照。
30) ハートにより対置される継続的主権と自己併呑的主権については，ハート［Hart 2012: 149-50/238-40］を参照。
31) 猟犬を使用した狩猟を違法とするもので，同法の制定にあたっては，賛否が大きく分かれ，賛成派の庶民院と反対派の貴族院との対立は抜き差しならぬものがあった。そのため，貴族院の同意を得ずに法案可決が可能となるルートが採用され，狩猟法案は 1949 年国会法 1 条に基づき国会制定法として成立した。

続そのものを庶民院の優越をより強化する方向で改変するものであり[33]，これが1911年国会法を使用できる限界を超えるものではないかが問題となった。こうして，本件では，「国王，貴族院，庶民院三者の組み合わせを法的主権者とする」という規範命題[34]のみならず，「国王と庶民院二者だけの組み合わせを法的主権者とする」という規範命題も妥当しているのかが中心争点となり，定位命題を認識する仕方が真正面から問題となったといえる。

当時の最高裁の貴族院は，1911年国会法を法的主権者に改変をもたらしうるものであると位置づけた上で[35]，1911年国会法2条1項に基づく立法である1949年国会法は有効であり，同様に，1949年国会法に基づいて制定された諸立法もまた有効であるとし，それゆえに，1949年国会法に基づく2004年狩猟法は有効であるとし，上告を棄却した。

それでは，貴族院裁判官のうち伝統理論に立脚する裁判官は，どのようにして1949年国会法の有効性を論証しようとしたのだろうか。この点を検討することにより定位命題の性質も同時に明らかなものとなるだろう。伝統理論は，立法部の構成と手続に関する定めは何ら拘束力をもたず，後の国会は自由にそれを無視でき，その結果として成立した法律も有効となるのであって，そうした構成などの定めはこの限度で黙示的に廃止されたに等しいとする見解であるところ，ホープ卿[36]は先行国会が後続国会を法的に拘束しうることを否定し

---

32) Jackson v. Attorney-General [2006] 1 Appeal Cases 262. 本判決については，以下の文献を参照 [Plaxton 2006]，[Young 2006]，[Elliot 2006]。なお，本判決を取り扱うものとして，Ekins [2007] や Jowell [2006] を参照。本判決に関する邦語文献としては，木下 [2007: 18-21] および岩切 [2008] を参照。

33) 1911年国会法2条1項は，金銭法案等を除く公法律案は所定の手続を踏めば貴族院の同意がなくとも国会制定法となることを定める。1949年国会法は，1911年国会法2条1項所定の手続規定にいう「3回の連続した会期」における庶民院による可決，貴族院による「3回目の否決」及び第1回目の会期における庶民院第2読会の日と，第3回目の会期における庶民院通過日との間に「2年が経過」を，それぞれ「2回の連続した会期」，「2回目の否決」及び「1年が経過」に差し替えるものである。詳細については田中 [2015: 38, 82-88] を参照。

34) [2006] 1 A.C. 262 at 306. なお，ダイシーは，1911年国会法制定後も，法的には，主権は依然として三者構成の国会に帰属すると述べていた [Dicey 1915: xxiv]。

35) ビンガム卿については [[2006] 1 A.C. 262 at 280]，ステイン卿については [ibid. at 296, 298] を，ホープ卿については [ibid. at 306] を参照。

ている[37]から、その所説を伝統理論の系譜に位置づけることができる。そこでひとまず、ホープ卿がいかに1949年国会法の有効性を論証しようとしたのかをみていくことにしよう。

ホープ卿は、継続的主権説に立脚しながらも、1911年国会法が制定以後もたらしてきた政治的効果を無視しているわけではない。

> 1911年国会法が、実際上は (in practice)、および政治的現実の問題としては、そうした効果〔後続の国会による改廃を許さない効果〕をもったことは疑いのないところである。……1911年国会法は、貴族院が立法する権限を制限してきた[38]。

それではそうした政治的現実をホープ卿はいかに確認するのか。ホープ卿は、1949年国会法の有効性を検討するにあたって、1911年国会法2条1項の定める使用制限に1949年国会法が抵触するものか否かを考察しようとする。この考察のなかでホープ卿は、使用制限として法的な制限と政治的な制限の二つを観念している。法的な制限として挙げているのは、立法期の延長である[39]。けれども、考察のなかで重要な位置を占めたのは、こうした法的制限ではなく、政治的な制限であった。それは、1911年国会法や1949年国会法を理解するにはその政治的背景の考慮が欠かせない[40]との言明から推察されるように、国会主権というかたちで具体化された認定のルールが法的な規範であるとともに、政治的事実でもあるからである［Young 2006: 194］。そこでホープ卿は、単に法的な制限だけではなく、政治的な制限に抵触するか否かという観点からも

---

36) *Ibid.* at 310. ホープ卿と同じような論証を行うものとしては、ニコルズ卿の論証［*ibid.* at 292-93］、カーズウェル卿の論証［*ibid.* at 320-21］を参照。なお、ヤング［Young 2006: 194-95］は、国会主権論について、ホープ卿らがハートのいう継続的主権 (continuing sovereignty) を、ステイン卿とヘイル女男爵が自己併呑的主権 (self-embracing sovereignty) を想定していると指摘する。
37) *Ibid.* at 30. こうした帰結は、ダイシーが先行国会は後続国会を法的に拘束できないとした点に由来するものである［Dicey 1959: 68］。
38) ［2006］1 A.C. 262 at 306.
39) *Ibid.* at 307.
40) *Ibid.* at 308.

1949年国会法の有効性を検討した[41]。そこで大きな意味をもってきたのが政治的現実であった。

> 3本の国会制定法が2004年狩猟法の可決に先行して1949年国会法に準拠して可決された。……二つの主要政党の各々が，1949年国会法のタイムテーブルを活用してきたうえに，両議院で可決された後続の立法においても，これらの国会制定法各々が，1949年国会法の有効性を容認してきた（acknowledge）ように取り扱われてきた。……すべての主要政党および両議院は，1949年国会法が導入した修正タイムテーブルを一般的に承認している，これが政治的現実である。私は，司法裁判所が，その現実を無視することはできないと考える[42]。

ここでは二者構成の国会により制定された立法も国会制定法としての資格をもつとする規範的命題が複数の関係項の相互関係により成立したものであることが示唆されているが，ホープ卿はそのようにして把握された政治的現実の重みにより1949年国会法が有効であると判示したのである。以下の論述では，こうしたホープ卿による政治的現実の確認の仕方が，まさに習律の認識のあり方と重なるものであるということを示すために，定位命題の素材がどのようなものであるか，定位命題を認識する際の妥当根拠は何かについて順に検討していくことにしよう。

まず定位命題の素材は，複数の関係項によって連続的に生成していく，しかも関係項のうち選挙民が有力な位置を占めることになる慣習であると結論できる。

第1に，ホープ卿の主張を分析していくならば，定位命題の素材は複数の関係項の相互関係において生成してくるものであることが判明する[43]。ホープ卿は前述の論証を展開していくにあたり，ハートの認定のルールを援用しているが，同じくハートの法理論に依拠し，歴史的観点からも [Goldsworthy 1999:

---

41) *Ibid.*
42) *Ibid.* ブラックストンは，ホープ卿によるこういった政治的現実の確認の仕方につき，一般の公衆（the public at large）の態度を看過し，認定のルールを公衆が黙認したのだと想定してしまえば，自由民主主義という状況に水を差すことになると批判する [Plaxton 2006: 253-54]。

236] 理論的観点からも国会主権論を擁護するゴールズワージーの主張[44]を参照してみよう。ゴールズワージーの所説は，特定主体が定位命題を形成することを否定するものとして捉えることができる。それというのも，ゴールズワージーは認定のルールを純然たるコモン・ロー[45]としてではなく，「慣習（custom）」として把握するからである［ibid.: 243］[46]。

ゴールズワージーが認定のルールをあえてこのような性質をもつものとして提示したのは，認定のルール（ここでは国会主権論）を純然たるコモン・ローと把握する見解（以下，「コモン・ロー論」と表記）がそのことを根拠に国会制定法に対する裁判所の審査権を肯定していたからである。そうした裁判所の審査権を積極的に肯定する代表的論者であるアランは，国会主権論はコモン・ローによる創造物であることを強調する［Allan 1993: 10］。ゴールズワージーは，こうしたアランの主張に対し，二つの根拠——歴史的根拠［Goldsworthy 1999: 242-43］および理論的根拠——を挙げて徹底した批判を展開する。以下では，定位命題の素材に関するゴールズワージーの認識が露わになっているのは，後者の理論的根拠にほかならないから，検討の照準を理論的根拠に絞っていこう。

ゴールズワージーによれば，コモン・ロー論は論点先取の弊に陥り，その理論的基礎づけを成就することはない。ゴールズワージーは，コモン・ロー論は通常「排除の過程（a process of elimination）を経る」とし［ibid.: 238］，代表的論者として位置づけられる論者の主張を整理して[47]，コモン・ロー論に特有な論

---

43) なお，エキンズ［Ekins 2007: 102-103］およびレイキン［Lakin 2008: 722-23］は裁判官が単独で定位命題を形成するという考えをホープ卿の見解のうちに読み取る。他方，エリオットはそういった考えを表明する見解としてホープ卿の見解を挙げていない［Elliot 2006: 3-4］。
44) ゴールズワージーは一応のところ継続的主権説に踏みとどまるものといえ［Goldsworthy 1999: 9, 14-15］，伝統理論に与するものと解することができるだろう。
45) ゴールズワージーによれば，コモン・ローという語は，かつて，裁判官が宣言・発見するものという意味あいで用いられることが通常であったけれども，近時では，裁判官が積極的に法を創造するという要素が強まり，単にコモン・ローといっても，多様な意味をもつ。
46) なお，認定のルールは本来的にコンヴェンションとして存在し，歴史的に変化するものであると述べる見解としては，深田［2004: 236-37］を参照。また，ハートの認定のルールにおいて，法の妥当性と実効性が重なり合うことを指摘する文献としては，長谷部［1991: 49］を参照。

理構造を分析し，コモン・ロー論を四つの命題に分節化する［*ibid.*: 240］。その上でそこに潜む理論的問題を剔出する［*ibid.*］。その理論的問題とは，裁判所のコモン・ロー形成権限の理論的根拠を説明できなくなるというものである。裁判所のコモン・ロー形成権限の法的根拠を国会制定法に求めることはできない。なぜなら，「悪循環に陥るからである」［*ibid.*］。それでは，どこに法的根拠を求めることができるだろうか。ここで考えられる可能性は，ただ一つ，「裁判官がみずから授権している」と考える方策である。けれども，裁判官がみずから授権しているという構成は，「国会主権論の基礎づけは国会制定法によることができるという構成」[48]と同様に，論点先取の問題を抱えることになる［*ibid.*］。

このようにコモン・ロー論が論点先取の弊に陥ってしまうのは，なぜか。それは，コモン・ロー論は誤った前提を自明として認定のルールの形成を特定の一者に求めようとしてしまうからである。ゴールズワージーによれば，その暗黙の前提とはHobbesian的な前提である。ここにHobbesian的な前提とは，「国会に授権する法，裁判官に授権する法を含め，あらゆる法は，本来的には何らかの存在によって慎重に形成されてきたものに相違なく，したがって，その何らかの存在が国会でなかったならば，それは裁判官であったに相違ない」［*ibid.*: 240］という前提のことを指す。そしてこの前提は自明のものではない。ゴールズワージーは，Hobbesian的な前提の問題性を指摘したハートの主張に依拠し，その2次ルールの概念を援用して次のように述べる。

> 国会または裁判官の権限は，そのいずれもが，その創造にそれ単独で責任を負っていない諸法に基づかなければならない。これらのより根本的な諸法は，ハートが法システムの「2次ルール」と呼んだものであって，そうした2次ルールは，認定のルール，変更のルール，裁判のルールから構成されている。かかる諸ルールが存在するための必要な条件は，立法部，執

---

47) ゴールズワージーは，アランやウェイドをその代表的論者とする［Goldsworthy 1999: 239］。ウェイドがコモン・ロー論に位置づけられるのは，ウェイド自身が，定位命題を定めるという根本的問題においては，主権者であるのは裁判官にほかならない，と述べていたからである［Wade 1989: 33］。
48) この構成が孕む問題については，ウェイド［Wade 1955: 187-88］を参照。

> 行部，司法部といった三つの統治部門すべてにおいて，法システムの最上級公務員（the most senior officials）のなかで一致（consensus）が存在することである［ibid.］[49]。

　2次ルールの一つとして位置づけられる認定のルールは法システムの最上級法的公務員の一致の上に存在しており，国会または裁判官は部分的な発言力をもちはするものの，決定的な発言力をもつには至らない。このようにしてゴールズワージーは，コモン・ロー論の前提を覆し，認定のルールは慣習であると結論づけたのだった。

　そして，この背後にあるのは，法と政治道徳とを峻別するイギリス法実証主義である。アランは，ゴールズワージーによる批判を受け，認定のルールが法的上級公務員間での一致に依存するものであるという点については容認せざるを得なくなった［Allan 2001: 219］。ところが，法の支配の実質的概念に依拠した法には政治道徳が内在すると説くアラン[50]は，そうした法的上級公務員間の一致が存在することを説明するのは，「立憲的価値」に他ならず［ibid.］，また，そもそも認定のルールは純粋に形式的な装置にすぎず，その中身を充填するのは「政治道徳」であると述べるに至る［ibid.: 224-25］。こうしてアランによるならば，法の妥当性は政治道徳に左右されることになるから，結局は，法と政治道徳とがいかなる関係に立つのかが問題として浮上してくる。

　この点につきゴールズワージーは，法と政治道徳とを峻別すべきであるとの立場を貫いている。ではなぜ両者を峻別すべきとするのか。その主要な根拠といえるものを以下に記すことにしよう。

　法システムは，政治道徳の諸原理にのみ依拠するのではないというのが一つ目の根拠である。政治道徳の諸原理の要求するところは慢性的に一致しないものであるところ，法システムは，そうした不一致を権威的に解決することを要求される。そして，政治道徳の諸原理の要求についての不一致を解決する道徳

---

49) ゴールズワージーは，ハートが認定のルールの生成の担い手を裁判官に限定していなかった点を強調している［Goldsworthy 1999: 240-41］。なお，エリオットは，このゴールズワージーの記述のうちに，習律に基づいて国会が従うべき実質的制限を決定しようとする規範的かつ経験的アプローチの存在をみとめる［Elliot 2002: 372］。
50) アラン理論の変遷とその精緻な分析としては，愛敬［2005a: 9; 2005b］を参照。

的権限を有する者として誰を承認すべきかという問題についても，同様に慢性的に一致が存在しておらず，法システムがその役割を果たしうるには，こうした不一致をいかに解決すべきかについて，少なくとも法的上級公務員間において，広範囲な合意があることが必要である [Goldsworthy 1999: 254-55]。

　二つ目の根拠は，政治道徳を法的原理とするべきではないというものである。法が政治道徳についての法的上級公務員の信念に必然的に依拠することになるからといって，政治道徳を法的原理とすべきではない [ibid.: 256]。それというのも，①異なる公務員間において，同一の根本的法規範について異なる政治道徳が競合し得，そのように相矛盾する政治道徳を法的原理として描いてしまえば，法が整合性を失ってしまうし，②政治道徳はイギリスの法概念から排除されるからである [ibid.: 256-57]。

　さらに，三つ目の根拠とは，法的妥当性を道徳的尺度に依存させることによる弊害である。アランのように法的妥当性を道徳的尺度に依存させれば，①不当な法と体制とを正当化してしまいかねないというリスクが生じるし，また，②法的推論には正確性および予見可能性が要求されるのにそうした法的推論の性格が損なわれてしまう。さらに，③権限配分を不文の，抽象的で不正確な道徳的尺度に依存させてしまうと，権限配分が浸食され混乱してしまいかねない。法的権限と道徳的権限の区別を維持することにより，立法に対する司法部による不服従という異常な反応に過度に訴えかけられ，司法部による通常の服従の態度が浸食されてしまうことで民主主義が掘り崩されてしまうことを防ぐことができる。④司法部が立法を無効化する権限をもつことが望ましいか否かは普遍的に適用可能な答えを出すことができない制度設計の問題であるといえるところ，全ての選択肢間で中立的である法実証主義とは異なり，アランの理論は，法概念に特有の仕方で道徳的尺度を組み込むことによって，司法部が立法を無効化する権限を有することを肯定するモデル以外のモデルを定義上排除してしまうものであり，実際上の制度設計に大きな支障をきたすものである。ゴールズワージーは，以上の四つの理由は必ずしも決定的なものではないとするが [Goldsworthy 2003: 493-96]，ここには法と政治道徳とを峻別すべしとする根拠を見出すことができよう。

　もっとも，以上に示されたゴールズワージーの主張からは，定位命題の素材

が複数の関係項の相互関係において生成してくるものであることは明らかになるとはいえ、そもそもそこに選挙民が有力な関係項として関与しているということについては定かではない[51]。そこで第2に、選挙民が定位命題の生成の現場においてそのような位置を占めるものであるのか否かにつき考察を進めると、ホープ卿の主張からは選挙民が有力な関係項としての位置を占めるものであることが判明する。

　もう一度ホープ卿の主張に立ち返ってみよう。すでにみたように、ホープ卿は主要政党および両議院において1949年国会法のタイムテーブルが用いられてきたことを根拠として政治的現実を把握していたことを踏まえると、この発言中に定位命題の素材が生成する現場に選挙民が居合わせていることを読み取ることができる。この点に加え、ホープ卿は、1911年国会法2条1項の下でなしうることに法的な限界が存在しないからといって他のいかなる限界も存在しないということにはならないと述べる直後に次のようにいう。

> 立法が、あまりにも荒唐無稽なものであるか、あるいは受け入れがたいものであるがゆえに、多くの大衆（the populace）がそれを法として承認することを拒否するようなものであるにもかかわらず可決されれば、国会主権は空虚な原理となる[52]。

　この言明から、政治的主権者である選挙民が国会主権という原理の維持に決定的な役割を果たすものであることが判明し、それゆえ、定位命題の素材が生成する現場において選挙民は有力な関係項としての位置を占めるものであるといえるだろう。

　そしてホープ卿は、与野党が入れ替わり立ち代わり1949年国会法を使用してきた「プロセス」を視野に入れて政治的現実を確認していたが、この点は定位命題の素材が連続的に生成することを物語っている。

---

51) 伝統理論の流れに掉さすフィリップスは、国民（the people）あるいは選挙民による関与を認めているように思われる［Philips & Jackson 1987: 50］。また、フィリップスと同様、ハートの法理論に依拠するエキンズも公民（citizens）の関与を認めている［Ekins 2007: 111］。
52) ［2006］1 A.C. 262 at 308.

次に，定位命題の妥当根拠については，ホープ卿の発言からすでに示唆されるところではあるが，その内容は「政治的主権者たる選挙民の意思に従うべし」というものである。ここで重要になるのは，ホープ卿が認定のルールと選挙民の関係に言及する件で次のように述べている点である。

> こういった認定のルールは，他の者が政治的現実として考察してきたものに支えられているが，立法部が選挙民団（the electorate）の信託を守ることに依存しているということを決して忘れてはならない[53]。

ここでホープ卿は，認定のルールが妥当するのは立法部が選挙民団の信託を遵守するからであると端的に述べているのであり，このことから定位命題を認識する主観は「選挙民の意思に従うべし」というかたちをとるものであるといえるだろう。

以上論じてきたように，ホープ卿の主張を分析していくとき，定位命題の素材は選挙民が有力な関係項としての位置を占める慣習であり，かつ，定位命題を認識する主観は「政治的主権者たる選挙民の意思に従うべし」という妥当根拠を前提としているといえる。それゆえに，伝統理論によれば，認識主観は定位命題を習律の認識構造に従って認識しており，定位命題は習律であることから，ダイシー理論のうちに憲法と習律の「法的主権者定位命題における接合」を読み取ることができる。

4 おわりに

以上みてきたように，ダイシーおよびその系譜に連なる理論においては，習

---

53) *Ibid.* at 310. なおブラックストンは，国会の信託違背を防止するために司法審査を活用する考えをホープ卿は漠然と抱いているのではないかと述べる［Plaxton 2006: 256-57］。
54) なお，特定の習律と法の支配との関係に関わる言及内容ではあるものの，マーシャルは，イギリスの国制システムの最も明らかで争いのないところである習律とは，国会はその無制約の立法の主権的権力を抑圧的あるいは専制的なかたちで行使しないというものであり，しかも，この習律は法の支配の原理に依存するものであると述べる［Marshall 1984: 9］。

律は，憲法から独立した規範カテゴリであるのみならず，「政治的主権者による法的主権行使に対する牽制」および憲法と習律の「法的主権者定位命題における接合」を通じて，法的主権者を制約するものであるということができる。

こうして，ダイシーおよびその系譜に連なる理論は，憲法的規準と政治哲学とを峻別するイギリス法実証主義の伝統［戒能 2012: 6, 16］に忠実に従い，法の支配を形式的に捉える。その一方で，本書第3章で考察されたベンサムにみられる法的主権者に対する非法的・間接的制約の構想の要請を法源論の平面において具体化する装置として習律を捉えるものでもある。このことからすれば，そうした理論は形式的な法の支配の背後面にもう一つの「法の支配」を想定するものといえよう。ダイシーを経て，それを継承する現代の伝統理論においては，より洗練されたかたちで，国会主権の非法的制約が描かれているといえよう。

アランによれば，ダイシー理論は一方で法の支配の重要性を説きながら，他方で恣意的裁量の行使の余地を残す大権の存在を認めている点で矛盾を抱えているように思われるところ，ダイシーはその矛盾を解消する役目を「立憲的道徳」——これは習律を指す——に付与した［Allan 1993: 237］。また，法の支配は通説的な見解にあっては国制上の習律により大半支えられることになる［Allan 2001: 13］。こうしたアランによるダイシー理論の解釈は，本章におけるダイシー理論の考察結果を裏書きするものといえよう[54]。

【引用・参考文献】

Allan, T. R. S. (1993). *Law Liberty and Justice: The Legal Foundations of British Constitutionalism*, Oxford University Press.
―――. (2001). *Constitutional Justice: a Liberal Theory of the Rule of Law*, Oxford University Press.
Barnett, H. (2011). *Constitutional & Administrative Law*, 8th edn., Cavendish.
Craig, P. (2000). Public Law, Political Theory and Legal Theory, *Public Law*, 211–39.
Dicey, A. V. (1915). *Introduction to the Study of the Law of the Constitution*, 8th edn., Macmillan.
―――. (1920). *Lectures on the Relation between Law and Opinion in England during the Nineteenth Century*, University Press of the Pacific.（清水金二郎［訳］菊池勇夫［監修］(1972).『法律と世論』法律文化社）

―――. (1959). *Introduction to the Study of the Law of the Constitution*, 10th edn., Macmillan. (伊藤正己・田島　裕 [訳] (1983). 『憲法序説』学陽書房)
Ekins, R. (2007). Acts of Parliament and Parliament Acts, *Law Quarterly Review 123*, 91-115.
Elliot, M. (2002). Parliamentary Sovereignty and the New Constitutional Order: Legislative Freedom, Political Reality and Convention, *Legal Studies, 22*, 340-76.
―――. (2006). The Sovereignty of Parliament, the Hunting Ban, and the Parliament Acts, *Cambridge Law Journal, 65*(1), 1-4.
Goldsworthy, J. (1999). *The Sovereignty of Parliament: History and Philosophy*, Oxford University Press.
―――. (2003). Homogenizing Constitution, *Oxford Journal of Legal Studies, 23*(3), 483-505.
Hart, H. L. A. (2012). *The Concept of Law*, 3rd edn., Oxford University Press. (長谷部恭男 [訳] (2014). 『法の概念』筑摩書房)
Jowell, J. (2006). Parliamentary Sovereignty under the New Constitutional Hypothesis, *Public Law*, 562-79.
Lakin, S. (2008). Debunking the Idea of Parliamentary Sovereignty: The Controlling Factor of Legality in the British Constitution, *Oxford Journal of Legal Studies, 28* (14), 709-34.
Marshall, G. (1984). *Constitutional Conventions: The Rules and Forms of Political Accountability*, Clarendon Press.
Mitchell, J. D. B. (1968). *Constitutional Law*, 2nd edn., W. Green & Son Ltd.
Munro, C. R. (2005). *Studies in Constitutional Law*, 2nd edn., Oxford University Press.
Philips, O. H., & Jackson, P. (1987). *O. Hood Phillips' Constitutional and Administrative Law*, 7th edn., Sweet & Maxwell.
Plaxton, M. (2006). The Concept of Legislation: Jackson v Her Majesty's Attorney General, *Modern Law Review, 69*, 249-61.
Wade, H. W. R. (1955). The Basis of Legal Sovereignty, *Cambridge Law Journal, 13*, 172-97.
―――. (1989). *Constitutional Fundamentals Revised Edition*, Stevens & Sons.
Young, A. L. (2006). Hunting Sovereignty: Jackson v Her Majesty's Attorney-General. *Public Law*, 187-96.
―――. (2009). *Parliamentary Sovereignty and the Human Rights Act*, Hart Publishing.
愛敬浩二 (2005a). 「立憲主義,法の支配,コモン・ロー―T・R・S・アラン憲法学説の批判的検討」愛敬浩二・水島朝穂・諸根貞夫 [編]『現代立憲主義の認識と実践　浦田賢治先生古稀記念論文集』日本評論社, pp.9-28.
―――. (2005b). 「「法の支配」再考―憲法学の観点から」『社会科学研究』*56*(5・6), 3-26.
石井幸三 (2005). 「ダイシーの法思想 (1) ―『憲法序説』を素材にして」『龍谷法学』

　　　　38(3), 68-122.
────. (2006).「ダイシーの法思想（2・完）──『憲法序説』を素材にして」『龍谷法学』38(4), 25-71.
石川健治 (2006).「持続する危機──議会・国民・執政のトリアーデ」『ジュリスト』1311, 2-8.
伊藤正己 (1954).『イギリス公法の原理』弘文堂
────. (1976).「イギリス憲法学の新理論」『公法研究』38, 31-39.
────. (1978).『イギリス法研究』東京大学出版会
岩切大地 (2008).「憲法の危機・過程・対話──イギリス貴族院のジャクソン判決に関する一考察」『総合政策論集』7(1), 131-58.
────. (2009).「イギリス人権法における国会主権と憲法的対話」憲法理論研究会［編］『憲法学の最先端』敬文堂, pp.101-115.
榎原　猛 (1969).『君主制の比較憲法学的研究』有信堂
岡田章宏 (1990).「イギリスにおける「国会主権」論──ダイシー理論の再検討のための覚書き」『法律時報』62(6), 14-19.
戒能通厚 (2010).『土地法のパラドックス──イギリス法研究, 歴史と展開』日本評論社
────. (2017).『イギリス憲法』信山社
戒能通弘 (2007).『世界の立法者, ベンサム──功利主義思想の再生』日本評論社
────. (2012).「イングランドにおける法の支配に関する「法思想史的」考察──クック, ヘイル, ブラックストーンを中心に」『イギリス哲学研究』35, 5-19.
────. (2013).『近代英米法思想の展開──ホッブズ＝クック論争からリアリズム法学まで』ミネルヴァ書房
木下和朗 (2007).「イギリス憲法における両院制」『比較憲法学研究』18・19, 1-27.
田島　裕 (1979).『議会主権と法の支配』有斐閣
田中嘉彦 (2015).『英国の貴族院改革──ウェストミンスター・モデルと第二院』成文堂
筒井信定 (1967).「イギリスにおける憲法習律」『経済理論』100, 1-21.
中村民雄 (1993).『イギリス憲法とEC法』東京大学出版会
長谷部恭男 (1991).『権力への懐疑──憲法学のメタ理論』日本評論社
────. (2000).『比較不能な価値の迷路──リベラル・デモクラシーの憲法理論』東京大学出版会
原田一明 (1995).『議会特権の憲法的考察』信山社
坂東行和 (2000).『イギリス議会主権──その法的思考』敬文堂
深田三徳 (2004).『現代法理論論争──R. ドゥオーキン対法実証主義』ミネルヴァ書房
松井幸夫 (1981).「議会主権と「特別保障」──イギリス「新権利章典」問題における「正統理論」の対応」『島大法学』24(2・3), 45-69.
────. (1982).「動揺期における議会主権の法的論理構成──H・W・R・ウェイド, G・ウィンタトン, そしてH・L・A・ハート」『島大法学』25(2・3), 133-56.
元山　健 (1974).「議会主権論の検討──その意味と限界」『早稲田法学会誌』25, 309-43.
吉田善明 (1976).「イギリスにおける代表民主制と直接民主制について──Referendum Actの制定を契機にして」『法律論叢』48(4・5・6), 47-93.

第5章
マーシャル・コートと法の支配
違憲審査制と最高裁判所の原型

原口佳誠

1 はじめに

> 法が何であるかを述べることは，断固として，司法部の領分であり，責務である。──ジョン・マーシャル（マーベリー対マディスン事件）

　マーシャル・コート（Marshall Court）は，19世紀初頭から第4代首席裁判官のジョン・マーシャル（John Marshall, 1755-1835）が率いた合衆国最高裁判所である。マーシャルは，違憲審査権の行使を通じて党派政治の渦中にあった脆弱な合衆国最高裁判所の地位を徐々に高め，最高裁裁判官を党派政治からなるべく分離させ，法に精通した専門家としての地位を確立させようとした。マーシャルは，合衆国最高裁を政治部門から独立させ，法の支配の役割を担わせようとした。そのため，ジェイムズ・マディスン（James Madison, 1751-1836）が合衆国憲法の父と称されることになぞらえて，マーシャルは合衆国最高裁の父と称されることがある。

　法の支配の定義は，多様である。19世紀末のイギリスのアルバート・ヴェン・ダイシーによる古典的な定式化は，本書第4章の冒頭で示されているが，その法の支配の定義は，ダイシー以降，その特有の定式化を離れ，一般化されるようになった。すなわち，専断的な国家権力の支配を排し，法が何人にもひとしく適用され，かつ，独立の司法により権利の保障と救済がなされることが，法の支配の核心的な要素として言及されるようになる。この法の支配の概念は，

現代では，コモン・ローの伝統を共有する英米法諸国のみならず，世界でひろく用いられている。

本章では，アメリカの法の支配において，マーシャル・コートが果たした役割を考察する[1]。まず，アメリカにおける法の支配において要となる違憲審査制の成立について分析し，当時保障された個人の権利である財産権保障について具体的に考察する。さらに，法の支配の役割を担う司法の独立と，近年展開される人民立憲主義との関係についても論ずる。また，マーシャル・コートに大きな影響を与えた18世紀末から19世紀初頭における，自然権思想，共和主義思想，さらに人民立憲主義の視座から，マーシャル・コートと法の支配の法思想的淵源について言及する。そして，最後に，アメリカの法の支配の伝統におけるマーシャル・コートの意義について，検討を試みたい。

2 違憲審査制の成立：マーベリー対マディスン事件

合衆国憲法は，連邦政府の権限を列挙することにより制限し，連邦政府と州政府との間の権力分立を規律し，個人の権利を具体的に保障している。連邦政府の権限の制限において，違憲審査制は最も重要な柱の一つである。

建国の父祖らは，連邦政府の権力の抑制・均衡の手段として，違憲審査制を重視していたことがうかがえる。フェデラリスト・ペーパーズは，合衆国最高裁が，連邦議会ないし州議会が可決した法律の合憲性を審査する権限を積極的に擁護する。すなわち，違憲審査制は，派閥による弊害が生じやすい議会に対する適切な抑制であり，「裁判所は，権力制限を課す合衆国憲法を立法機関による侵害から守る防波堤と解するべきである」とした［Hamilton et al. 1961: 432-40］。

マーシャル・コートは，1803年のマーベリー対マディスン事件[2]において，初めて連邦法を違憲無効とした。これにより，違憲審査制が成立し，憲法の最終的な解釈権者は合衆国最高裁であることが判例法で理論的に示された。

---

1) マーシャル・コートについての研究，解釈の変遷については，本章末のコラムを参照のこと。
2) Marbury v. Madison, 5 U.S. 137（1803）．判例評釈として紙谷［2012］。

本事件の事実は，次のとおりである。上訴人のマーベリーは，裁判所法 (Judiciary Act) によりコロンビア地区治安判事に任命されたが，国務長官マディスンによりその辞令書の発給が保留された。そのため，その交付をマディスンに対して強制する職務執行令状 (writ of mandamus) を求める訴えが提起された。

争点は，第1に，原告は辞令書の交付を要求する権利を有するのか，第2に，原告が権利を有し，かつその権利が侵害されたのだとすれば，法は彼に救済を与えるのか，第3に，もし法が救済を与えるとすれば，その救済は，合衆国最高裁から発給される職務執行令状であるのか[3]，という3点であった。

マーシャルは原告の請求を棄却した。まず，第1の争点については，被任命者たるマーベリーには，辞令書の交付を要求する法的権利が発生し，「原告の辞令を保留することは，法の認めないところであり，既得権 (vested legal right) の侵害である」[4]。そして第2の争点について，「合衆国政府は断固として人の統治ではなく，法の統治 (government of laws) として特徴づけられる」ものであり，「既得権侵害に対して全く救済を提供しないならば，この法の統治という称揚はあたらなくなる」。「市民の自由の精髄は，間違いなく，損害を受けた場合に法律の保護を主張する個人すべての権利にある」[5]として，法律上の救済が存在することも認めた。しかし第3の争点において，本件は職務執行令状を発給するべき事案であるが，当裁判所に職務執行令状を発給する権限はないと認定した。なぜなら，合衆国最高裁判所に第1審裁判管轄権を付与する裁判所法13条が，合衆国憲法第3編2節2項に反して違憲無効であるからである。そして，違憲の法律が無効となることは，合衆国憲法第6編2項（最高法規条項），第3編2節1項（裁判所の管轄権），第6編3項（憲法擁護義務）の3条項からも明らかであるとして，憲法の条項から違憲審査権の基礎を導いた。違憲審査権は合衆国最高裁にあるとし，「法が何であるかを述べることは，断固として，司法部の領分であり，責務である」[6]としたのである。

マーベリー判決の理論構成として，①権力分立と部門別判断権，②合衆国憲法の文言解釈，法の解釈者としての裁判官の役割の強調がみられ，この結果，

---

3) Marbury v. Madison, 5 U.S. 137, 154 (1803).
4) *Ibid*. at 162.
5) *Ibid*. at 163.

限定的ながら，司法部の優越が結論づけられている［原口 2008: 465-70］。

まず，①権力分立と部門別判断権について，マーシャルは，「裁判所の職務は，専ら個人の諸権利について決定することにあり，執行部やその官吏が，自己が決定権を有する義務をいかにして遂行するのかということについて決定するものではない」[7]とする。これは，裁判官が他部門の権限範囲の問題を扱うことには司法判断適合性がないこと，すなわち部門別判断権［White 2007: 146］の概念を示している。そのため，司法部の役割は，個人の権利に関わる問題へと限定されることになる。この部門別判断権は，トーマス・ジェファソン（Thomas Jefferson, 1743-1826）ら共和派にとっても，完全に同意しうる理論であった［Hobson 1996: 67］。そして，マーシャルは，「諸々の省の長が執行部の政治上あるいは機密上の代理人であり，大統領の意思を単に執行したり，あるいは執行部の有する憲法上あるいは法律上の裁量を有する場合に行動したりするのであれば，その諸行為は政治的にのみ審査されうることが明白である」[8]とする。これはいわゆる政治的問題の法理への言及であり［横田 1968: 37-38; Wiecek 1998: 32］，上記の部門別判断権を別の角度から言い換えたものと評価できる。そして，「事件において，憲法は裁判官によって解釈されなければならず，もし裁判官が憲法をすべて紐解くことができるのならば，そのどの部分について裁判官が解釈することが禁じられるのだろうか」[9]と述べ，憲法を解釈することは，裁判官による職責だということを結論づけている。

つまり，マーシャルは，司法部がまず司法的問題かどうかを決定し，その範囲内に限っては，司法部の決定が最終決定となるとした。こうして，司法的問題における司法権の優越が，判例法理として成立することとなった。

もっとも，マーベリー判決に対しては，後世において論理的欠陥が多く指摘されている。例えば，この事件に特有の批判としては，マーシャル自身が当時国務長官として職務執行令状を発給する立場にあったため事件を回避すべきであったこと，裁判所法13条を素直に解釈すれば合衆国最高裁判所に第1審裁

---

6) *Ibid.* at 177.
7) *Ibid.* at 150.
8) *Ibid.* at 166.
9) *Ibid.* at 179.

判管轄権を付与したとはいえず違憲とする結論が強引であること，「何が法であるかを述べることは，断然司法部の領域かつ責務である」という判示はそのまま「断然立法部の領域かつ責務である」と換言でき論理性を欠くこと，そして，手続的司法審査を越える実体的司法審査については擁護する理由づけをまったく欠くということ，などが挙げられる [Van Alstyne 1969: 8, 14-16, 23-24, 28]。

そのため，マーシャルが成立させた違憲審査制のロジックの射程は限定的なものであったことに注意を要する。立法部および執行部は，それぞれ固有の権限にかかわる憲法解釈において，その権限の有効性が司法部の協力を必要としない限りで司法部の憲法解釈に敬譲する必要はなく，仮に司法部が合憲解釈した場合であっても，違憲解釈を採用する連邦議会と大統領の独立した権限を排除しないからである。そもそも，マーベリー判決の骨子は，合衆国憲法第3編に定められた合衆国最高裁の管轄権を連邦議会による侵害から防御する，という論理構成であり，各部門の判断権を確保するという意味での，防衛的司法審査であった。

次に，②根本法としての合衆国憲法の文言，条項による正当化が挙げられる。まずマーシャルは，法廷意見のなかで，違憲の法律が無効となることは，合衆国憲法第6編2項，第3編2節1項，第6編3項から明らかであるとしたが，このように，憲法の条項によって丁寧に判例理論を基礎づけてゆくことは，マーシャル・コートにおいて積極的に採用された様式である。さらにマーシャルは，人民の「始原的かつ最高の意思」により連邦政府が樹立され，諸部門に権限が配分されたことから，連邦議会の権限は制約されているとする。そして，「その制約が誤解されたり忘却されたりしないように」成文の憲法が存在する，と立論する[10]。合衆国憲法は，人民の「始原的かつ最高の意思」に基づき成文化された根本法 (fundamental law) であり，その根本法による立法権の制限を説いたのである。

本判決の重要性は，司法審査権の憲法的根拠づけがはじめてなされたことにある。そして，根本法である成文憲法への依拠は，裁判所が政治的宣言をなす機関ではなく，あくまで法を解釈する機関であることを基礎づけることにつながったといえる。

---

10) *Ibid.* at 176.

3 個人の権利の保障：契約の自由と自然権思想

　マーシャル・コートにおいて保護された権利の主たる領域として，既得権（vested rights）と財産権（property rights）が挙げられる。1810年のフレッチャー対ペック事件[11]，1819年のダートマス・カレッジ事件[12]で積み重ねられた既得権保護の法理は，その典型である。

　フレッチャー対ペック事件は，ジョージア州の土地の払い下げにおいて贈収賄が発覚し，土地の払い下げを廃止する立法がなされたが，その土地が既に善意の第三者に転売されていた場合に売買契約が無効となるのかが争われた事件である。このような州議会の立法は，売買契約関係を侵害し，合衆国憲法第1編10節1項の「いかなる州も契約上の債権債務関係を害する法律を定めることはできない」（契約条項）の文言に反して無効かが憲法上の論点となった。

　マーシャルは次のように述べる。「もし一つの制定法に従ってある行為がなされた場合には，のちの立法部は，その行為をもとに戻すことはできない。ある法律がその性質上契約である場合，当該契約に基づき完全な権利が与えられたときは，その法律を廃止しても，このような権利を剥奪することはできない」[13]のであり，「合衆国憲法は，州が私権剥奪法，事後法，または契約上の義務を侵害する法律を制定してはならないと宣言している」[14]。合衆国憲法の「契約」の文言には当然，本件の既履行契約も含まれ，保護の対象となる。「州の主権にいかに尊敬が払われてきたとしても，憲法の起草者が，時宜に応じて感情（feeling）から生じる暴力的行為に危機感をもち予見していた事実をごまかしてはならない。合衆国の人民は，その文書〔憲法〕を採択することによって，人間がさらされている突発的でかつ強烈な熱情から，人民自身とその財産とを守ろうとする決意を表明した」のであり，この制憲者の意思が「州の立法権に対する制約」の基礎となっている[15]。そして，本件においては，土地が対価

---

11) Fletcher v. Peck, 10 U.S. 87 (1810). 判例評釈として会沢［2012］。
12) Trustees of Dartmouth College v. Woodward, 17 U.S. 518 (1819).
13) Fletcher v. Peck, 10 U.S. 87, 134-35 (1810).
14) *Ibid.* at 136.
15) *Ibid.* at 137-38.

を支払われて善意で買主の手に移転されているため，そのような契約を無効とするよう法律を制定することは認められないとした[16]。

本判決は，財産および契約の憲法上の重要性を認めた先駆けとなる判決である。その判決は，ジョン・ロック（Jonh Locke, 1632-1704）の自然権思想と自由主義の影響に基づくと解釈されてきた。特に，本判決では，立法権の制約要因として，合衆国憲法の契約条項のみならず，「我々の自由の諸制度に共通する一般原則」[17]による制約が示されており，これは，自然権思想への直接の言及として解釈することができる[18]。

一方，ダートマス・カレッジ事件は，イングランド国王の特許状（charter）により設立された上訴人のダートマス・カレッジにおいて，ニュー・ハンプシャー州議会が同校を全面改組する法律を制定し，大学経営に参画する受託者の大半を州知事による任命として公立化を試みたところ，旧受託者側がこれを拒み，新受託者側の被上訴人に対して大学の印章，記録，会計簿などを引き渡すよう求めた事案である。同州最高裁は，大学が公立法人（public corporation）であり，私的法人のみを保護する契約条項（合衆国憲法第1編10節1項）の適用外であるとして訴えを退けた。そこで，旧受託者は，合衆国最高裁に上訴した。実質的な争点は，本件契約が契約条項によって保護されているか，保護されているとして州の法律によって侵害されたのか，という点である。

マーシャルによる法廷意見は，次のとおりである。同校はすべて私人の寄付から成り立っており，校長も教員も公務員ではないことから私立の法人であるとし[19]，その特許状は，寄付者・受託者・国王を当事者とする契約であり，それに基づき財産が大学という法人に帰属していることから，合衆国憲法の契約条項の保障を受けるとした。また，特許状によれば，大学の管理権限はすべて受託者に付与されており，同法人の受託者数をあらかじめ定めていたところ，州の法律によって全面的に変更されたことは，契約の破棄にあたる。したがっ

---

16) *Ibid.* at 139.
17) *Ibid.*
18) 本書第2章の最後で述べられている背景より，独立革命の前後から，自然権思想は，アメリカ法に対して大きな影響をもっていた。
19) Trustees of Dartmouth College v. Woodward, 17 U.S. 518, 633-34（1819）.

て，ニュー・ハンプシャー州の法律は，契約条項に照らして違憲であって，ニュー・ハンプシャー州最高裁の判決は破棄されるべきであるとされた。

　以上の二つの事件は，イギリスの文脈と比較すると，その特徴が鮮明となる。元来，イギリス臣民の権利は，国王に対抗して存在したのであって，臣民の代表であり，主権を有する国会に対抗して存在したのではなかった。国会こそが，自由な国家を保障すると考えられたからである［Wood 1999: 791-92］[20]。その一方で，アメリカにおいては，州議会による個人の権利に対する侵害は，革命期前後より明らかであった。一時的な人民の意思により侵害される財産権について，マーシャルは既得権理論を用いて，専制による侵害から保護しようとした。このように個人の権利を多数派の圧制から保護することは，フェデラリスト・ペーパーズ以来の憲法議論において強調された点であった。ジョセフ・ストーリー（Joseph Story, 1779-1845）は，既得権保護がアメリカ独立革命以来，裁判所により擁護されてきたことに言及し，「いかなる州政府も，卓越した主権をもち，それにより財産の既得権を奪うこと，つまり単なる立法によりAの財産を取り去りBに移転することはなしえない。……自由な政府の根本原理は，人身の自由と私有財産が神聖なものとして扱われることを要求するのである」とする［Story 1833: vol.3, 510-12］。つまり，既得権保護の法理は，州議会における多数派の意思によっては左右されない私有財産の確守に意義があったとみるべきであろう。

　マーシャルによる一連の財産権保護の判決は，その帰結をみれば，「一部有産者階級の財産権を保護」したものであったという評価もできる［澤登 1999: 95］。しかし，より重要な点は，州議会の多数派によって奪われた少数者の既得権を一律に保護した点にある。この既得権保護により生み出された法的安定性は，財産秩序の安定と投資の安全につながり，法人がやがてアメリカの商業組織の支配的な形態へと向かうことになった。ただし，マーシャル自身がこうした商業の発展まで見越して判示したと解釈するのは，やや短絡的である。むしろ，マーシャルは，既得権の保護という古い原則を，変わりゆく新しい社会・経済状況に適用してゆく，過渡期の裁判官（transitional judge）として位置

---

20) なお，この点は，本書第2章3節3項で詳述されている。

づけられる [Newmyer 2000a: 1674]。

　もっとも，このような既得権保護の法理は，マーシャル・コートの末期には
その適用範囲を縮小してゆくことになる。

　1827年のオグデン対ソーンダース事件[21]は，ケンタッキー州市民のソーン
ダースが契約上の金銭の支払いを求めたところ，ルイジアナ州市民であり契約
当時にニュー・ヨーク州市民であったオグデンが，1801年制定のニュー・ヨ
ーク州破産法に基づいて支払いを拒否した事案である。争点は，ニュー・ヨー
ク州が破産法を制定する権限をもつのか，もつとして，金銭の支払いの拒否を
認めることは既得権を侵害するのか，である。多数意見は，ニュー・ヨーク州
は破産法の制定について連邦政府と競合的権限をもつためその制定が認められ，
合衆国憲法の契約条項に違反する場合は，過去の契約関係を侵害する場合に限
られ，将来の契約関係についてまで拘束されるものではないとしていた[22]。

　一方，マーシャル首席裁判官は反対意見を執筆し（マーシャルが反対意見を執
筆したのは，在任期間中で本事件のみである），合衆国憲法の契約条項により，連
邦議会のみが破産法を制定する専属的権限を有しており，将来の契約関係につ
いても侵害することが許されるものではないとした。マーシャルは，次のよう
に論じて，同州の破産法は，契約条項を侵害するのみならず，個人の既得権を
侵害するとした。

> 個人は契約の権利を政府から導くのではなく，その権利を保持しながら社
> 会を形成する。契約関係の義務は，実定法による契約に基づき生じるので
> はなく，固有のものであり，両当事者の意思によって生じる。このことは，
> すべての人が財産を取得し，自己の判断により財産を処分し，将来の行動
> を約束する権利をもつことから生じるのである。これらの権利は，社会に
> よって与えられるのではなく，社会に持ち込まれるものなのである[23]。

　ここでは，マーシャルの契約の自由に対する自然法観がよく表れている。契

---

21) Ogden v. Saunders, 25 U.S. 213（1827）.
22) *Ibid.* at 254–70.
23) *Ibid.* at 346.

約の権利・義務は，前国家的性質をもち，政府や社会によって与えられるものではないということである。さらに，多数意見では，契約の義務は実定法化されなければ道徳的義務にとどまるとするのに対して，マーシャルの反対意見では，実定法化が不要とされる。

1832年のウースター対ジョージア州事件[24]は，自然法の原理からアメリカ先住民の土地所有を認めた事件である。1827年，先住民のチェロキー族は立憲国家を樹立し，主権国家である以上，同意なくして強制移住させられないことを宣言した。これに対し，ジョージア州はこれを併合して政府を解体し，その土地を収用してジョージア州民への配分を進めた。ウースターは，チェロキー国において布教活動を行っていたが，移住に際してジョージア州による許可と，同州の憲法・法律擁護の宣誓義務を課したジョージア州法に違反するとされ，4年間の懲役を科された。争点は，ジョージア州は，同州の市民とチェロキー国の構成員との間を規制する権限をもつか，である。

マーシャルが執筆した多数意見は，合衆国の条約と法律は先住民の土地について，ジョージア州の土地とは完全に別異に取り扱っており，その民族との交流は連邦政府のみがもつ専属的権限であるとした。チェロキー国は，自らの土地をもち，州から明確に区別しうる共同体であり，ジョージア州法はいかなる力ももたない。それゆえ，同州法は，連邦政府の権限を侵害し，違憲無効とした。

法廷意見において，マーシャルは，かつて先住民に勝利したイギリスが，その土地を征服あるいは収用するのではなく，自由意思に基づき購入していたことを指摘した。これは，イギリスが自然法の原理に従い先住民の土地の所有を認めていたことを認定し，本件でもその原理に従ったとみることができる [Arkes 1988: 1513-14]。

もっとも，ウースター判決ののちに，ジャクソン大統領とジョージア州は，最高裁判決の無視というかたちで応答した。ジャクソン大統領が判決を無視したのは，当時，先住民を主権国家として扱うこと自体を放棄しようとしており，かつ，サウス・カロライナ州で連邦法効力無効化運動（nullification）を展開しており，同じ南部のジョージア州の意見を容れたいという政治的配慮があった

---

24) Worcester v. Georgia, 31 U.S. 515 (1832).

といわれる［Garrison 2002: 238］。

　1837年のチャールズリバー・ブリッジ会社対ウォーレン・ブリッジ会社事件[25]も，ここで取り上げておきたい。マサチューセッツ邦議会は，1785年にチャールズリバー・ブリッジ会社に橋梁建設と通行料徴収の特許状（charter）を付与したが，1828年，同州議会はその橋のごく間近に橋梁を建設する権利を別会社のウォーレン・ブリッジ会社に与え，6年間のみ通行料徴収を認可し，その後は無料とすることを義務づけた。チャールズリバー・ブリッジ会社は，これにより同社の特権が実質上侵害されることを指摘し，合衆国憲法第1編10節1項の契約条項に反して違憲無効であると主張した。同州最高裁において原告が敗訴し，1830年，合衆国最高裁への裁量上訴が認められた。争点は，1828年法による新たな権利付与が，1785年法によって付与された既得権を侵害し，契約上の債権債務関係を侵害する法律として違憲無効か，という点にあった。

　本判決は，当初はマーシャル・コートにおいて審理されていたものの，結論に至らず，トーニー・コートに引き継がれて下された。トーニー首席裁判官による法廷意見は，原審を維持し，1828年法は合憲であるとした。トーニー首席裁判官による法廷意見は，次のとおりである。すべての政府の目的は，その政府を樹立している社会の幸福と繁栄を促進することにあり，したがって，政府が，政府の創設された目的を達成する権限を減ずる意図を有したと推論することは許されない。本件の1785年の特許状では，少なくとも明示的には他の者が橋梁をかけることを禁じておらず，1828年法もまた，ウォーレン社は直接チャールズ社を妨害するわけではなく，ただ収益に影響を及ぼしたのみである。すると問題は，1785年法にチャールズ社の収益を減じさせないための黙示の契約があったかどうかであるが，前述のように，政府が社会の幸福と繁栄を促進する目的を減ずるような黙示の契約が存在したという解釈は認められないため，原告が侵害されたと主張する契約の債権債務関係ははじめから存在しなかったというべきであり，したがって1828年法は契約条項に反することなく有効である。

---

25) Proprietors of Charles River Bridge v. Proprietors of Warren Bridge, 36 U.S. 420 (1837). 判例評釈として安部［2012］。

一方，同判決にはストーリー裁判官による反対意見もあった[26]。同意見によれば，立法部は将来自己による権利付与を破壊したりその特権を本質的に害したりするようなことはしないということが前提とされており，州が，州の行為または州の授権を得た者の行為によっては，橋梁を使用し通行料をとることを妨げないことを認める旨の黙示の合意があり，したがって，1828年法はこの黙示の合意によって作り出された債権債務関係を害するものとして，違憲無効であるとされた。

本判決を検討すると，ストーリー裁判官の反対意見は，マーシャル・コートにおいて確立された既得権保護法理の流れに沿うものであったといえる。しかしながら，既得権を墨守するには，当時の産業の発展はあまりに急速に拡大しつつあった［田中 1987: 254］。それに伴って州の立法の内容も変貌しており，州の立法自体が単に財産を奪うものではなく，社会全体の福利増進の観点から，特に新規参入の投機事業家の財産権を保護する内容へと変わっていた点が，本件をハード・ケースとさせていた。ハーストが指摘したように，アメリカ社会はこの時期から，経済の流動化と自由な発展に向けて，個人の可能性のより創造的な解放へと向かいつつあったのである［Hurst 1956: 28］。

以上のように，フレッチャー判決とダートマス・カレッジ判決で既得権保護の法理が確立され，静的な財産権秩序が確保されるようになる。しかし，オグデン判決においては，破産法の領域で既得権保護の法理が後退し，チャールズリバー・ブリッジ判決では，新しい競争社会と資本主義社会の到来から，その法理が効力を失ってゆくことになった。また，ウースター判決では，最高裁が自然権に基づくアメリカ先住民の土地の支配を認めたにもかかわらず，政治的環境からその判決が無視されることになった。

マーシャル・コートでは，自然権たる財産権と契約の自由を保護する役割が自覚的に担われていた。しかしその一方で，単純な既得権の保護や自然権の承認のみでは，アメリカ社会の商業化，資本主義化，西部への拡大に伴い著しく変容する社会に対応することが徐々に困難になってゆく過程がうかがえる。

---

[26] ストーリーの反対意見については，その背景にあった思想とともに，本書第6章4節1項においても，詳述されている。

4 司法の独立：裁判官の専門性と客観性

　マーシャル・コートの時代は，国家の政治経済政策にかかわる多くの問題が山積し，最高裁が具体的事件においてそれに応答することが求められた。次に，最高裁が党派政治の渦中において，いかに司法の独立を確保していったのか，連邦制にかかわる判例法から分析する。

　1819年のマカロック対メアリランド事件[27]の事案は次のとおりである。連邦議会は，国立銀行設置法により1816年に合衆国銀行（Bank of the United States）を設立したが，メアリランド州議会は，同州の認可を受けずに同州内で業務を行う銀行に対して課税する旨の州法を制定した。合衆国銀行は，1817年にメアリランド州に支店を開設したが，同銀行が同州法に違反しているとして，同支店の出納責任者マカロックに対し，メアリランド州の名で罰金取立訴訟を提起した。本件での争点は，メアリランド州が合衆国銀行に対して課税することができると定めた州法が有効であるか否かである。第1に，連邦議会は国立銀行設置を行う権限をもつのか，第2に，もしその権限があるならば，メアリランド州は連邦の活動たる合衆国銀行に対して課税できるのか，という点であった。

　マーシャルによる法廷意見は，合衆国銀行に課税するメアリランド州法は，合衆国憲法に反して無効であるとし，州裁判所の判決を破棄した。

　第1に，連邦議会による国立銀行設置法の制定権限について，たしかに合衆国憲法の列挙権限に銀行設立の権限は明文で規定されていないが，合衆国憲法は，連邦議会が連邦に与えられた権限を実施するのに必要かつ適切な立法をなしうるとされる。憲法が持続し，柔軟に危機に対処しうるように解釈するべきである。よって，合衆国銀行設置法は，憲法に準拠して制定されたものであり，したがって国の「最高法規」として州を拘束する[28]。第2に，連邦の活動に対する州の課税権については，州権論が否定される。すなわち，州および合衆国の人民によってつくられた連邦議会は一般的課税権を有するのに対し，州は，合衆国の人民によってつくられた連邦機関に対して規制しえない。連邦議会の

---

27) McCulloch v. Maryland, 17 U.S. 316（1819）. 判例評釈として勝田［2012］.
28) McCulloch v. Maryland, 17 U.S. 316, 412-23（1819）.

合憲的立法作用を，州が課税その他の方法で妨げることは，最高法規条項（第6編2項）に照らしても認められない。よって，メアリランド州による国立銀行への課税は許されないとした[29]。

本判決は，必要かつ適切条項を柔軟に解釈し，連邦政府の権限拡大の礎石を築いた判決である。連邦議会の立法に対して合衆国最高裁は合憲判決を下したことからもわかるように，連邦政府内での最高裁への批判は強くなかった。しかし，判決に対し，南部諸州から批判が強く存在していた。例えばマーシャル自身も予想していたように，ヴァージニア州における反合衆国最高裁の機運は，他の南部諸州にまで広がった。これら諸州の攻撃の標的は，マカロック判決のみならず，合衆国最高裁，さらにはその個別の裁判官にまで向けられており，のちに南北戦争にまでつながる鋭い意見の対立が存在していた［Newmyer 2000b: 877］。結果として，マーシャルは，これらの裁判官批判に対して応答しなければならなかった。

なぜ司法的問題が裁判官によって判断されるのか。マーシャルによる主張は次のとおりである。司法的問題は，共和国内の，市民間あるいは市民・政府間の紛争である「公共の財産の配分」に関わる。そして，裁判官は終身制のため「完全に独立し」いかなる州議会の権益拡張のための「個人的な利益」ももたない。それゆえ，裁判官の公平性と無私（disinterestedness）から，司法的問題は裁判官によって決せられるべきことになる［Gunther 1969: 210-12］。

このように，マーシャルは，裁判官の終身制に伴う独立性によって，裁判官の公平性と無私が担保され，司法的問題を解決するにふさわしいと論じた。この役割は，同様に合衆国銀行課税にかかわる事件であるオズボーン判決において，より鮮明に提示された。

1824年のオズボーン対合衆国銀行事件[30]の概要は以下のとおりである。

オハイオ州において，合衆国銀行の取引に対して課税を行う法律が制定され，州税務官吏のオズボーンが同州内の合衆国銀行に対して課税手続を行った。原審は，同州は合衆国銀行への課税権を保持しないとして，課税分を利子ととも

---

29) *Ibid.* at 432-36.
30) Osborn v. Bank of the United States, 22 U.S. 738（1824）.

に合衆国銀行に対して返還するよう決定した。オズボーンは合衆国最高裁に上訴し，裁量上訴が認められた。本件の主要な争点は，合衆国銀行の取引への課税を定めたオハイオ州法は違憲無効か，であった。

マーシャルによる法廷意見は，同法を違憲として，原審の決定を維持した。その理由として，マカロック判決で既にみたように，合衆国銀行は必要かつ適切条項に基づき設立されたものであり，国家的目的でのみ設立されたからであり，州による課税の免除の事項が法律において明記されていないとしても，すべての官吏の職務を連邦法で規定することは不可能である以上，官吏が訴えられたときに，法を解釈して保護するのは司法権の役割であるからとした。

マーシャルは，法の一般規定を具体的事件に即して解釈することが司法部の役割であると述べたが，その根拠を以下のように説明する。

> 司法権は，いかなる事件においても意思（will）をもたない。もし合衆国銀行設立法の健全なる解釈が，連邦政府の財政機能に必要な機能を果たす合衆国銀行の取引について州による統制から免除するということであるならば，裁判所は，あたかもその免除が同法に明記されているかのように，その解釈を行う義務がある。司法権は立法権と異なり，実在しない。裁判所は，法の単なる道具（instruments）にすぎず，何も行い得ないのである。裁判所が裁量を行使したといわれるときは，それは単なる法的裁量であり，法によって規定された趣旨を見分ける際に行使される裁量にすぎない。そしてそれが見分けられるならば，それに従うのが裁判所の役割である。司法権は，決して，裁判官の意思に効果を付与する目的で行使されるのではない。それは常に，立法部の意思に効果を付与する目的であり，いいかえるならば，法の意思に効果を付与する目的で行使されるのである[31]。

このように裁判官を法の「道具」としてみることは，独立革命以来広範に浸透していたブラックストーンによるコモン・ロー伝統の一つである法発見説の表出としてみることができる。

---

31) *Ibid.* at 866.

さらに，このようなマーシャルの司法観は，アメリカの建国期の共和主義を反映しているとする学説がある。

　共和主義とは，時代や場所といった文脈により変化しうるものであり，その定義には曖昧性が伴う。共和主義とは元来，古代ギリシャに始まる反君主制の思想であって，その目的が，政治における腐敗（corruption）を防いで公共善（public good）を実現することにあり，そのため，私益にとらわれない（disinterested），徳性（virtue）を有する市民による統治を要求する思想である。私益にとらわれない徳性を有する市民であるためには，財産を有し，才能と教養とを有していることが前提条件であり，ここにアリストクラティックな色彩をみてとれる。徳性を有する「有徳」な市民とは，公共善に奉仕する意欲と能力とを有する者を指すのであり，共和政体は，自由を保護すべく，そのような有徳な市民によって支えられなければならない。18世紀のアメリカにおいてもまた，人民政府は徳性抜きにして支えられえないと固く信じられており，公共精神と自己犠牲の精神とを有した人民のみが，選挙を経て従われるべき支配者であった。本章における「有徳」の者とは，私益に左右されず（無私の），教養や理性といった兼ね備えるべき条件（公共善追求をなしうる能力であり資質）を満たし，実際に公共善のため献身する意欲を有する者を指す。

　また，公共善について，ウッドによる定義を紹介すると，君主制において，各人の私益の追求は恐怖あるいは強制力によって抑制されうるものであったが，共和制においては，各人の私益追求は，より大きく包括的な善に対して覆い隠されなければならないとされた。共同体の善のために自らの私益を犠牲にするという意思が，18世紀において公共善と呼ばれたのである［Wood 1969: 67–68］。

　共和主義と民主主義との対置により，共和主義の姿はより鮮明に浮かび上がってくる。アメリカ建国当初，指導者層にとっての民主主義は，共和主義で観念される衆愚政に近い位置づけでもって，負の評価がなされることが多かった。マディスンは，フェデラリスト・ペーパーズにおいて次のように述べる。

　　［直接］民主政と共和政との間の二大相違点は，第1に，共和政においては一般市民によって選出された少数の市民の手に政治が委ねられていることであり，第2に，共和政がより多数の市民と，より広大な領域とをそのも

とに包含しうることである。

> この第1の相違点の結果として,〔共和政においては〕一方では世論が,選ばれた一団の市民たちの手を経ることによって洗練され,かつその視野が広げられるのである。その一団の市民たちは,その賢明さのゆえに,自国の真の利益を最もよく認識しうるのであり,また,その愛国心と正義心のゆえに,一時的なあるいは偏狭な考え方によって自国の真の利益を犠牲にすることが最も少ないと見られるのである。このような制度の下では,人民の代表によって表明された声のほうが,よりいっそう公共の善に合致することが期待されるのである。しかしまた他方では,結果が逆になることも考えておかねばなるまい。すなわち,派閥的な気分の強い人びとや,地方的偏見をもつ人びとや,悪意ある企みをもつ人びとが陰謀,買収,その他の手段に訴えて,まず人民の投票を獲得し,ついでその人民の利益を裏切ることがあるかもしれないからである [Hamilton et al. 1961: 62/61-62]。

　このように,共和主義は,賢明な代表により,公共善に合致した統治がなされるべきであるとする。民主主義がおよそすべての人の参加を基本とし,議会において各人の集合した私益の調整により統治がなされるのに対し,共和主義は,統治の参加において徳(virtue)を要件とし,結果において公共善(public good)の具現化を要求したのである。このような共和主義思想は,古代ギリシャからイタリアのルネッサンス期に再発見され,その後,イギリス,アメリカへと流入した。アメリカの独立革命,合衆国憲法制定,さらに,その後の建国期の党派争い(連邦派と共和派)は,共和主義の文脈から説明しうる。
　では,共和主義の観点から,マーシャル・コートの司法観はいかに説明しうるのか。まず,マカロック判決におけるマーシャルの弁明においてみたように,裁判官は終身かつ利害関係を有さないという独立性ゆえに,法を解釈するのにふさわしい立場であると解されていた。そして,その裁判官の資質をより詳細に分析してみると,共和主義政体において法を担う人々は,裁判官をはじめとする法の碩学(legal savant)集団であり,彼らの権威は共和主義理論によって補強されるのである。

翻ってみると，共和政においては，権力の源泉はあまねく人民にある。しかし，すべての人民が法原則を理解できるわけではなく，いわば彼らの権利保護を「代理」する者として，法の碩学が必要となる。すなわち，法の碩学とは，人民にかわって法を見分ける者といってもよく，この意味でまさに，彼らは共和政において必要不可欠である。そして，党派的な個人としての「裁判官の意思」と「法の意思」とは異なるものであり，両者の結合は，専制や共和政の堕落，腐敗をもたらすことになる。そして，こうした結合は，法の碩学集団によって防がれると考えられたのである［White 2000: 794-97］。

このように，法の碩学が人民にかわって法を解釈してゆく司法部における「代表」制度は，司法を媒介とした共和主義としてとらえうる。いわば共和主義の制度的反映が，マーシャル・コートにおいてみられるようになるのである[32]。

この理解をさらに進めてみると，法の碩学集団とは，その選任プロセスにおいて，「有徳」の者が抽出されているのかもしれない。少なくとも合衆国最高裁の裁判官については，大統領の指名後，上院の助言と承認とに基づき大統領によって任命される（合衆国憲法第2編2節）が，そこに人民の意思は間接的にしか反映されない。すなわち，形式的にみて，合衆国最高裁判所の裁判官は，私益に左右されがちな人民の一時的な意思の影響から遠ざけられた選任方法によって選出されるといいうる。つまり，少なくとも形式上，連邦裁判所の裁判官は，私益に左右された人民の意思の影響を間接的にしか受けない。このような「有徳の選任プロセス」もまた，一連の共和主義観と合致するのかもしれない。

なお，「私益に左右された人民」という観点は，あまりに人民を軽視し，エリート主義にすぎたものであるという批判もありうる。しかし，建国当時に政治的リーダーシップを発揮しなければならなかった共和主義者らにとって，このような私益とは，まさに恐怖の対象であった。建国当時の社会文脈では現代と異なる特殊性が認められる。第1に，少なくとも1790年代当時のアメリカにおいては，人民相互間の情報伝達が十分ではなかった。情報伝達はきわめて原始的であり，当時の唯一のマスメディアであった新聞もまた，高価かつ都市

---

32) 本書第6章2節で検討されているように，ケントやストーリーは，デモクラシーの台頭に対し，古典的共和主義に基づく市民の「徳」に依拠しないかたちで，法の支配の実現を試みていた。

部に限定されたものであった。必然的に、人民は地元の利益についてのみしか関心を抱くことができなかった。第2に、当時の人民は、政治においてよりよい政治を行いうるクラスを想定していた。公共善を最大限に遂行しうるクラス——共和主義的文脈における、有徳の者——を想定していたのであり、だからこそ、私益に左右された人民の直接的意思よりも、それを代表する者の討議こそが重視されたのである［Martin 1999: 181-82］。政治よりなお高度な専門的知識が要求されると思われる司法部において、「よりよい司法的判断をなしうるクラス」が想定されていたとしても、必ずしも不自然な解釈とはいえないであろう。

5 アメリカ社会と合衆国最高裁判所：違憲審査制の受容

　本節では、以上検討してきたマーシャル・コートによる一連の違憲審査が、人民にどのように受容されていったのかについて考察する。少なくとも1824年のギボンズ対オグデン判決[33]の頃になると漸く合衆国最高裁判所の権威が高まり、違憲審査制が受容されるありさまが、各史料からうかがい知ることができるようになる。それは、先例として積み上げられた諸判決における決定の妥当性を示すとともに、各裁判官の独立性・高潔性もまた、裁判所の権威の確立に資していたことを示唆している。

　ギボンズ判決の概要は次のとおりである。ニュー・ヨーク州議会は、同州内の全水路における、火力または蒸気による独占航行権を、リヴィングストンとフルトンに与えた。一方、連邦議会は、1793年の沿岸通商に関する連邦法を定めており、同法にしたがって登録免許を取得したギボンズも、船舶を運航させていた。リヴィングストンおよびフルトンから権利を譲り受けたオグデンは、ギボンズの運航差止の差止命令を要求して訴えを提起した。ニュー・ヨーク州裁判所は、原告オグデンの主張を支持し、差止命令を下した。そこで、ギボンズは同州最高裁判所に上訴したが、同最高裁は原審を維持した。ギボンズは、合衆国最高裁に上訴した。

---

33) Gibbons v. Ogden, 22 U.S. 1（1824）. 判例評釈として原口［2012］。

本件の争点は、以下の3点であり、連邦議会の列挙権限のうちの一つとして示された州際通商条項のうち、「通商」の文言に「航行」が含まれるのか、含まれるとしてどのような通商が州と州との間の州際通商条項のなかに入るのか、連邦の通商規制権限は、州の規制権限と併存しうるのか、であった。

合衆国最高裁は、全員一致で原審を破棄し、ニュー・ヨーク州法は違憲無効であって、差止命令は認められないものとした。

マーシャルによる法廷意見は、まず、合衆国憲法は、連邦政府に対して、人民によって明示的に付与された列挙権限をもつ[34]が、合衆国憲法第1編8節3項の「外国との通商ならびに各州間および先住民の部族との通商を規制する権限を有する」につき、「通商（commerce）」とは「交流（intercourse）」と解され、それは「航行（navigation）」まで含むものとして拡張される[35]。なぜなら、このような権限は連邦政府の設立時からすべての者によって行使されてきたからであり、合衆国人民が連邦政府を設立した主たる目的の一つだからであり、州内部にまで通商が及ぶことになる[36]。そして、この州際通商規制権は、州の一部の権限（連邦に委譲していない権限）を除いては、原則として並存しえず、憲法およびそれに準拠して定められる法律も最高法規としているのであって、州法は憲法に矛盾し無効である[37]。

マーシャルの個人的な願望は、そのまま判決に投影されていたと断ずることはできない。マーシャルの法廷意見は、州法には通商規制権が及ばず、中央政府に委譲されていない州独自の権限の行使として認められる点が明示されている[38]。州に固有のポリス・パワーの存在を認め、連邦の州際通商規制と州のポリス・パワー規制とは、競合的に存在しうるとし、バランスが図られているのであり、別の裁判官の補足意見においては州際通商規制権限が端的に連邦に専属すると解釈されている[39]ことと対照的である。マーシャルの理論の根底

---

34) Gibbons v. Ogden, 22 U.S. 1, 187 (1824).
35) *Ibid.* at 190, 191.
36) *Ibid.* at 194.
37) *Ibid.* at 210-11.
38) *Ibid.* at 203.
39) *Ibid.* at 235-37.

には，州および人民に権限が基本的に留保されるという合衆国憲法修正10条の趣旨が十分に反映されていたといえる。

　本判決は，判決の直後から世論の支持を得た。なぜなら，米英戦争（1812-14）後の全国的市場の成長と広域分業化に伴って，そのような市場の形成を阻害する蒸気船航行権の独占と各州相互の航行規制の対立の問題が深刻化していたからである。

　ギボンズ判決の1年後，連邦議会は合衆国最高裁判所の改組に関する法案を検討したものの，最高裁への攻撃のトーンは和らぎ，なかには賞賛する者も現れ始めた。のちの第8代大統領となるマーティン・ヴァン・ビューレン（Martin Van Buren, 1782-1862）上院議員は，合衆国最高裁の巨大な権力について言及し，その巨大権力は人民によって否定されるべきであるにもかかわらず，奇妙なことに反対派の勢いがないとして，次のように指弾する。諸々の法律が無効とされた諸州でさえも，「合衆国最高裁の巨大権力と戦った後，その結末を受け入れてしまう」。実に，「合衆国最高裁の諸裁判官は，一般人と異なって無謬無過失であるとする，合衆国最高裁に対する崇拝の感情」が成長しており，とりわけ新聞がこの崇拝の感情に囚われている，と。しかし，司法部の権威に懐疑的であるはずのビューレン自身もまた，「合衆国最高裁の諸裁判官は，もっとも優れた能力と一点の曇りもない清廉さ」を保持しており，なかでもマーシャルは，「世界最高の裁判官」であると称えた［Beveridge 1919: vol.4, 452］。

　こうした支持は，連邦議会にとどまるものではなかった。例えば一般誌であるノース・アメリカン・レヴューは，1827年の時点において，「終身かつ独立の裁判官によって担われる裁判所が……すべての政治制度を結びつける上で欠かせないものである」と評しつつ，「尊厳をもち，公平で，断固とした裁判官が，学識と有能さと労苦をもって，生じた難解な諸事件に憲法・法律の諸原則・諸規定を適用してくれる」ことに感謝せねばならず，「有能かつ独立の司法部が，われわれの諸制度の保障（palladium）となっている」とした［White 1988: 951-52］。さらに，ニューヨーク・デイリー・アドヴァータイザーは，合衆国最高裁判所への「横暴な」批判勢力が一部存在することを認めつつ，「もし万が一合衆国最高裁が崩壊させられてしまうならば，この共和国の力と安全は掘り崩され，共和国の存在そのものが危殆に瀕するであろう」としたのであった

[*ibid*.: 955]。

　もちろん，マカロック判決のときもそうであったように，このときも，一部の熱烈な州権論者は連邦裁判所の組織および管轄の改廃に関する憲法修正案を提起するなど，対抗の姿勢を示した［藤原 1960: 266］。また，同時期において，ケンタッキー州では，違憲審査制という制度それ自体への抗議が存在しており，市民レベルでみると，必ずしも違憲審査制が全国的に受容されていたとはいえない事例も存在することに注意を要する［White 1988: 947-48; Ruger 2004; 浅香 2005］。首席裁判官として合衆国最高裁を率いたマーシャルに対しては，その死に際しても，その多くの論評は，マーシャルの裁判官としての廉潔を称揚し，法を擁護して合衆国の統合に力を尽くしたと評価する一方で，極めて党派的であり，州の主権と民主主義をないがしろにしたとする評価も一部でみられた［White 1988: 960-63］。

　合衆国最高裁の違憲審査制，さらに最高裁を主体とする法の支配は，アメリカ社会全体としてみれば概ね受容され，最高裁への信頼が醸成されつつあった[40]。しかし，違憲審査制の態様とその党派性をめぐり，南部を中心とした一部の州ではなお根強い異議がみられたといえる。

　では，合衆国最高裁は，実際に，法と政治を分離し，公平で無私の裁判所だったのであろうか。こうした司法部への信頼は，ギボンズ判決によって一朝一夕に生じたわけではなく，同判決にいたるまでの全体的な諸判決の流れを通した評価であったはずである。少なくとも明らかであるのは，最高裁が，法と政治を区別するという前提を判例法上明示してきたということであり，その法と政治の間の区別・個人の意思と法の意思の間の区別は，尊重されうる知的命題として，同時代の人民によって受容されていた，ということである［*ibid*.: 784］。

---

[40] こうした信頼の醸成は，社会の上層部に対して彼らへの敬意（deference）から政治の指導権を委ねるという敬意ある社会が弱まった社会において行われたからこそ，より注目に値するものであろう。敬意の簡潔な説明については，有賀［1988: 20］を参照。こうした敬意ある社会は，民主主義の高揚とともに，アメリカでは 1780 年から 1820 年の間に消滅したといわれる［Pocock 1976: 516］。

6 人民立憲主義：法の支配への問い

　これまでみてきたように，共和主義的解釈からは，マーシャル・コートにおいて法と政治が分離され，司法的問題について，独立しかつ専門的な裁判官が，いわゆる法の碩学として憲法を解釈してゆく姿が描出され，こうした最高裁の姿は，やがて違憲審査制が受容される土壌となっていった。

　しかし，マーシャル・コートのあり方の記述についてとともに，憲法解釈とはそもそもどうあるべきかについて，とりわけ近年，本章でみてきた立場とは対立するような研究が盛んに行われるようになっている。その最も強力な論者のひとりであるクレイマーは，憲法解釈における人民の役割を特に強調し，アメリカ合衆国憲法の最終的な解釈権者は，共和政体における主権者たる人民であって，裁判官ではないと述べる。この視点からマーシャル・コートについても分析しており，マーベリー判決において，人民の意思を反映した立法部への敬譲が際だっていたことを論じ，オハイオ州やケンタッキー州においては州立法を無効にする州レベルの司法審査を制限しようとした動きがあり，さらにジャクソン大統領による合衆国銀行の廃止など，マーシャル・コートの判決を覆す動きがあったことを指摘する。合衆国最高裁も連邦議会や大統領と同様に人民による制約に服していたのであり，人民は，選挙，陪審員，あるいは世論，さらには実現しなかったけれどもより暴力的な手段によって，抵抗することができたことが重要なのである。

　クレイマーによれば，合衆国最高裁が憲法の最終的解釈権をもつという意味での「司法権の優越（judicial supremacy）」は，20世紀のウォーレン・コートまで確立されず，1980年代にようやく規範化されるに至るが，これ自体が誤った規範である。司法権の優越を支持することは，いわば現代の貴族主義であり，歴史からみても，あるいは人民主権という規範からみても，根本的に誤っている。現代の我々は，司法権の優越ではなく，人民立憲主義こそ選択しなければならない。憲法の世界における最高権威は，最高裁ではなく，我ら人民なのである［Kramer 2004］。

　クレイマーが提唱する人民立憲主義は，アメリカの最高裁が形成する判例法の研究に偏りがちであった法学界において，人民というアクターに直接光をあ

てる点で画期的であり，その後の研究を活性化させている。1820年代のケンタッキー州において司法審査が必ずしも受容されていなかったことを説得的に論証する研究も登場しており［Ruger 2004］，最近の憲法学界・法制史学界で強い影響力をもっている。

クレイマーの人民立憲主義が基底的な性格を帯びるのは，法の支配が，個人の権利を保障するべく，国家権力を制限するからであり，その個人を，憲法解釈しうる主体として中心に位置づけるからである。20世紀末から21世紀初頭にかけて，レーンキスト・コート（Rehnquist Court）からロバーツ・コート（Roberts Court）に至るまで継続する保守的な最高裁に対して，個人の権利保障のために最高裁による最終的解釈に依存せず，人民自らの能動的な解釈に期待している背景がある。

人民立憲主義は，憲法学界に大きなインパクトをもたらし，その影響は憲法理論全体に波及している。人民立憲主義は，違憲審査制の立憲的意義自体を問い直し――縮小化する――が，同時に，法の支配における人民主体の関与を追求する点で，極めてラディカルな潮流といえる。

ただし，クレイマーの学説に対しては，批判も根強い。法の支配における最高裁の役割の過小評価を行っていることのほか，法を見分けることは，既存の法準則を理解し適用する訓練を受けた法律家でなければ中心的役割を担えないのではないか，という批判がある。また，単純に，マーシャル・コートの時代などの注釈書においても，「人民全体（the people at large）」によって憲法解釈が行われるという示唆は一切ない。結局のところ，当時の裁判所はもちろん誤りを犯したかもしれないが，それは人民全体によって是正されるものではなく，あくまで裁判所の役割として，法廷意見における理由づけにおいて示すべきものであったのである［原口 2008: 494］。また，マーベリー判決の枠組みから人民の意思を紐解くならば，当時の判例法において人民の意思が重要性をもつのは，合衆国憲法が「始原的かつ最高の人民の意思」により支えられているという正統化の根拠としてであった（本章前掲注10）参照）。むしろ，判例の理論構成においては，同時代の人民の意思（世論）を「政治」として距離を取ろうと苦慮してきたことがうかがえる。マーシャル・コートが依拠した人民の意思は，憲法において結晶化された意思であり，州における現実の民主的意思ではなか

ったといえる[41]。

　一方，法の支配において最高裁が果たす少数派保護の役割については，その役割自体に疑問が投げかけられつつある。歴史的にみて，端的に，この役割は実現されてこなかったとする学説もある。フリードマンによれば，最高裁が司法審査権を行使して議会の制定法を違憲とする場合，それは多数派の意思，つまり世論の主流に即したものである場合がほとんどであり，マーシャル・コートも例外ではない。さらに，1937年の憲法革命とよばれるニュー・ディール政策の容認へ向けた最高裁の判例転換，ウォーレン・コートにおける刑事被告人の権利の拡大，あるいは死刑を廃止せず存置する選択は，すべて，長期的な世論の主流と合致していた。最高裁が現代において連邦議会や大統領よりも世論の支持が高いことは，このように最高裁が長期的な世論の主流と合致して行動してきたからに他ならないとされる［Friedman 2009］。

　法の支配において，人民自身が果たす役割，そして世論が果たす役割を再考する，新たな研究が進展しつつある。本章では，その研究の一端を紹介するにとどめておきたい。

7　おわりに

　マーシャル・コートにおける法の支配は，違憲審査制の成立と，提示された司法モデル，個人的権利の保障にその特徴がある。

　法の支配における恣意的な権力の抑制の観点からは，合衆国憲法という上位法が，連邦議会を含めたすべての国家権力を統制することが重要であり，そのための手段として違憲審査制が始動した。マーベリー判決は，三権分立の観点から司法の管轄権を防衛し，司法的問題における司法権の優越を限定的に提示

---

[41] 日本における裁判官像をめぐる樋口＝小田中論争において樋口陽一が提唱する伝統派的裁判官像は，国民や世論から距離をとり，具体的事案の性質に即して専門合理性をつらぬくことに存在意義があるとする［樋口 1979: 190-91］。マーシャル・コートとは，時代背景や裁判所制度（官僚制）において大きな差異があるが，裁判官の抽象的モデルとしての類似性は指摘しうる。裁判官像論争については，利谷ほか［1981］等を参照。

した。違憲審査権を憲法の条項に依拠させ，憲法の開かれた条項を解釈するため，裁判官の役割論が展開された。

　法の支配において保護される個人の権利としては，財産権と契約の自由の保護が主たる領域であった。その権利は，合衆国憲法第1編10節1項の契約条項に規定されているが，不可侵かつ不文のロック的な自然権・既得権として定式化され，概念化されていた。この領域では，多数者の侵害から少数者を保護する公平なアンパイアとしての役割の萌芽がみられ，その後の合衆国最高裁の制度的役割として定着していったように思われる。

　また，法の支配を担う裁判官においては，裁判官個人の意思と法の意思とが明確に分離されることが繰り返し判例で強調された。このことは，イギリスの裁判所の伝統からも，あるいは共和主義の「無私」と「腐敗」の概念からも説明しうる。そして，司法的問題については，合衆国最高裁判所の裁判官が独立した法の碩学として，人民に代わって憲法を解釈するという制度が提示されており，アメリカの司法のプロフェッショナリズムの源流を形成したといえる。

　さらに，このような，司法的問題における独立しかつ専門的なアンパイアという合衆国最高裁の役割の提示は，一部の州による異議を受けつつも，結果として，マーシャル・コート期における司法審査制の人民による社会的受容へとつながったといえるだろう。

　マーシャル・コートの時代からリアリズム法学の時代を経た現代では，いまや，裁判官が法の単なる道具にすぎず，法の意思と裁判官の意思とが区別されると考える者はいない[42]。現代の合衆国最高裁判所の判決は，裁判官によって投票行動を予測することが可能であり，個々の裁判官の背景が明らかである。しかし，現代のロバーツ首席裁判官のアンパイア理論 (umpire theory) のように，今もなお，マーシャル・コート時代に提示された古典的伝統――裁判官はその主観に左右されず，ただ法を専門的かつ客観的に適用するのみであるとする伝統――に回帰しようとする試みもみられる。司法に内在する特有の理論として，今もなお，マーシャル・コートの司法観は息づいているのかもしれない。

---

42) 法，裁判官がむしろ政策の道具であるという近年の傾向については，本書第8章を参照のこと。

19世紀後半から，個人の実体的権利と平等権が幅広く認められるようになり，合衆国最高裁判所の違憲審査の機会が飛躍的に増加し，その役割は著しく増大した。20世紀前半以降，司法の民主的正統性の問題——反多数派支配主義の難点——がクローズアップされ，民主社会で果たすべき司法の役割が問われ続けている。このような時代背景を捨象してマーシャル・コートと現代の法の支配を安易に比較することには，慎重さが要求される。

しかし，合衆国最高裁が発展させた法の支配という枠組みにおいて，裁判官が憲法を解釈し，人民に代わって個人の権利を保護するという役割は，現代においてもなお受け継がれているように思われる。マーシャルの示した裁判官の専門性と独立性，法と政治を区別して司法的問題に限って法律問題を取り扱うという謙抑性は，法の支配と最高裁のプロフェッショナリズムの原型として，かたちと射程を幅広く変えながらも，アメリカの法の支配の根幹を形成してきたように思われる。

❖コラム②：
マーシャル・コート研究の軌跡

　マーシャル・コートの研究史を振り返る［White 1994; Newmyer 2002］にあたり，まず古典的研究として挙げられるのは，上院議員のビヴァリッジによる『ジョン・マーシャルの生涯』［Beveridge 1919］である。マーシャルのリーダーシップにより中央集権体制確立の礎石を築いたことが政治家の視点から論じられた。同時代の法制史学の泰斗であるウォーレンによる『合衆国史における最高裁判所』［Warren 1922］では，極めて保守的な政治気質をもつマーシャルが，司法の優越と中央集権的役割を創始したと結論づけた。これにより，同コートは，中央集権主義・連邦派（保守）主義・首席裁判官支配，という三つの特徴が論じられるようになった。その後，建国期アメリカ社会における経済対立を分析して強調する，革新主義学派が隆盛となった。パリントンは，『アメリカ思想の主潮流』［Parrington 1927–30］において，経済上の利益をめぐる党派対立，つまり特権を与えられた少数派資産階級と，民主主義・平等主義の旗印のもとにその特権を打破しようとした多数派自営農民階級との間の鋭い対立を過小評価していると論じた。この見解は，さらにヘインズ『合衆国政府における最高裁判所と行政部の役割』［Haines 1944］へと継承され，マーシャルは極めて党派的であり，マーシャルの連邦制度に関わる諸判決は，州立法部による侵害から製造業・工業の利益を確保するものであったと結論づけられた。その結果，私有財産権重視，というラベルが加えられることになった。

　1950年代半ばより，建国期アメリカ社会において，経済的対立よりも思想的一致が存在したことを強調するコンセンサス学派が台頭し，こうした四つのラベルの修正も試みられるようになった。例えば，マーシャルの党派性については，当時の連邦派の主流からは，共和派のトーマス・ジェファソンの考えに近い危険分子としてみなされていたことを挙げて連邦派主義というラベルに疑問が投げかけられたり，首席裁判官支配についてもそれが単純な誤りであり，多くの裁判官が最終的な判断に関与したことが指摘されたりした［Jones 1956］。ただし，こうした修正は必ずしも十分なものではなく，首席裁判官がなお傑出した役割を担ったことは前提とされ，何より，中央集権主義，私有財産権重視といった特色は堅持されたままであった。

　1960年代以降の共和主義研究の発展に伴い，共和主義という新たな要素が加えられた。ホワイトによる『マーシャル・コートと文化的変容―1815–1835年』［White 1988］があり，共和主義思想の影響から，裁判所の非党派的・中立的立場が裁判所によって自覚され，さらに人民に代わって専門的・客観的に法を解釈する役割を裁判所が担うようになることを論証した。

　2000年代以降は，これまでの研究を客観化・相対化・細分化する傾向が強まっている。クレイマーが提唱する人民立憲主義は，マーシャル・コートに対する人民（世論）と政治部門（大統領・議会）による圧力を強調し，それらが現実の力として，最

高裁の判例法形成に影響を与えていたことを論証しようとする［Kramer 2004］。法の支配において，合衆国最高裁のみならず，多様なアクターが密接に絡んでいることを描出することで，より多層的な法の支配を描き出す。さらに，現代のクラーマン［Klarman 2001］やウィッティントンとアマンダ［Whittington & Amanda 2012］ら気鋭の研究者は，マーベリー判決自体がほとんど重要性をもたないとする相対化を試みており，実際，マーベリー判決は（連邦議会や人民を除いて）最高裁のみが最高の解釈権をもつことを誤解させるとして，マーベリー判決を授業で教えるべきではないとする有力な憲法研究者も現れている［Levinson 2002］。このような潮流を反映して，マーベリー判決自体の重要性を批判的に再考する研究が日本でも登場している［勝田 2013］。

ただし，このような憲法学・法制史学の最先端の研究は，実際のロー・スクール教育であまり反映されておらず，マーベリー判決をはじめとするマーシャル・コートの憲法判例の重要性がなお堅持されている。ロスコー・パウンド（Roscoe Pound, 1870-1964）が指摘したように，現代においてもなお，ロー・スクールの法学教育では，法の支配の基盤として，安定性と一貫性をもつ自律的な「教授される法伝統（taught legal tradition）」［Pound 1938: 81-83］が根ざしているのかもしれない［原口 2009: 99-102］。

【引用・参考文献】

Arkes, H.（1988）. The Shadow of Natural Rights, or a Guide from the Perplexed, *Michigan Law Review, 86*(6), 1492-1522.

Beveridge, A.（1919）. *The Life of John Marshall*, 4 vols., Boston and New York.

Corwin, E.（1914）. The Basic Doctrine of American Constitutional Law, *Michigan Law Review, 12*(4), 247-76.

Friedman, B.（2009）. *The Will of the People: How Public Opinion Has Influenced the Supreme Court and Shaped the Meaning of the Constitution*, Farrar, Straus and Giroux.

Garrison, T.（2002）. *The Legal Ideology of Removal: The Southern Judiciary and the Sovereignty of Native American Nations*, University of Georgia Press.

Gunther, G.（ed.）（1969）. *John Marshall's Defense of McCulloch v. Maryland*, Stanford University Press.

Haines, C. G.（1944）. *The Role of the Supreme Court in American Government and Politics 1789-1835*, University of California Press.

Hamilton, A., Jay, J., & Madison, J.（1961）. *The Federalist*, (ed.) J. E. Cooke, Wesleyan University Press.（斉藤　眞・中野勝郎［訳］（1999）.『ザ・フェデラリスト』岩波書店）

Hobson, C. F.（1996）. *The Great Chief Justice: John Marshall and the Rule of Law*, University Press of Kansas.

Hurst, J. W. (1956). *Law and the Conditions of Freedom in the Nineteenth-Century United States*, University of Wisconsin Press.
Jones, W. (ed.) (1956). *Chief Justice John Marshall: A Reappraisal*, Cornell University Press.
Klarman, M. (2001). How Great Were the "Great" Marshall Court Decisions?, *Virginia Law Review*, 87(6), 1111-84.
Kramer, L. (2004). *The People themselves: Popular Constitutionalism and Judicial Review*, Oxford University Press. (木南 敦 (2005).「著書紹介 憲法の番人はだれか」『アメリカ法』2005(2), 303-309.)
Levinson, S. (2002). Why I Do Not Teach Marbury (Except to Eastern Europeans) and Why You Shouldn't Either, *Wake Forest Law Review*, 38, 553-72.
Martin, J. P. (1999). When Repression is Democratic and Constitutional: The Federalist Theory of Representation and the Sedition Act of 1798, *The University of Chicago Law Review*, 66(1), 117-82.
Newmyer, R. K. (2000a). John Marshall as a Transitional Jurist: Dartmouth College v. Woodward and the Limits of Omniscient Judging, *Connecticut Law Review*, 32, 1665-74.
―――. (2000b). John Marshall, McCulloch v. Maryland, and the Southern State's Rights Tradition, *John Marshall Law Review*, 33, 875-934.
―――. (2002). A Judge for All Seasons. *William and Mary Law Review*, 43, 1463-94.
Parrington, V. (1927-30). *Main Currents in American Thought, 1620-1920*, 3 vols., New York.
Pocock, J. G. A. (1976). The Classical Theory of Deference, *The American Historical Review*, 81(3), 516-23.
Pound, R. (1938). *The Formative Era of American Law*, Boston.
Ruger, T. (2004). A Question Which Convulses a Nation: The Early Republic's Greatest Debate about the Judicial Review Power, *Harvard Law Review*, 117, 826-97. (浅香吉幹 (2005).「論文紹介 1820年代ケンタッキにおける違憲審査制論争」『アメリカ法』2004(2), 333-37.)
Snowiss, S. (1990). *Judicial Review and the Law of the Constitution*, Yale University Press.
Story, J. (1833). *Commentaries on the Constitution of United States*, 3 vols., Boston.
Van Alstyne, W. (1969). A Critical Guide to Marbury v. Madison, *Duke Law Journal*, 18, 1-47.
Warren, C. (1922). *The Supreme Court in United States History*, vol.1., Boston.
White, G. E. (1988). *The Marshall Court and Cultural Change, 1815-1835*, Macmillan.
―――. (1994). The Art of Revising History: Revisiting the Marshall Court, in *Intervention and Detachment*, Oxford University Press, pp.50-74.
―――. (2000). Recovering the World of Marshall Court, *John Marshall Law Review*, 33, 781-822.

―――. (2007). *History and the Constitution: Collected Essays*, Carolina Academic Press.

Whittington, K., & Amanda R. (2012). Making a Mountain Out of a Molehill? Marbury and the Construction of the Constitutional Canon, *Hastings Constitutional Law Quarterly, 39*(4), 823-60.

Wiecek, W. (1998). *The Lost World of Classical Legal Thought: Law and Ideology in America, 1886-1937*, Oxford University Press.

Wood, G. S. (1969). *Creation of the American Republic, 1776-1787*, University of North Carolina Press.

―――. (1999). The Origins of Judicial Review Revisited, or How the Marshall Court Made More out of Less, *Washington and Lee Law Review, 56*, 787-809.

会沢　恒 (2012).「州立法に対する連邦最高裁の司法審査」『アメリカ法判例百選』有斐閣, pp.6-7.

安部圭介 (2012).「契約条項による財産権の保護の修正」『アメリカ法判例百選』有斐閣, pp.26-27.

有賀　貞 (1988).『アメリカ革命』東京大学出版会

勝田卓也 (2012).「連邦の黙示的権能と州の課税権」『アメリカ法判例百選』有斐閣, pp.24-25.

―――. (2013).「マーベリ判決の神話」『法学新報』*119*(9・10), 149-99.

紙谷雅子 (2012).「違憲立法審査制の成立」『アメリカ法判例百選』有斐閣, pp.4-5.

金澤　孝 (2007).「人民立憲主義論（Popular Constitutionalism）と反多数派支配主義の難題（The Counter-Majoritarian Difficulty）への示唆」『早稲田法学会誌』*57*, 49-101.

澤登文治 (1999).「マーシャル・コートとトーニー・コート―契約条項解釈の変化と州権限」『南山法学』*23*(1・2), 89-109.

田中英夫 (1987).『デュー・プロセス』東京大学出版会

利谷信義ほか (1981).「裁判官の「専門合理性」と国民の司法参加―小田中・樋口氏の裁判官像論争にふれて」『法と民主主義』*157*, 7-23.

原口佳誠 (2008).「マーシャル・コートと共和主義―法の碩学としての裁判官モデルの提示」『早稲田法学会誌』*58*(2), 455-509.

―――. (2009).「社会科学としての法理論創造の意義と可能性―ローレンス・M. フリードマンの学説分析を通じて」曽根威彦・楜澤能生［編］『法実務，法理論，基礎法学の再定位―法学研究者養成への示唆』日本評論社, pp.95-115.

―――. (2012).「連邦の州際通商規制権」『アメリカ法判例百選』有斐閣, pp.28-29.

樋口陽一 (1979).『比較のなかの日本国憲法』岩波書店

藤原守胤 (1960).『アメリカの民主政治』慶応義塾大学法学研究会

横田喜三郎 (1968).『違憲審査』有斐閣

第6章
「統治」の法としての憲法と「法の支配」

ケント，ストーリーと初期アメリカ憲法学における
「法の支配」の思想的起源

大久保優也

1 はじめに

　アメリカ法形成期を代表する法学者，法曹である，ジェイムズ・ケント（James Kent, 1763-1847），ジョセフ・ストーリー（Joseph Story, 1779-1845）は，1820年代から1840年にかけて，集中的に数々の法学著作物を発表した。ケントは，ニュー・ヨーク州のChancellor（大法官）であり，一方，ストーリーは，連邦最高裁判事であり，ハーヴァード・ロー・スクール・デイン講座教授として，ハーヴァード・ロー・スクールの実質的開祖とされ，法曹のみならず，法学教育の点でもリードしていた。彼らの著作物は，アメリカ法を学問的に把握し，「法の科学（the science of law）」の対象として，アメリカ法を一つの法体系として提示しようと試みたもので，19世紀全般を通じて大きな影響を及ぼした。本章は，ケント，ストーリーの注釈や法理論，裁判例において見出される「法の支配」のあり方と，その背景にある政治思想的，経済思想的な認識枠組みを明らかにする。具体的には，18世紀末から19世紀前半にかけて，デモクラティックな「政治社会」への変動，資本主義的な「経済社会」への変容という，「社会」の変動に対して，彼らは「商業」や「文明社会」という社会についての認識枠組みを有しており，彼らの「法の支配」の思想も，それに立脚していたことを確認し，アメリカ合衆国憲法草創期における「法の支配」の内実と，その知的起源を探る[1]。

　1820年代から1840年代は，アメリカの政治，経済，社会において大きな変化が遂げられていた。土地所有を基礎にし「財産と教養」を有する土地所有

層，すなわち，ジェントリーを主な政治主体として想定し理想化した政治社会像が終焉し，ジャクソニアン・デモクラシーが全盛を迎えた時期であり，ケント，ストーリーはそれに対する対応を迫られた。そして，司法においては，ストーリーやケントと交流関係を保ち，政治思想的にも極めて近い立場にあったジョン・マーシャル（John Marshall, 1755–1835）連邦最高裁首席裁判官がリードするマーシャル・コート期が終焉した。そして，ジャクソン大統領によって指名を受け，ジャクソン政権の重要閣僚でありジャクソニアン・デモクラシーの担い手であった，ロジャー・ブルック・トーニー（Roger Brooke Taney, 1777–1864）連邦最高裁首席裁判官の主導するトーニー・コート期が始まり，連邦権限の拡大，経済的活動に関する連邦レベルでのコントロールを確保しようとしたマーシャル・コート期の判例は次々と覆される。こうしたジャクソニアン・デモクラシーのなかで，ストーリーや彼の盟友であるケントは，デモクラシーの弊害を抑制し安定した政治秩序をもたらし，他方で，ジャクソン政権期の急進的な経済政策に対して，安定した経済秩序をもたらすための法理論や判例法理を模索していた。政治部門や司法部門において，ジャクソン派が多数を占め始める1820年代から1840年代にかけて，彼らが，法学体系書の公刊に

---

1) ケント，ストーリーに関する本邦の先行研究は，アメリカ法形成期に果たした彼らの役割の大きさにもかかわらず，管見の限り，極めて少ない。ただ，田中英夫は，その大著，『アメリカ法の歴史 上』において，ケント，ストーリーをクローズアップした節を設け，アメリカ法形成期のケント，ストーリーの法実務家としてまたアカデミシャンとしての業績を詳細に紹介している［田中 1968: 291-97］。田中は，ケント，ストーリーの業績がアメリカ法のスタンダード・ワークを提供し，アメリカの法曹の共通の基盤となり，各州の法がばらばらになるのを防いだと指摘し，また，アメリカ法におけるコモン・ローおよびエクイティ継受を確定的なものにしたとする。そして，特に，ストーリーの業績を「法学上の一つの天才」と評価している。本章は，ケント，ストーリーのこうした業績や判例の紹介を超えて，いかなる思想的基盤を有し，そうした思想がいかなる社会的，経済的背景のなかで構築され，それがどのように法学に反映し，いかに「法の支配」の観念が構築されたのか明らかにする試みである。

　田中は，先に，「アメリカ法研究の進むべき道」として，「間に合わせ的に「役に立つ」研究でない研究」が多数あらわれて来なければならないとし，特に，アメリカ法の「歴史的背景に遡り」「そのよって立つ思想の特質を探求し」「その社会的，経済的地盤との関連を究明して，より根本的に把握することを目指す研究」の必要性を力説しているが［田中 1966: 311］，本章は，その成否はともかく，その問題意識においてはこれと軌を一にしている。

専心したのは偶然ではない。彼らが法学体系書において提示した注釈や理論は、単なる法の手引書としてだけでなく、政治部門や司法部門において台頭著しい、ジャクソニアン・デモクラシーに対抗するため、自らの法解釈、法理論を、法学体系書というテクストのかたちで普及させようという意図も含んでいた［大久保 2013a, 2013b, 2013c, 2014; Hulsebosch 2008: 277-95］。彼らの法解釈や法理論の前提となる、社会や歴史に関する認識枠組みとなったのが、デイヴィッド・ヒューム（David Hume, 1711-76）、アダム・スミス（Adam Smith, 1723-90）らに代表される、スコットランド啓蒙思想である。彼らのテクストの随所で、スコットランド啓蒙思想の流れにある思想家が引用され、法理論、法解釈とストレートに接続されていた。すなわち、「商業社会」としての「文明社会」を積極的に受容し、同時に、人々が有する「徳」に対する期待よりも「情念」によって政治が突き動かされる現実を捉え、「文明社会」において人々が洗練化されていくのに注目する「スコットランド啓蒙思想」や、エドモンド・バーク（Edmund Burke, 1729-97）のテクストなどをさまざまな議論の前提とし、認識枠組みとしていた。こういった政治思想や経済思想がコモン・ローや合衆国憲法の注釈書における説明の前提として引用された時代であった。したがって、同時代の法学研究および、そこで説明される「法の支配」の内実を解明するには、まず、その政治経済思想を踏まえることが不可欠となる。

　以下、第2節では、ケント、ストーリーらが提示した、初期のアメリカ憲法学における「法の支配」に関する思想的基礎を明らかにし、第3節では、そうした「法の支配」が、どのような憲法解釈論によって裏づけられたのか、第4節では、ケント、ストーリーが提示した「法の支配」が、彼らの関わった判例法理とどのように通底しているのか考察する。

2 思想的基礎

❖ 2-1　古典的共和主義からの離脱：商業社会・文明社会における「法の支配」

　ケント、ストーリーの「法の支配」を考える上で、重要なポイントとなるのが、土地と property を巡る思想である。土地、property に関する思想は、政治社会や統治に関する構想において、重要な意味をもつが、ケント、ストーリ

一においても，土地，property に関する思想が，彼らの「法の支配」の背景に存在した。

ジェイムズ・ケントの『アメリカ法釈義』(1826-30 年) は，ブラックストーンの『イングランド法釈義』(1765-69 年) を意識しながらも，アメリカ初のアメリカ法に関する包括的な法学の体系書である。同書は，同書の目的などを示した「序論」「国際法」「憲法（合衆国憲法）」「裁判所」「法源」「人の権利に関する法 (the rights of the person)」「property に関する法」というように，アメリカの制度を反映し，憲法や裁判所の項目が加わっていたが，ブラックストーンの『釈義』におけるような，「人の法」「物の法」という構成はそのまま維持されていた。ところが，「物の法」の項目において，ブラックストーンの『釈義』とは決定的に異なる部分があった。それは，動産などの personal property が，主に土地に関する real property の先に説明され，両者の位置が逆転し，personal property が real property も含む property 一般を代表する概念として説明され，property の流動化が称揚されている点である。まずケントは第 5 部「personal property に関する法 (Of the law concerning personal property)」の講義 34「歴史，進歩そして絶対的な財産権 (Of the History, Progress, and Absolute Rights of Property)」と題された部分で，property が「文明化された人々 (civilized people)」の国の法典において突出した地位を占めるとし，property の説明について，personal property から始める意味を説明する。ケントは，personal property が最初は最も未開の時代において出現し，商業や技術が際立って高まる時代に，土地の property を超えるまではいかないにしてもそれと同じくらいの重要性を帯び，人類の才能，情念，運命の上に影響力を増してくるとする [Kent 1826-30: vol.2, 255]。

そして，ケントは，personal property の章で社会の発展段階に即して，real property についても言及し，property の歴史を描く。スコットランド啓蒙思想家のひとりとされるケイムズ卿 (Henry Home, Lord Kames, 1696-1782) の『人類史素描』(1774 年) や『法史論集』(1758 年) における「未開社会」と「文明社会」の対比を引用しつつ，「property の感覚は人間の心のなかに存在しており，社会が野蛮な状態における弱い状態から洗練された諸国民間の活力や成熟さに満ちた状態へと移り変わり，property は政治社会の歴史の指導的な部分を形

成するようになる」とする［ibid.: 256］。そして，占有なき所有は未開社会における野蛮な生活にとっては抽象的でありすぎるため受け入れられず，未開社会ではpropertyの権利はほぼ完全に現実の所持に基づくことになる［ibid.］。しかし，社会が文明化に大きく向かうにつれて，占有とは異なるpropertyの権利や権原が認められるようになる。ケントは，ローマ法史などを踏まえながら，propertyが現実の占有から離れ抽象化してくる歴史を確認し，こうした所有権の保護は社会が粗野な状態から洗練へと向かうにつれてより強化されてくる様子を描く［ibid.: 258-63］。こうしてケントは，富や産業が拡大した文明社会では，real propertyが政治権力の源となった「封建社会（feudal society）」とは異なり，personal propertyが台頭してくると指摘する。そこでは，複雑なtenureが廃棄され，自由な商業，啓蒙的な原理の影響の下で，より単純で正確な原理によって規律され，propertyは抽象化される，とケントは述べる。このような文明社会の段階にある，アメリカでは，propertyの自由譲渡性の観念は，当初，personal propertyに始まり，次に，real propertyにおいて生じ始める。土地の自由譲渡が土地法の封建的な性格によって制限されていたイングランドと異なり，アメリカでは，こういった封建的性格は撤廃され，あらゆる個人は，propertyの自由な使用・収益・処分，譲渡が許されている［ibid.: 256］。この自由譲渡性は，一部に土地や富の集積をもたらし，不平等をもたらすため，propertyの獲得に制限を設け，富の平等を確保すべきとの主張に対して，ケントは，それは人間の性質に関する法則に反するもので不可能であるとする。さらに，富を平等にするような規制を実行に移した場合，「人間は無味乾燥な享楽の状態，愚かしい不活発さのなかに置かれ，人間の精神を堕落させ，社会生活の平穏を破壊する」とする［ibid.: 265-66］。

　また，ケントは，「共和主義」の系譜に連なる思想に基づく，土地所有の平等を求める考え方を批判する。土地所有を政治主体に必須のものと考え，市民の「徳」の基礎となると考える「共和主義」の論者の主張である，「商業」の台頭は，土地所有を不安定化させ，ひいては，市民から政治主体性を奪い，「徳」を喪失させるとの批判に対してケントは応答し，こうした農本主義的な「共和主義」とは明確に一線を画する。特に，農本主義的な土地所有のあり方を共和主義の核とし，17世紀以来，アメリカを含む環大西洋圏において，「共和主義」

の主な典拠とみなされていたジェイムス・ハリントン（James Harrington, 1611-77）の「農地法（Agrarian law）」の構想を批判の対象とする。

> ハリントンは，その著書『オシアナ』において，共和国（commonwealth）の基礎は農地法にあると宣言する。彼は疑いも無く，古代ローマにおける農地法に関する，共通の一般的な解釈に依拠している……モンテスキュー（Charles-Louis de Montesquieu, 1689-1755）は『法の精神』において，しばしば，平等と質朴さを確立する法の必要性を提案している。そのような提案は，ルソー（Jean-Jacques Rousseau, 1712-78），コンドルセ（Marie Jean Antoine Nicolas de Caritat, marquis de Condorcet, 1743-94），あるいはゴドウィン（William Godwin, 1756-1836）のいくつかの夢想（reveries）ほど大げさなものではないが，本質的に空想的（visionary）なものである。消費や獲得に対する制限をしようとする試みは我が国でもなされている。1778年にコネチカットの邦議会は労働の価格（the price of labor）や労働生産物や宿屋の料金まで制限して，いくつかの都市の自治体は市場の肉の価格を規制している。そのような法律は，たとえ効果があったとしても，人々の努力に対する刺激を破壊するものとなろう[ibid.: 266][2]。

ハリントンの農地法構想の内容は，土地所有を規制し，それを市民が平等に所有することにより，土地所有を基礎にした市民の自立性を維持し，「共和主義」的な「徳」が「腐敗」に堕するのを防ぐことを目指したものであった。こういった思想は，比較的，農本主義的傾向を有していたとされるトーマス・ジェファソン（Thomas Jefferson, 1743-1826）らリパブリカン派[3]に共有されていた。ジェファソンの次の言葉は，農本主義的な共和主義思想の一つの典型とされている[4]。

---

2) J. G. A. ポーコックの研究などを踏まえ，アメリカのproperty概念の通史を描くなかで，ケントが農本主義的な共和主義から離れ，propertyをpersonal propertyの概念に基づかせ，土地の商品化を志向した点を強調するのが，Alexander [1997] である。
3) リパブリカン派（Democratic-Republican Party）とは，18世紀末から19世紀初頭にかけて，ジェファソンらによって主導された政治勢力であり，連邦政府の強化を志向するフェデラリスト派（Federalist Party）に対抗した。リパブリカン派は，連邦政府への警戒，州の権限の尊重，農業の重視といった傾向があった。

> 道徳の腐敗は，農民のように自らの生存のために天に頼り，自分の土地や勤勉に頼ることをせず，自分の生存のために顧客の不慮の災害や気まぐれに依存している人々になされたしるしなのである。依存は追従や金銭絶対の考えを生み，徳の芽を摘み，野心的な陰謀に都合のよい道具をつくり出す。
>
> どの国家においても農民以外の市民層の合計と農民の合計との比率は，その国の不健全な部分と健全な部分との比率なのであり，また，その国の腐敗の程度を十分に測りうる絶好のバロメーターでもある。だから，耕作すべき土地を我々が有している限りは，我々市民が仕事に向ってあくせくしたり，糸巻竿をくるくるまわしたりするのを決してみたがらないようにしたいものである。
>
> 大都市の衆愚〔モブ〕が，純粋な政治体制の支えを強めることにならないのは，腫物が人体の健康を助けないのと，まったく同じようなものである［Jefferson 1794: 239-41］。

これに対して，ケントは，こうした「共和主義」と明らかに一線を画す。ケントにとっては，このような「徳」と「腐敗」の図式，「商業」を規制し，市民の「質朴さ」を確保し，「腐敗」を逃れることによって政治的主体性を確保するという共和主義のヴィジョンは，「文明社会」には妥当しないものとされるのである。

> 勤勉のもたらす豊富な見返り，多くの才能がもたらす成果，国境を越えて広がる商業，富の豊富さ，リベラルアーツの向上などは，もはや啓蒙的な市民的自由の完全で十全な享受と両立しえないものではない。〔経済的〕繁栄 (prosperity) と圧政の間の致命的な結びつき，富と国家的な腐敗の間の致命的な結びつきは，もはや存在しない［Kent 1826-30: vol.2, 267］。

---

4) ハリントンの「共和主義」のアメリカ革命への影響，また，アメリカ建国後のリパブリカン派などに対するその影響については，以下を参照［Pocock 1975: 529-47］。

> 自由とは，統治の構造，司法の運営，国民の知性に依拠するのであって，propertyの平等や生活の質朴さとはほとんど関係が無い［ibid.: 267-68］。

こうしてケントは，古典古代を理想とする「共和主義」のもつ「徳」の論理（有徳な市民の存在が共同体を保ち，政治的自由を確保させる）から明確に距離をとり，このpersonal propertyの章において，personal propertyの自由な流通を基礎にした「商業社会」「文明社会」に適した統治の必要性が示される。さらに，「迅速で，画一的に，公平に運用される正しい法によって，すべての人々のpropertyを保護するという義務が政府の側におけるもっとも大きな義務」であるとし，ヒュームの『政治論集』を引用し，次のように述べている。

> ヒューム氏は統治のあらゆる機構について，正義の分配（distribution of justice）以外の目的をもたないものとした。propertyに対する欲求は非常に強く，明瞭で，印象的なものであるので，獲得の情念（passions）は絶え間なく忙しく活発である。全ての人々は自らの境遇をよくしようと努力し，propertyを有する者とそうでない者，propertyを獲得する者と保持する者，債権者と債務者，貸金を取り立てる者と借金の支払いをしない者や延期する者との間で，絶え間ない闘いや，嫉妬から来る衝突が，民主的な政府では特に予測される。そして，貧しく財産が無い者たちが自然と掻き立てる同情心の影響があるなかでも，司法の公平な運営，立法者の義務は，ある程度，達成されなければならない。合衆国憲法の目的の一つとは，正義〔司法〕を確立することである。そしてそれは，権力の望ましい分立，各州の議会に課せられる抑制によってなされなければならない。これらの抑制は，その作動において，propertyの保護に本質的に寄与するものである［ibid.: 270-71］。

ここで，ケントは，合衆国憲法の目的，その政治経済思想的基礎，そして「法の支配」の観念を明確に示す。デモクラティックな社会では，人々の情念（passions）が政治に直接反映する。このような情念が最も噴出する問題はpropertyである。このpropertyを情念による侵害から保護し，情念を適切に

飼いならすことが司法の目的であり、また、憲法においてはそのような制度を確立することが目的とされる。こうして、商業社会における property のあり方に基づき、古典的共和主義からの離脱と、文明社会における憲法と「法の支配」が正当化される。

❖ 2-2　商業の重視と「古来の国制論」との距離：「商業」と商事法

　また、ケントは、「商業社会」としての「文明社会」像と符合するように、『アメリカ法釈義』において、商事法の重要性を論じる。ケントは、ブラックストーンの『釈義』では独立した項目として位置づけられていなかった商事法について、personal property の章で、流通証券 (Negotiable Paper)、パートナーシップ、保険など商事法の項目を大幅に設けたが、彼は、流通証券の項目 (Lecture44: Of Negotiable Paper) の冒頭において、特に為替手形について、現金の目的を果たすもので、商業を容易にし、property の束の代替物となるもので、国内の取引を増加させるだけではなく、循環しながら資本蓄積を可能にし、商業に欠くことができない分野であるとする。そして、イングランドにおいて商事法に関する数々の改革を行い、手形の引受の概念を拡張させ、流通証券の信用を強化し、安定的な流通を図ろうとした、マンスフィールド卿 (William Murray, 1st Earl of Mansfield, 1705–93) のイノベーションを評価している [Kent 1826–30: vol.3, 43–44, 55]。

　ストーリーもまた、かかる「商業社会」における法の観念を有している。ストーリーは、コモン・ローの歴史的展開を概観した講演録において、マンスフィールドが商業社会、文明社会という社会の変化、とりわけ経済社会の変化に対応すべく、原理に基づく法の体系化を導き、変化に適応可能な「法の科学 (the science of law)」を構築したことを高く評価していた [Story 1852: 206–207]。そして、コモン・ローが封建的なテニュアの法理を扱ってきたものであったため、コモン・ロイヤーは商事法の諸原理に対して全く無知であったが、マンスフィールドは例外的であり、ストーリーは、「彼こそがイングランドの商事法を創造したと言い得る」と評価する一方で、マンスフィールド以後の裁判官たちが、商事法分野でのさまざまな革新を覆した点について、コモン・ローの微妙さ、技術的な洗練に囚われ、また、コモン・ローのなかでの習慣や教育によ

って,より一般的な原理の探求ができなかったと指摘する [*ibid.*: 276]。法は時代に対応する必要があり,そのためには外国法研究,特にローマ法研究が重要であるとする [*ibid.*: 279-80]。そして,アメリカの法律家が模範とすべき法律家として,合理的で啓蒙的な原理に依拠したマンスフィールドを挙げる [*ibid.*: 285]。

　こうした,ケントやストーリーのマンスフィールド受容,コモン・ロー史に関する「進歩」の像は,一つの重要な意味をもつ。それは,ストーリーにおいて,いわゆる「古来の国制」論からの離脱の契機をみることができるという点である。当時,アメリカにおいても受容されていた,アングロ・サクソンの「古来の国制」の存在を理想化する「古来の国制」論5)とは,ポーコックの説明によれば,イングランドの「島国的確信」に基づきながら,「越記憶的な慣行(immemorial usage)」の優越性を主張する言説であり,ポーコックはこれを「コモン・ローマインド (common law mind)」として説明している。アメリカにおいてもこの言説の系譜を確認することが可能で,特に,トーマス・ジェファソンは,イングランドのホイッグは古来の権利,サクソン人の自由の回復を求めて戦い,これに対して,ノルマンに依拠したのがトーリーであるとし,イギリスの腐敗の原因は,トーリー主義の蔓延にあるとし,ヒュームの『イングランド史』がそうしたトーリー主義を蔓延させるものであるとしていた [Jefferson 1999: 282-84] 6)。ジェファソンは,アメリカ人の権利に関しては,サクソン人の自由だけではなく,独立革命後は「人間の権利」「自然権」に依拠するところも多く,必ずしもアメリカにおいて「古来の国制」論をそのまま受け継いだ訳ではなかったが,イングランドについての歴史観としては,この「古来の国制」論に依拠する言説がみられる。ジェファソンは,早くから,同時代におけるトーリー主義の思想的首魁をヒュームとし,法曹としてはマンスフィールドを挙げ,その影響を危険視していた7)。ジェファソンのヒューム批判の中心は,ヒュームが著した『イングランド史』が,サクソン人の自由,「古来の

---

5) イングランドの「古来の国制論」の政治言説の系譜を辿ったものとして以下を参照 [Pocock 1987]。
6) ジェファソンによる,ヒューム,マンスフィールド,ブラックストーン批判の内容については,以下を参照 [Waterman 1969]。

国制」論を掘り崩す,誤った「歴史観」に基づくものであるということだった。ヒュームの『イングランド史』においては,イングランドにおけるサクソン人の法がいかに不完全であったか,イングランドとくらべ大陸のローマ法がいかに整備されたもので,ローマ法の再発見がヨーロッパ世界における文明の進歩を促したことが強調されていた。そして,イングランドの自由の歴史については,絶対王政期以前の,貴族が実力支配する社会から,チューダー王政期に政治的支配・法規範が一元的に貫徹された「文明化された君主制」が確立され,さらにそれを基盤にしたうえで,名誉革命期に政治権力そのものが制度化され制限されたと描かれていた。この背景には,技芸と商業の進展による「文明化」の認識が基礎に置かれ,これは,「古来の国制」論とは真っ向から対立する歴史像であった[8]。そして,一度絶対君主制を経たことにより,法が規則的(regular)なものとなり,「サクソン人の自由」には存在していなかった安定性・画一性がもたらされたとし,ヒュームはブリテンの国制の現状について,統治の規則性と政治社会の安定性を重視し,国制論的な自由に対して君主制的な権力下での「法学的自由」を評価したとされている[森 2010: 第2部6章;池田他 2004: 311-14]。このように,ヒュームの『イングランド史』の「主題」とは,「名誉革命が確立した自由の核心は,「古来の国制」論が描くような,歴史を貫いて成長してきた自由の理念一般ではなく」「regular government が担い,これによって近代的な自由と,「法の支配」が確立したことを論証することにあった」[森 2010: 267]とした場合,ケントやストーリーの法史像もこれと軌を一にするのである。

---

7) 特にブラックストーンに対するマンスフィールドの影響を通じて,マンスフィールドの「悪影響」がアメリカの法曹養成に及ぶことを危険視したものとして,[Jefferson 1995: 1965]。また,1788年からジェファソンがマンスフィールドの影響を危険視していた点については以下を参照[Waterman 1969: 466-70]。
8) ヒュームの『イングランド史』の概説,説明としては,以下を参照した[池田他 2004: 304-14]。ヒュームが『イングランド史』において目的としたことは,「古来の国制」論を打破することにあったとする分析については以下を参照[Forbes 1975: ch.8]。

3 「法の支配」と憲法解釈:
   ストーリーの『合衆国憲法釈義』における「法の支配」

　この節では,「法の支配」の観念が, 初期のアメリカ憲法学において, 合衆国憲法の憲法解釈論として具体的にどのように反映されているのかを考察する。これまで考察した「法の支配」の観念と合衆国憲法解釈の結びつきは, ストーリーの手による, 最初期の包括的な合衆国憲法解釈論を示した著作において示されている。

　ストーリーの合衆国憲法に対する注釈書として名高く, 19世紀全般を通じて, その影響力の点では,『ザ・フェデラリスト』[Hamilton et al. 1961]と並んで他に比類のないのが『アメリカ合衆国憲法釈義』[Story 1833]である。同書は, 1833年の出版から1860年までの間に記録されているだけで, 連邦最高裁の意見において14回引用され, 連邦裁判所全体では42回引用され, 原告側, 被告側の主張においてはその数をはるかに超える回数で引用されていた[Bauer 1965: 350-53]。同書は, ケントの『アメリカ法釈義』[Kent 1826-30]と並び, 司法実務においても法曹養成のテクストとしても, 1891年まで版を変えて出版され続けるなど, 19世紀を通じて極めて大きな影響力を有していた。彼の憲法理論は, 憲法の性質, 憲法解釈権, 憲法解釈の方法に関して論じられる第3巻（Book III）第3章, 4章, 5章において端的に示されている。

❖ 3-1　合衆国憲法と社会契約理論:憲法の性質は何か

　第3巻の第3章の「憲法の性質—それは契約なのかどうか（Nature of the constitution）」では, 合衆国憲法の性質が何であるか, それが社会契約であるのか, その内容はいかなるものであるのかが論じられている。

　まず, ストーリーは, 合衆国憲法の性質を, 原始契約, 成文契約, 連邦契約, そして, 社会契約であるとするリパブリカン派の法学者, ジョージ・タッカーの合衆国憲法論を検討する。ストーリーは, ヒュームの社会契約論批判を参照しながら, 社会契約理論そのものに批判を加えつつ, このような合衆国憲法論は, 制憲者の意図するものではないとし, 合衆国憲法を社会契約とする見解に対して批判を加える。

第6章 「統治」の法としての憲法と「法の支配」　*169*

　ストーリーは，社会契約を現実に適用するには，多くの限定を付する必要があるとする。例えば，州憲法の制定でさえも，その領域内のすべての人民の同意によってなされたわけではなく，その同意すら，選挙権というかたちで制限されたものであった。また，社会契約の原理では，マジョリティがマイノリティを統治する権利を有し，前者の意思へ後者を服属させるおそれが生じる [Story 1833: vol.1, §327]。

　さらに，ヒュームの社会契約論批判を引用しつつ，人民全体が社会契約を行ったという事実は存在しておらず，暗黙であれ，明白であれ，同意なしに政府が形成されたのが事実である。また，社会契約理論の下では，いったん設立された政府は，投票権者のシンプルな多数意思に権威と存在を負うことになり，この多数派が少数者の権利を侵害することがしばしば存在すると指摘する。そして，ストーリーによれば，社会契約を通常の契約などのアナロジーであると考え，その理論に基づき，憲法と個人間の契約，国家間の条約を結びつけるのは誤りで，仮に合衆国憲法が契約であるとすれば，契約当事者の意図，目的に従ってそれらを解釈することが必要になるが，それらが形成された明白な目的を覆さないように，あるいは，それらを作った人々の明白な意図から外れないように解釈されなければならない [*ibid.*: §331]。

　政府の設立が個々の市民や共同体全体の原始契約 (original compact)，契約 (contract) と認めながら，それが成立した後も，その文書に対して (変更の) 資格や，権利を有する当事者が存在するかのように，契約が継続するものとして解釈されることはできるのか，仮に社会契約の主体が人民であるとしても，人民は憲法制定後に自由に政府を解体することができると，憲法制定時の人民が考えていたのか疑問である，と指摘して，憲法制定後にそれを社会契約と読み込むことは不可能であると論じる [*ibid.*: §331-32]。政府によって人民に対する抑圧や侵害行為がなされた場合，合衆国憲法においては，武力によるのではなく，苦痛の是正，憲法上の義務の履行を求める訴訟によって救済されることが想定されており，権利侵害に対する憲法の保護は，社会契約の観念に基づく，国家 (body politic) への反抗ではなく，訴訟によることが強調される [*ibid.*: §334]。

　では，ストーリーは，憲法をどのような性質のものとするのか。ストーリーは，ウィリアム・ブラックストーン (William Blackstone, 1723-80) を引用しつつ，

憲法を「根本法 (fundamental law)」と位置づけ，統治の基礎となるものであるとし，州憲法，合衆国憲法ともに，以下のような法の定義の枠内に収まるものであるとする。

> それ〔憲法〕は，国家の最高権力によって規定された行為の準則であり，共同体全体の権利や義務を規制するものである。それは，一時的あるいは突発的な命令と対比される「ルール」であり，恒久的，画一的，普遍的なものである。それはまた，契約（compact）あるいは協約（agreement）と区別される，ルールと呼ばれるものである。というのは，契約とは我々より生じ進行していく約束であるのに対し，法は我々に対して向けられる命令だからである。契約という用語は，自らの意思によって行うか，行わないのかであるのに対して，法という用語は，それを行う義務があるのかどうかに関わる。すなわち，「契約においては，我々は，ある行動をすることを強いられる前に，自らなすべきことを決定し，約束する。法においては，決定や約束がまったくなくとも，我々は行動するように強いられる」。すなわち，それは，規定され，公布され，制定されたものである。それは，国家の最高権力，すなわち，とりわけ，人民によって，あるいは，独自の主権的権力における人民の多数派によって規定されている。通常の国内法（municipal law）と同様に，それは，我々あるいは我々の代表者の同意に基づいているかもしれないが，契約ではなく，法として，究極的な強制力を導いているのである [*ibid.*: §339]。

また，ストーリーは，1688年の名誉革命が社会契約のモデルであり，それをモデルに合衆国憲法制定を社会契約とする考えを批判する。名誉革命においては，社会の解体など主張されておらず，それは，国王ジェームズ2世に対する忠誠を放棄したにすぎないものであるとする [*ibid.*: §346]。そして，「憲法とは，それが憲法となった瞬間から，契約では無くなり」，最高権力によって変更されるまで，「絶対的で，恒久的な義務を課す性質を帯びた根本法となる」とする [*ibid.*: §348]。

ストーリーは，憲法の文言に照らして，合衆国憲法を社会契約と捉えて，契

約主体を州とすることはできないとしながら、憲法を州による社会契約とした場合の具体的な弊害として、憲法で定められた権限や目的を損ない、破壊するおそれがあること、個々の州が契約主体となることによって、単一の州が思うままに合衆国憲法を覆すおそれがあることを指摘する。この結果、合衆国憲法を解釈する際に、統一的な解釈を提示し、合衆国憲法を維持していく共通の判断権者（umpire）、共通の仲裁者（arbiter）が存在しなくなり、連邦体制そのものが危機に瀕すると指摘する [ibid.: §370]。

ストーリーは、この第3章を終えるにあたって、憲法に規定された権限や義務を解釈する際には、理論（theory）に基づく「人工的な理由づけ（artificial reasoning）」ではなく、憲法それ自体の文言に深い注意を払い、調査することが必要で、「統治の構成（a constitution of government）」として、合衆国憲法を扱わねばならないとし、憲法を契約（compact）として用いることは、誤った解釈を導くものとする [ibid.: §372]。

❖ 3-2 憲法的紛争における最終的な判断権者、解釈権者は誰か

この第3巻第4章「憲法的紛争における最終判断者、解釈者は誰か（Who is the final Judge or Interpreter in Constitutional Controversies）」では、憲法問題に関して、合衆国憲法の最終解釈権がどこにあるのか論じられる。まず、ストーリーは、この問題を考える上で、合衆国憲法の条文上、司法に憲法解釈権が存在することは当然であるとして、問題は、その解釈が、政府の他の部門や諸州を拘束するかどうかであるとする。ストーリーは、司法部が有する性質から、「法」たる憲法を解釈する権限を、裁判所に帰属させるのが適しているとのロジックを展開する。

> 我々の統治（government）は、人の統治ではなく、法の統治であって、コモン・ローにおいてよく知られた経路による、最高位の裁判所の判断は、法の解釈を確立するものと考えられており、その裁判所の前に紛争が持ち込まれる。裁判例は、単独で考慮され、解決されるものではなく、その判断の原理は、先例や権威として維持され、同じ性質をもった将来の事件を拘束する [ibid.: §377]。

ストーリーは，この箇所で，アメリカの司法の実践には，コモン・ローが存在しており，それ抜きに司法の営みは考えられないと述べ，コモン・ローにおける原理や先例の尊重が司法を恣意的な判断に陥らせることを防いでいると述べる。そして，そういった司法の運営，法の解釈，憲法判断の際のルールに関しては，人民，すなわち政治的な力によって主導されたり，コモン・ローとは異なる原理が導入されるのは想定し難いと主張するのである。こうして，アメリカ全体におけるコモン・ロー継受を前提に，コモン・ローと法的な営為そのものを結びつけ，政治理論から憲法解釈を隔離し，憲法解釈をその範囲内に置こうとする。

続けて，連邦最高裁の憲法解釈が，「政府の他の部門との関係で強制力を有し，最終的である」ことは，連邦政府の他の部門との関係に限られるのか，それとも州に対しても拘束力を有するのか，という問いに答えようとする [*ibid.*: §381]。ストーリーは，もし，連邦最高裁の判断が，連邦政府の他の部門を拘束することに限られるとすると，州間で合衆国憲法の解釈が分かれた場合，それを統一するアンパイアの存在を欠くことになるという弊害を指摘する。さらに，合衆国人民が憲法制定に同意したという論拠から，人民全体の一部である，個々の州を拘束していくものであって，その拘束力が個々の州の意見に依拠するものではないとの結論を導き，合衆国憲法の最高法としての性質からも，憲法は，人民のみならず，州をも拘束するものであるとする [*ibid.*: §382-83]。また，合衆国憲法が，最高法，根本法であるという性質を有することから，解釈の画一性，安定性が求められ，この画一性を達成するためにも，連邦の諸部門のみならず，州をも拘束すべきとの結論が導き出されるものとする [*ibid.*: §384]。

さらに，ストーリーは，以上のような司法の在り方は，州レベルにおいても存在し，州の司法部が州憲法に関する最終解釈権を有しており，州の人民は，州における権利や自由の確保について，司法への訴えに依拠している現状があるとする。そして，これは，コモン・ローの全体的な構造と完全に一致しているものとする。この状況の下では，同じルールが合衆国憲法に適用されることが意図されていたと想定するのは自然なことで，合衆国の司法部門は実際に同種の権限を有しており，また，同じような目的を有し，同じような普遍的で，決定的な効果をもつと考えるのは自然なことではないのかと主張する [*ibid.*: §386]。

第6章 「統治」の法としての憲法と「法の支配」　*173*

　こうして，憲法の文言や，アメリカにおいて知られている（コモン・ローの）法理から推論し，適切な結論として，憲法に関する司法的な性質を有するすべての問題については，連邦最高裁が最終的な解釈者であり，この推論は，過去の歴史，現在の実務のあり方からも根拠づけられ，また，この見解は，制憲者の意図にも合致しているとする［*ibid.*: §387］。

❖ 3-3　合衆国憲法の解釈のルールとは？

　この第3巻第5章「解釈のルール（Rules of interpretation）」において，具体的な憲法解釈の方法が論じられる。ここでは，これまでの憲法論が具体的にいかなる憲法解釈を導くことになるのか展開されている。

　ストーリーは現状の問題点として，憲法解釈が画一的なルールを欠き，その結果，「その時代の情念（passions），偏見（prejudice），あるいは，特定の憎しみ（odium），好み（favor）が頻繁に議論の様式を提供し，憲法を無力にし，その生命を奪っている」とする［*ibid.*: §398］。この情念（passions）という言葉は，18世紀から19世紀までのヨーロッパおよびアメリカの政治思想において，重要な意味を有している。

　例えば，合衆国憲法起草者の一人であるジェイムズ・マディスン（James Madison, 1751-1836）は，合衆国憲法制定の意義を説いたパンフレットである『ザ・フェデラリスト』［Hamilton et al. 1961］の主要執筆者でもあったが，特に，その第10篇や第51篇において明らかにしたように［*ibid.*: No.10, 51］，政府が人民に依存することになる政体においては，野心，利害心といった「情念」によって支配され，共和国が破壊される危険性を指摘していた。こういった危険に対して，政府のさまざまな諸部門を均衡させるだけでなく，連邦制によって抑制と均衡を保ち，利害や野心といった「情念」を穏当なかたちで相互に均衡させることにより，共和国の維持を図ることを目指していた。こういったシステムにうってつけであったのがアメリカ合衆国の連邦制である。そして，共和政体が野心，利害といった情念によって滅亡するという，共和主義思想に絶えずつきまとっていた危機感および，共和国の崩壊を回避できる可能性がアメリカ合衆国には存在するとマディスンが思い至るヒントとなったのが，ヒュームの「完全な共和国について」であった［Hume 1742］。政治を「理性」では

なく「情念」の支配する領域と捉え，それをどのように制御するかという課題は，ハーシュマンが明らかにしたように，ヒュームら，スコットランド啓蒙からモンテスキューへと遡る，社会契約論の系譜とは別の重要な政治思想の流れであった［Hirschman 2013］。マディスンの統治の思想に関しては，『ザ・フェデラリスト』第10篇の解釈をめぐり，古典古代を範とする共和主義の発露として，さらに，スコットランド啓蒙思想の反映としてなど，さまざまな角度から研究されている[9]。そして，マディスンがその憲法構想において大きなヒントを得たヒュームにおいても，共和主義的な側面と，スコットランド啓蒙思想家としての側面が入り組んでいるとする研究もある[10]。共和主義においても，政体によって腐敗を防ごうとする「法の支配」の側面と，財産と教養を有する市民の「徳」を重視し，かかる市民の支配を強調する側面などがあり［坂本 2011: 259］，それぞれが複雑に入り組んでいるが，ヒュームについては，近代社会，近代的な市場経済社会において，古典的共和主義にみられるような，農本主義に基づく「有徳」な市民の支配によって統治や政治的安定性が得られることには悲観的であったという分析が説得的であり［坂本 2011: 299, 302-304, 307-308］，この思想の流れのなかにあるとされている『ザ・フェデラリスト』［Hamilton et al. 1961］においても，利益や情念をコントロールするスコットランド啓蒙思想，または，政体論としての共和主義に軸足が置かれていたと考えられる。

　ストーリーもこのような多面性を有しているが，ヒュームへの多大な依拠にみられるように，憲法論としては，政体論を重視するタイプの共和主義や，利益や情念のコントロールに軸足を置いていた。とりわけ，社会の変動に伴い，デモクラティックな政治社会を迎え，「情念」「党派」の政治に直面したアメリ

---

9)　『ザ・フェデラリスト』を含む，アメリカ建国から憲法制定までの思想的影響について，自由主義，共和主義，スコットランド啓蒙それぞれを強調する研究を紹介するものとして，以下を参照［Gibson 2006］。
10)　ヒュームを，政体による自由の保障，「法の支配」を重視する共和主義の系譜にある者と捉えるのが，犬塚［2004］である。また，ヒュームの共和主義の側面を重視しながらも，アダム・スミスらスコットランド啓蒙思想家らとともに，近代的な市場経済社会，民主主義社会に直面し，その課題に答えようとした，「文明社会」の思想家として捉えるのが，坂本［1995, 2011］である。

カにおける，有効な統治のメカニズムとして，スコットランド啓蒙思想に負うところが大きかった。マディソンは，ヒュームから学び取った，「情念」の抑制均衡を可能にする政治制度の構築を目指したが，ストーリーは，憲法を「根本法」，すなわち「法」とし，そのテクストを確固たるものとし，画一的で規則性をもった解釈を通じて，政治的な「情念」に基づく紛争を法的な紛争に変えるように穏和化しようとしたといえる。

　ストーリーは，以上のような政治経済思想を背景にしながら，具体的な憲法解釈のルールを提示する。まず，文書の解釈における第一の，そして，基本的なルールとは，文言の意味，当事者の意図に従って解釈することであるとする。ここで，ストーリーは，「法の意図は文言，主題，趣旨，意義，理性，法の精神（spirits）から集められる」「文言は一般的に，通常の最もよく知られた意味において，文法の適正さの観点からというよりも，一般的でポピュラーな用法の観点から理解されなければならない」という，ブラックストーンの『イングランド法釈義』を引用し，それに賛意を示しながら，文言を文字通り解釈するのが，明らかに愚かで，それを採用すべきではない場合には，特定の解釈の効果，結果が調査されねばならず，その法の理由，精神，その法の制定を導くことになった原因が，その文言の最もよい構成要素であり，その適用を限定することになるとして，文言解釈を補足する方法を提示する [Story 1833: vol.1, §400]。

　また，ブラックストーンに依拠しつつ，憲法解釈を，コモン・ローの制定法解釈の方法に依拠させる一方で，合衆国憲法創出の起源からも，テクストをベースにした憲法解釈を正当化する。合衆国憲法を採択した人民は，いまあるテクストのかたちで憲法を採択したのであって，テクスト以外の理論は採択されていないというロジックである。このロジックは，とりわけ，ストーリーが対抗しようとした，リパブリカン派のトーマス・ジェファソンの憲法解釈方法論に対して発揮される。

　ジェファソンの憲法解釈方法論は，憲法の主な目的に着目するものである。ジェファソンによれば，その目的とは，州内の市民に関する事柄に関しては州の権限に委ね，外国や他州が関係してくることに関しては，合衆国に権限を委ねていることであるという。だが，ストーリーは，これは憲法の文言自体に反するものとして否定する。また，ジェファソンは，憲法解釈の問題は，憲法採

択時に遡り，その議論において表明されていた精神を集めることであって，テクストから絞り出された意味を集めようとすることではないとし，憲法が採択された際にそうであったであろうと考えられる意味に従うべきとする。これに対しても，採択時に憲法の条文がいかに考えられていたのか，どのようにして知ることができるのかと，ストーリーは，疑問を示す。さらに，ジェファソンのいう，憲法採択時の「おそらくの意味（the probable meaning）」について，一致をみない場合，その際の従うべき基準とは何になるのか不明であるとし，もし，テクストの文言の公平な意味に基づき憲法解釈ができないならば，「統治の憲法」において，人民に対する，いかなるセキュリティもなくなり，恣意的な解釈がまかり通ってしまうと批判する［ibid.: §407, n(1)］。

　その上で，憲法というテクストの性質から導き出すことができる最初のルールとして提起されるのが，「合衆国憲法は，合衆国人民によって彼らの思うままに，主権的意思に従って作られたものであり，〔それは〕統治の枠組み（frame），根本法（fundamental law）として，解釈されるべき」ということである。そして，この点で，合衆国憲法は，州憲法と何ら異なることはないとし，州間の契約，条約として解釈されるのではなく，あくまで「根本法」「法」として解釈されるべきものとする［ibid.: §409］。そして，ストーリーは，合衆国憲法が統治の枠組み（frame），根本法（fundamental law）であることから，権限が付与された対象，目的を視野に入れながら，その文言，権限の合理的解釈を行い，憲法の明白な目的や意図に最も一致するように，厳格解釈，あるいは拡張解釈がなされるべきとする［ibid.: §419］。ここで彼は，厳格解釈が奨励されることになる，目的が限定された grant や charter とは異なり，憲法は根本法たる性質を有し，人民とその繁栄，恒久的な連邦，正義の確立，一般福祉，自由の繁栄の永続化などを目的としており，その目的を損なう解釈は許されず，権限についての解釈はこの目的に沿うことが奨励され，憲法の規定を狭く解釈することは，憲法の精神を損なってしまうと警告する。特に，憲法の規定を，細かな権限の明確化や，権限が実行される手段を宣言するものとすることは，憲法が制定された際の人民の目的に合致せず，憲法システムそのものに危機をもたらすとし，合衆国憲法においても，これが念頭に置かれていたために，権限は一般的な文言で表現され，立法府は，その目的を実現すべく，目的の実行のための手段を採

第 6 章　「統治」の法としての憲法と「法の支配」　*177*

用することができるとする［*ibid.*: §420-22］。

　そのため，政府の権限には，必然的に裁量的なものが伴うことになり，また，緊急なものを予測することは不可能であって，権限内で認められた目的を実現する手段は，永続的に修正していくことを要し，変化することになる。すなわち，決して静止することのない，慣習，マナー，社会の制度に合わせていかなければならないとする［*ibid.*: §425］。こうした時代の変化に対する適応の必要性の主張は，「適応の科学」という，ストーリーが，コモン・ローにおける法学および法解釈の任務として力説していた観念の反映であり［Story 1852: 508-510］，また，ストーリーの憲法論の核の一つであって，統治というものは実践的なものであり，したがって憲法も実践的なものであり，憲法の文言の範囲内で，人々の必要，時代の変化に対応する必要性を強調していた。ストーリーは，バークを引用し，「統治とは，ある意味において，適応の (adaptive) 科学である。それは，その要素において移ろいやすく，状況に依存し，厳格な数学的な論証は不可能である」［*ibid.*: 616-17］とし，『合衆国憲法釈義』でも，繰り返し，憲法とは，形而上学的な曖昧なものではなく，「統治とは，人類の幸福のための実践的なもので，空想的な政治家の計画を満たすための画一的な見世物 (spectacle) ではな」く，統治の法である憲法は，あくまで，実践的な性質をもった文書であることを強調していた［Story 1833: vol.1, §451, vol.3, §1129］。このような，現実の必要性に対処しなければならない，「適応の科学」としての統治のあり方からも，社会契約理論に依拠した厳格解釈は否定されることになるのである。

　もっとも，ストーリーは，厳格解釈を否定するからといって，政府の権限行使を無制約に認めるわけではなく，憲法で定められた枠を重視する。連邦政府は憲法に限定的に列挙された権限しかもたず，その権限について規定された真の意味から離れてしまうと，その限りで新しい憲法の創設となってしまい，それはたとえ不便であるとしても許されないとする［*ibid.*: vol.1, §426］。そして，人間が相互に異なり，同じ人間であっても時期によって異なるように，「一時的な幻想，偏見，興奮，異論が政策問題について，抗えないような影響を及ぼし」，政策が変動していく政治のありさまをみつめる[11]。ストーリーによれば，憲法解釈はこういった変動をこうむってはならないのであって，固定さ

た，恒久的な解釈をもたねばならないとされる。ストーリーは，人間の弱さを認め，憲法解釈が，特定の時代の情念や党派に依拠しないようにし，昨日，今日，そして未来へと続くものにしなければならないとする［ibid.］。ここでも，前述のように，「情念」「党派」という，政治思想上のキー概念が顔を出し，裁判官による，憲法のテクストをベースとした憲法解釈は，こういった「情念」「党派」による政治から憲法を保守する役割が与えられることになる。

こうして，ストーリーは，テクストをベースとした憲法解釈によって，経済発展など，変化の激しい社会に対して統治を適応させていくという統治のあり方である「統治の科学」「適応の科学」と，画一性を有する解釈のルールを通じて，政治部門につきまとう「情念」が統治の根本を揺るがすのを防ぎ，それをコントロールすることの二つの追求と両立，すなわち，変化と安定の両立を模索し，それをもって，法による統治の任務とするのである。

4 判例：「商業社会」の法

これまで，ケント，ストーリーにおける「商業社会」「文明社会」の認識枠組みと，それを背景にした「法の支配」の観念が，いかに彼らの法解釈や法理論に影響を与えていたのかを検討してきた。以下では，そうした観念が，どのように判例に反映されているのか，19世紀前半の二つの重要判決を通じて検討する。

❖ 4-1　チャールズリバー・ブリッジ会社対ウォーレン・ブリッジ会社事件
　　　　（Proprietors of Charles River Bridge v. Proprietors of Warren Bridge (1837)）

1）事案の概要

1785年，マサチューセッツ邦議会は，法律によってチャールズリバー・ブ

11）また，ストーリーは，近代社会では，軍隊，人民主権と共に，出版によって形成される公論（public opinion）の制御が重要な課題となると指摘している［Story 1833: vol.3, §1884］。そして，憲法解釈の問題について，連邦最高裁の判断より，公論，popular argumens を優先させ，それによって憲法問題が決定されるべきであるとするジャクソニアンの主張に対して批判を行っている［ibid.: 166-168］。

リッジ会社（The Proprietors of Charles River Bridge）（原告）という法人の設立を行い，1640年以来，ハーヴァード大学が渡し舟を運航し，収益を上げる権利を有しているものと認められていたボストン・チャールズタウン間に，橋をかけることを同法人に認めた。この法律では，同法人が橋の開通から40年間通行料を徴収することを認められ，他方で，ハーヴァード大学がこれまで渡し舟から得られていた収益を保証する意味で，橋の完成後，通行料を徴収され始めた後に40年間毎年200ポンドを同大学に支払うものとされた。そして，1792年に，マサチューセッツ州議会は，ボストン・ケンブリッジ間でウェストボストン・ブリッジ（West Boston Bridge）を建設するための別の法人を設立し，この法人が通行料を徴収することを許可する法律を制定した。これに対して，州議会は，ウェストボストン・ブリッジの建設により，チャールズリバー・ブリッジの収入が減ることを認め，その代わりに，チャールズリバー・ブリッジ会社には，チャールズリバー・ブリッジの通行料の徴収期間を30年間延長し，同橋が開通後70年間通行料の徴収を延長できるようにした。

ところが，1828年に，マサチューセッツ州議会は，チャールズリバー・ブリッジと80メートルしか離れていない，ボストン・チャールズタウン間に橋をかけるため，州法によって，ウォーレン・ブリッジ会社（The Proprietors of Warren Bridge）（被告）という別の法人の設立を認め，同橋も通行料を徴収できるが，その期間は6年とされ，期間満了後は，同橋は州のものになるとされた。これに対して，ウォーレン・ブリッジの完成により大打撃を受けることになるチャールズリバー・ブリッジ会社は，ハーヴァード大学から承継した，ボストン・チャールズタウン間の渡し舟を運航する権利を排他的権利として有しており，コモン・ローの法理では，ある者が，渡し舟，市（fair or market）について排他的権利を有する場合に，その近隣にもう一つのものを作ることはニューサンス（nuisance）になるとし，被告法人の設立を認めた州制定法は，正当な補償なく財産権を奪い，また，原告法人と州の間にあった契約上の債権債務関係を侵害するものとして，合衆国憲法第1編10節1項の契約条項（contract clause）に反するという主張の下，同橋の建設を禁じる仮処分的差止命令の申立てをマサチューセッツ州最高裁に行った。

これに対して，マサチューセッツ州最高裁は仮処分的差止命令の申立てを却

下し，そこで，原告は，同橋の完成後に，被告が原告の橋の利用者を奪って得た通行料相当額の賠償などの請求を州最高裁に対して行ったが，これを棄却したため，連邦最高裁判所に上訴した。

2) トーニー首席裁判官の多数意見とストーリー裁判官反対意見

連邦最高裁の多数意見は，5対2で上訴を棄却した。同判決の争点は以下の内容である。ハーヴァード大学が有していた渡し舟の運航権が排他的な権利であり，それが原告に承継されたのか，1792年法において，別の橋の建設を認めないという内容の，州議会と原告法人との間に黙示の合意がなされているか，1828年法は上記の契約上の債権債務関係を侵害し，合衆国憲法の契約条項に違反するか，である。

連邦最高裁首席裁判官のトーニー執筆による多数意見の要点は以下の通りである[12]。

①原告の訴えが上訴理由となるためには，1828年州法が既得権を侵害するのでは不十分で，当該州法が契約上の債権債務関係を侵害するものでなければ連邦憲法違反にはならない。②ハーヴァード大学が有していた渡し舟の権利に関して，法律による権利の設定が，ハーヴァード大学の同意を条件として認められたこともない。また，渡し舟が消滅している以上，チャールズリバー・ブリッジ会社がそのような排他的権利を承継したことは認められない。③1785年法の文言において，州（the public）が私法人に特定の特権を付与し，その内容が公的利益（public interest）に関するものである場合に，その条項の意味に不明確な点がある場合には，その投資家に不利に，州に有利に解釈すべきである。④あらゆる政府の目的は，その政府を樹立している社会の幸福と繁栄を促進することにあり，アメリカのように，自由で活動的で，企業活動に富み，人口も富も拡大している国家では，交通や交易のために新しいコミュケーションの手段が必要となるのであって，それらは，人民の生活の快適さ，便利さ，繁栄にとって不可欠なものである。⑤私有財産権に関して，それは神聖なものとして保護されなければならないが，共同体（community）もまた権利を有し，

---

[12] Proprietors of Charles River Bridge v. Proprietors of Warren Bridge, 36 U.S. 420, 536-53 (1837). また，田中［1985: 239-42］を参照。

全ての市民の幸福や福祉は，それらの忠実な維持に依拠していることを忘れてはならない。仮に裁判所が原告の主張する原理を認めるならば，これまで有料道路法人が占めてきた路線と同じ方向に作られた鉄道や運河に投資された多額の財産は危険にさらされ，前の世紀になされた改良の状態にまで引き戻され，古い有料道路法人の要求が満たされるまで，動くこともできないことになる。

これに対して，ストーリー裁判官の反対意見の要点は以下の通りである[13]。

①本件の特権付与は契約であり，この契約の約因における対価性についても，チャールズリバー・ブリッジの建設が困難であることが認識され，その事業にあたる者に対して奨励措置をとることが必要であったことからも明らかである。②本件は，州議会が公の法律によって特権を付与した場合であるので，国王に有利に解釈する，国王による特権付与に関する解釈のルールを適用するのではなく[14]，一般の法律と同様に，合理的で公正な解釈をなすべきである。③1785年法は，原告に対してその営業特権 (franchise) が害されることがないように相当な距離について，橋の上流，下流の交通に対して排他的権利を与えたものと解釈できる。④渡し舟 (ferry) や市 (fair or market) が長年にわたり存在していた場合，その地位を侵害するような新しい渡し舟や市を認めることができないというのが古来よりのコモン・ローの原理である。⑤ボストン・チャールズタウン間に古い橋から客を奪うことになるような場所に橋を架けるのを認めることを州が行わないとの黙示の合意 (implied agreement) がある。以上の論理から，ストーリー裁判官は，1828年のマサチューセッツ州法を，合衆国憲法の契約条項違反とし，無効とする。

3) 多数意見および反対意見に見られる政治経済思想

トーニー首席裁判官の多数意見では，まず，原告たる法人の営業特権について，排他性が否定されている。さらに，州には「公共の便益に供する権限」が留保されており，こうした権限は，交通や交易，アメリカ社会のさらなる拡大

---

13) Charles River Bridge v. Warren Bridge, 36 U.S. 420, 583-650 (1837). また，田中 [1985: 243-46] を参照。
14) イングランド法では，国王の臣民に対する特権付与 (grant) について，解釈上の問題が生じた場合，国王に最も有利なように解釈するというルールが存在していた。

のために必要なものとされる。そして，私有財産は共同体，全ての市民の幸福や福祉との関係で制約されることも示される。さらに，アメリカの内陸開発の現状という，当時の社会状況に適した法解釈を採ることが理由づけに加えられ，こういった社会状況への適応の必要が重要な論拠とされる。これに対して，ストーリーは，本件における特権付与を，議会における特権付与であるので，一般の法と同様に解すべきで，制限的な解釈を行うべきではないとしている。同時に，本件の特権付与に契約としての性質があるものと認定している。そして，コモン・ローにおける渡し舟や市に関する取得時効の法理を本件の営業特権にも及ぼし，これを排他的権利と捉えて，これを侵害しない旨の黙示の合意が1785年法に基づく法人設立認許に含まれるとする。

この判例を巡っては，19世紀のアメリカ法の潮流を個人主義的で親開発主義的な判例とみなし，「個人の創造的な活力の開放」を意図した，創造的変化としての自由を支持する政策を反映したものとする，ハーストによる位置づけがある［Hurst 1956: 27-28］[15]。ホーウィッツは，同判例を，独占ベースの経済発展か，競争ベースの経済発展を目指すべきかが対立したものとし，トーニーの多数意見を後者に位置づけている［Horwitz 1979: 130］。田中英夫も，ホーウィッツの見解と軌を一にし，同判例におけるトーニー首席裁判官の多数意見を「アメリカ法における競争社会の到来」を示す判決と位置づけている。すなわち，ストーリーや原告側代理人の主張には，財産の安全を保つことが，投資を促進し，経済の発展を導くという，静的な財産観が存在するのに対して，トーニーや被告側代理人の主張は，新しい産業・交通の手段が古いものによって阻害されないようにすることが，今後のアメリカ社会・経済にとって必要であるとする，競争社会の到来に伴う財産観の変動を示すものであるとする［田中 1985: 254］。

一方，同判例を経済観の対立というよりも，「共和主義 vs 民主主義」という政治文化の相克，あるいは，共和主義の内に存在していた，法と主権の対立とみるのがニューマイヤーである［Newmyer 1973: 232-45］。ニューマイヤーによれば，アメリカにおける共和主義とは本来，合衆国憲法に基づき，人民主権を

---

15) 同判例に関する19世紀法史の諸研究を振りかえり，同判例の射程を再検討するものとして，以下を参照［Mensel 1994］。また，同判決の，既得権に対する経済的な「創造的破壊」の側面を強調するのが，Kutler［1990］である。

基礎にしながらも,他方で,人の支配を排斥し,法の支配を確保することに特徴があったが,ジャクソニアン・デモクラシーの台頭はこの均衡を崩し,人民主権をベースにした民主主義が台頭し,共和主義と民主主義が相克を始める。チャールズリバー・ブリッジ事件は,この相克を如実に示す判例で,ジャクソニアン・デモクラシーに親和的なトーニーは,人民の意思を体現する州議会の意思を尊重したのに対して,ストーリーは,共和主義の思想における「法の支配」に依拠し,契約や所有権の保護を重視したとする[*ibid.*: 234]。

このように,この判決を巡るこれまでの研究では,経済発展志向の相違,財産観の相違,さらに,政治文化の相違という点に着目しており,いずれも相応の妥当性のある分析であると考えられる[16]。だが,本章がこれまでみてきたように,ストーリーの政治経済思想の歴史的文脈の検討を踏まえた場合,いまひとつ付け加えるべきストーリーの立場が浮かび上がる。それは,本章がこれまで確認してきた,「文明社会」「商業社会」の社会認識を前提にした,法による人々の「情念の制御」と「経済秩序」の確立という目的をもった立場である。トーニーには,その多数意見で内陸開発の現状にも言及しているように,共同体の人民が望む,現在の事実的な経済状態,活動を追認するという傾向が強くみられる。アメリカ社会において既に活発化している経済開発,自由放任的な経済社会のあり方をそのまま判決理由のなかに盛り込んでいる。一方,ストーリーは,反対意見において以下のように述べている。

> 私は,投資を不安定にさせたり,その保証や生産性に関して疑問を抱かせたりするのではないのと同様に,民間資本や企業に基づき設立されている全ての公共的な開発を邪魔しようなどとはなにひとつ考えていない。……もし,政府が,市民の手によって公共の快適さや便益を拡大させるのを促し,橋,有料道路,運河,鉄道を設立させたいと考えるならば,所有権が安全であるという保証(pledge)が存在しなければならない[17]。

---

16) 第5章3節では,マーシャル・コートを支えたものの限界を示すものとして,この判決が分析されている。

このように，経済発展自体を否定したわけではなく，単なる事実状態の追認ではなく，法，すなわち，コモン・ローに基づく所有権の安定こそがむしろ人々の投資を呼び込み，インフラ整備を進めるとの観点が示される。

　さらに，ストーリーは，チャールズリバー・ブリッジ事件の判決が下った後，同じく反対意見を書いた，マクレーン連邦最高裁裁判官に，多数意見を批判する書簡を送っている。そして，その書簡にはチャールズリバー・ブリッジ事件の多数意見を踏まえて，以下の内容を付していた。

> 私は，州法や連邦議会の法が今後違憲とされることはないのではないかと恐れています。というのは，古い憲法学説（constitutional doctrines）は急速に消えさり，私にはほとんど良いものはないようにみえる変化が，公衆の精神（public mind）から生じてきています。……我が国は，前例のない苦境，苦しみのなかにいます。信用（credit），信頼（confidence），そしてビジネスは静止したままです。合衆国銀行から資金を引き揚げ，合衆国銀行を解体したことから，財務省の愚かなる通達の数々まで，ジャクソン将軍の実験は，当然の帰結を伴っています。それらは，暴力やハリケーンの凄まじさを伴い，国中に吹き荒れています。人々はその権利や義務に目覚めるのでしょうか。そうならないとすれば，そのことを恐れます。人々は，愚かにされ，デマゴーグの巧みさや，党派の腐敗した影響力によって破滅へと向かわされています [Story 1851: 272-73]。

　ストーリーがこの書簡を書いたのは，1837年5月10日であった。その日は，イギリスからの不況の影響を受け，ついに，ニュー・ヨーク市の銀行が正貨支払いを停止したまさにその日であり，アメリカ経済が不況から恐慌へと発展していく契機となった日であった。この恐慌は，連邦レベルでの金融政策の主体であった第2合衆国銀行が，ジャクソン政権において財務長官を務めていた，他ならぬトーニーの主導の下でなされた更新拒否に基づいて期限切れし，連邦政府により同銀行の資金が引き揚げられ，事実上解体された結果，連邦レベ

---

17) Charles River Bridge v. Warren Bridge, 36 U.S. 420, 609（1837）.

における金融政策の制御が失われたことにも起因していた。合衆国銀行解体後，通貨の発行が諸州の銀行に委ねられた結果，諸州の銀行の過剰な通貨発行によりインフレとなり，土地バブルが生じ，その後，土地バブルを引き起こしていた公有地の売買の代金を正貨支払いに限るなど，急激な引き締めを行ったために，アメリカの政治・経済システムが混乱したことにより深刻化していた [Roberts 2012: 34-35, 38-47; 西川・松井 1989: 6-9]。チャールズリバー・ブリッジ事件の連邦最高裁の判決日は，同年2月14日であり，ジャクソン政権下での不況が，無秩序な経済政策によりさらに深刻化していくなかでこの判決は書かれていた。ストーリーは，一連の経済秩序の混乱を射程に入れて同判決の反対意見を書き，同判決を，アメリカの経済秩序に関わる判決であると位置づけていたと考えられる。また，ケントもストーリーと同様に，この判決を，ジャクソン政権が混乱をもたらしている経済秩序全体に関係する裁判例であると位置づけていたものと推測できる。ケントがストーリーに送った書簡では，次のように記されている。

> 私は，チャールズリバー・ブリッジ事件の判決を読み返して，ますますうんざりしています。それは，憲法的な道義（constitutional morality）を放棄し，覆し，立法による営業特権の保障や価値を破壊するものと思います。それは共同体の道徳的な感覚を傷つけ，契約の神聖なる義務を破壊します。……私は，立法府が契約において当然に黙示に含まれるはずのあらゆる事柄に拘束されないという原理にぞっとします……。しかし，私は，その判決を読む際に，あなたがその熟達した教養，熱意，温かさ，力を用いて，古くから定着した法の原理や権威を擁護していたのを知り，慰められています。しかし，ブリスコー対ケンタッキー州法銀行事件の判決は私を不安にさせ，苦痛を感じさせます。それは，クレイグ対ミズーリ州事件の判例法理とぶつかることになります [Kent 1851: 270-71]。

ここでケントが述べているブリスコー対ケンタッキー州法銀行事件とは，州が所有していた銀行が銀行券を発行することが，連邦憲法第1編10節1項において禁じられている，州が「信用証券（Bills of note）」を発行することになる

のかが争点となり，連邦最高裁に係属していた事件である[18]。この判決次第で，州の所有する銀行による通貨の発行が合憲とされると，それまでの判例[19]から判例変更となり，ジャクソン政権による合衆国銀行の期限切れ後に州法銀行を制御する組織が失われた結果，思うままに発券業務を行い激しいインフレを起こした末に，その後，急激な信用収縮を生じさせ，1837年の恐慌へと向かうきっかけとなった［Roberts 2012: 34-35］。州法銀行の無秩序ぶりに対して司法による歯止めをさらに失うことになるおそれがあった。ケントは，チャールズリバー・ブリッジ事件と同様に，ジャクソニアン・デモクラシーを背景にした州主導の政策によって，「経済秩序」が動揺をきたすことに危機感を示していたものと推測できる。ケントにおいても，ストーリーにおいても，チャールズリバー・ブリッジ事件は，ジャクソニアン・デモクラシーの嵐のなかで揺らいでいたアメリカの「経済秩序」を射程に入れ，アメリカの「経済秩序」を維持・構築するという文脈のなかで考えられていた判決であったとみることができる。そして，両者ともに，ジャクソニアン・デモクラシーがもたらした無秩序な経済状態のあり方に危機感を有し，また，人民の「情念」に対して，取引秩序，所有権の安定性を確保するという，「法の支配」による「経済秩序」の維持を広く射程に収めていたものと考えられる。

❖ 4-2　スイフト対タイソン事件判決
1）スイフト対タイソン事件の概要・争点

スイフト対タイソン事件[20]とは，メイン州民であり，為替手形（bill of exchange）の所持人である原告のスイフトが，為替手形の支払いを求め，手形の引受人であるニュー・ヨーク州民のタイソンを被告とし，州籍相違管轄として連邦地裁に訴訟提起し，原告敗訴後，ニュー・ヨーク南部連邦巡回裁判所（Circuit Court of the United States for the Southern District of New York）に控訴を提起した事案である。証拠開示手続き（discovery）における原告の主張，そ

---

18) Briscoe v. Bank of Commonwealth of Kentucky, 36 U.S. 257（1837）.
19) Craig v. Missouri. 29 U.S. 410（1830）.
20) John Swift v. George W. Tyson, 1842 U.S. LEXIS 345, 6-27. 同事件の経緯については，以下を参照［Fryer 1979: 53-72］。

してそれに対する被告の抗弁から明らかになる事実は，当該為替手形が，ノートンおよびキースによって振り出され，被告タイソンによって引き受けられたが，その為替手形の引受は，引受人が，手形振出人（ノートンおよびキース）から，メイン州における土地を購入する際の対価としてなされたものであった．当時，土地バブルの最中にありノートンおよびキースは土地購入のためのcompanyを作り，被告タイソンは，そのパートナーという立場であった．

ところが，手形振出人は，その土地について何らの権原を有していなかった．そこで，裁判において，手形の引受人である被告側は，引受人によるその土地の購入は手形振出人の詐欺行為によって仕向けられたものであると主張し，また，原告の主張に対する抗弁として，振出人との土地取引における約因（consideration）に瑕疵があり，この瑕疵について，取引の相手方である振出人に対してのみならず，為替手形の振出人と引受人の土地取引の瑕疵について善意で，振出人の既存債務（pre-existing debt）の弁済として為替手形を譲り受けた為替手形の所持人である原告にも対抗できると主張した．

この事件における法律問題の争点は，まず，被告が，振出人との土地取引における約因の瑕疵の証拠を原告に対して主張することが可能で，それを証拠として提出できるかであった．そして，この争点は，さらに以下の二つに区別される．

①既存債務が有価約因を構成するかである．これは，振出人・所持人間の既存債務の弁済として手形を譲り受けることに有価約因が認められ，流通証券の所持人としての権利が認められ，保護が与えられるかという問題である．次に，②当該事件での判決準則は何によるべきか，すなわち，1789年裁判所法第34条（section 34 of The Judiciary Act of 1789）の解釈の問題である．手形が裏書きされたニュー・ヨーク州の判例法理によるべきなのか，それとも，連邦裁判所が独自に判例形成できるのか．1789年裁判所法（The Judiciary Act of 1789）は，「合衆国の憲法，条約または制定法（statutes）が特段の要求または規定をしない限り，諸州の法（laws）は，それらが適用される事件において，合衆国裁判所におけるコモン・ロー裁判での判決準則とされなければならない」と規定していた．スイフト対タイソン事件で特に問題となったのは「諸州の法（laws）」の意味である．

2) ストーリー裁判官の法廷意見

　ストーリー裁判官は，ニュー・ヨーク州の判例法理を考察し[21]，「少なくとも，現在の時点では，ニュー・ヨーク州の判例が最終的に確定しているとはいえない」とする。その上で，ストーリーはニュー・ヨーク州の判例法理とは無関係に，一般商事法という独自の法領域を設定する[22]。

> ニュー・ヨーク州の判例法理が完全に確定しているとしても，ニュー・ヨーク州の判例法理が一般商事法（general commercial law）において確立された原理と異なる場合，連邦最高裁を拘束するのかどうか考慮されなければならない。ニュー・ヨーク州裁判所はその判決を地域の制定法や実定的な（positive），確立した，または古くからの地域的慣行（local usage）によって基礎づけることなく，その法理を商事法の一般的原理から導き出している。他方で，1789年裁判所法第34条は，連邦裁判所が，州裁判所の判決にそれが適用される事件すべてにおいて従うことを義務づけているルールであるとの主張がなされている。その論拠として，裁判所法第34条における「法（laws）」の文言が，州裁判所の判決をその意味のなかに含めることが不可欠となる。通常の言葉の使用では，裁判所の判決が法（laws）を構成すると主張されることはほぼない。判決は，せいぜい法が何であるかの証拠であって，それ自体は法ではない。判決は，それに欠点があったり，誤っていたり，不正確であるとされる際には，しばしば裁判所自体によって再調査され，変更され，限定される。州の法は通常，州の立法部によって制定された準則や制定法か，法としての力を有する長く定着した地域の慣習を意味するものと理解されている。これまで連邦最高裁が下してきた判決でも，裁判所法第34条は，厳密に地域的である州法，つまり，州の実定的な制定法，および，地域の裁判所で採用されたその解釈，および不動産（real estate）に対する権利，権原のような恒久的な地域性を有する物に対する権利，権原，その他，その性質上，動かすことができ

---

21) Swift v. Tyson, 1842 U.S. LEXIS 345, 31-34.
22) *Ibid*. at 34-40.

ず (immovable), 地域限定的な事項にのみ適用がなされることができると，一様に考えられてきた。裁判所法第34条は，州裁判所が連邦裁判所と同様な機能を果たす場合，すなわち，契約や証書の正しい解釈が何であるか，当該事件を規律する，商事法の原理によって提供される正しい準則とは何であるかを，一般的類推あるいは法的類推に基づいて確認する場合，通常の契約やその他の証書の解釈，特に，一般商事法の問題など，地域の制定法や，定着して恒久的に適用されている地域の慣習に依拠することのないより一般的な性質をもった問題に対して適用され，適用するように意図されてきたものとは想定されていないのである。裁判所法第34条は，その正しい趣旨や解釈に基づけば，地域の制定法や先ほど述べた性質を有する地域の慣習にのみ適用され，商業的な性質をもった契約や証書には適用されないと述べることに何らの困難もなく，その正しい解釈や効果については，地域の裁判所の判決ではなく，商事法学 (commercial jurisprudence) の一般的原理や法理において求められることになる。疑いもなく，商事法についての州裁判所の判決もまた最大限の配慮や敬意を受けることになるが，州裁判所の判決が連邦最高裁の判断を拘束し，規律することになるような実定的な準則や確定判決となることはないのである。流通証券に関する法が，大部分において，単一の国ではなく，商業的世界 (commercial world) の法であるということは，キケロの言葉であり，マンスフィールド卿によっても，ルーク対ライド事件において採用されている。

それゆえ，我々の目の前にある本件の問題について，商事法から導き出される正しい帰結について我々の意見を示す必要がある。当裁判所は，流通証券に適用されることができる上述の一般的な準則の意味において，既存債務は有価約因を構成すると述べることに何のためらいもない。自己より前の取引について善意の流通証券の所持人は，それを有価約因の対価として，取引やビジネスの通常の過程 (in the usual course of trade and business) において受け取れば，自己より前の当事者間の抗弁事由 (equities) に影響されることはない。既存債務の支払い (payment) または担保 (security) としてそれを受け取ることは，取引やビジネスの通常の過程として認められている行為でもある。そして，新規購入の際の担保ばかり

ではなく既存の債務の支払いや担保のために流通証券を移転できることは，流通証券の信用，循環（circulation）をできるだけ広く可能にしたい商業社会の利益や便宜に適っている。債権者は，債権の実現・担保を容易にして，長期的信用の供与を可能にし，また，法的執行を先延ばしにすることができる。債務者もまた，流通証券をその価値と等しい現金に変えることができる。しかし，それと反対の結論，すなわち，流通証券による既存債務の支払いや担保において，自己に先行する当事者間のあらゆる抗弁が許されるとなると，そのような証券の価値や流通は消え，債務者は高率の割引で証券の譲渡を強いられることになる。そのような法理に基づいた場合，銀行に対する契約の更新，担保としてなされている流通証券に関するかなり多くの訴訟に何が起こるのか。アメリカや外国の銀行取引の半分以上を占めている流通証券の割引業務に致命的な打撃を与えることになるだろう。

3) スイフト対タイソン判決の分析，同判決の意義

以上のスイフト対タイソン判決が下されたのは，前述のアメリカにおける1837年の恐慌の最中であった。恐慌以来，手形割引の拒否が生じ，割引率も高利となり信用収縮が進むなかで，全米レベルでの経済活動，とりわけ商取引の根幹である内国為替業務を支える為替手形取引や手形の割引業務による信用創造，手形による債権の担保，手形の流通性に対して司法がいかなる立場にあるべきなのかが課題となっていた。

アメリカ法史におけるスイフト判決の位置づけに関して，さまざまな見解がある。アメリカ法の通史を描いた，ギルモアは，同判決をストーリーによる「法の全国統一」の例として肯定的に描く［Gilmore 1977: 34］。他方で，ホーウィッツは，19世紀前半のアメリカ法の変容の要因であった，商人層の商業的利害と結託した，商業的な国家秩序の確立の画期となる判例としており［Horwitz 1979: 245-52］，スイフト判決の意義をそれぞれ重視している。また，フライアーの一連の研究や［Freyer 1979, 1981］，スイフト判決がエリー鉄道会社対トムキンス事件（1938年）[23]において判例変更されるまでを検討対象とした浅香吉幹は，一定の留保をつけつつ，スイフト判決の判例法理が，20世紀になって整備されてくる統一州法やリステイトメント以前に，法の統一的機能

を果たしていたものと評価する［浅香1996: 35-40］。

　以下では，これまで検討したストーリーの政治経済思想的な背景を踏まえた同判決の分析を行い，ストーリーの「法の支配」との関係を明らかにする。本判決では，商業社会における法のあり方と，アメリカにおけるコモン・ロー継受が争点となっていた。それに関連して，1789年裁判所法第34条の解釈が争点となり，その前提として，個々の州ではなく，アメリカ全体においてコモン・ローの継受がなされたのか，連邦レベルのコモン・ローの存在が争点となっていた。

　コモン・ロー上の訴訟に関する連邦最高裁の管轄権の問題を巡っては，リパブリカン派のジョージ・タッカーは，その著書『ブラックストーンの釈義』においてイングランドのコモン・ロー継受との関係で，仮に，イングランドのコモン・ローがアメリカ全体で継受されたとし，連邦レベルでコモン・ローの存在を認めると，連邦最高裁および連邦権力に付与される権限は無制限になると警告していた［Tucker 1803: appendix 380］。タッカーにおいて特徴的なのは，コモン・ローが連邦レベルにおいて継受されることについて，連邦裁判所の判例形成の権限や，法理との関係でコモン・ロー継受に着目するというよりも，連邦権力の拡大の一環として捉えられている点である。

　これに対して，ケントは，アメリカの連邦レベルのコモン・ロー継受を積極的に肯定し，このようなコモン・ロー継受論を1789年裁判所法第34条の解釈との関係で論じ，ケントの『アメリカ法釈義』では，州裁判所の実践ではなく，アメリカ全体で継受されたコモン・ローによって連邦裁判所の実務がなされるとし，裁判所の判例形成や法理との関係においても論じられている［Kent 1826-30: vol.1, 321-22］。

　ストーリーも，スイフト対タイソン事件において，タッカーら州権論者が批判する連邦裁判所の権限，連邦権力の拡大ではなく，あくまで判例法理の形成というロジックを用い，連邦最高裁の独自の判例形成権限を正当化する方向にあった。これに加えて，ストーリーは，「一般コモン・ロー」という新機軸を導入する。すなわち，コモン・ロー継受を前提にしながら，事件の性

---

23) Erie Railroad Co. v. Tompkins, 304 U.S. 64（1938）.

質によって連邦最高裁の自由な判例形成を基礎づける。タッカーは，州権論に立脚しながら，あくまで連邦裁判所の権限，管轄権について空間的な領域性（territoriality）の視点から論じていたが，ストーリーは，コモン・ローがアメリカ全体において基礎であるということを前提にしながら，管轄権ではなく扱う事件の性質によって，「一般商事法」「一般コモン・ロー」という，連邦最高裁が自由に判例形成をできる広範な「法領域」を創出するのである。これは，合衆国憲法，連邦法ではないため，州に排他的に機能するものではなく，州にも判例形成の余地は残される。そして，不動産については，これまで確認したように，アメリカの土地所有の流動性を認識し，それを前提としながら，各州の不動産については州法に委ねつつ，他方で，この「一般商事法」の領域において，当時のアメリカ社会において商取引の主要な手段であった為替手形，約束手形などの流通証券の最終的なルール形成を連邦最高裁が引き受けるものとするのである。

　そして，「一般商事法」「一般コモン・ロー」の論理によって，為替手形の対価として，既存債務が有価約因を構成するかどうかも決せられる。すなわち，ストーリーは，商事問題について，アメリカ連邦裁判所の独自の判例形成を認めた以上，本判決を直接理由づけるのは，ニュー・ヨーク州の判例法理ではなく，クーリッジ対ペイソン判決[24]など，すでに連邦最高裁において確立していた判例と，さらにその起源である，ルーク対ライド判決[25]など，マンスフィールドによる判例である，とする。そして，マンスフィールドにもみられ，ストーリーやケントにおいて重要な認識枠組みであった「商業社会」に基づく理由づけを行い，「既存債務の支払いや担保のために流通証券を移転できることは，流通証券の信用，循環（circulation）をできるだけ広く可能にしたい商業社会の利益や便宜に適っている」という商業社会における流通証券の意義から判決が正当化されるのである。

　こうして，ストーリーは，1789 年裁判所法第 34 条の解釈，すなわち連邦最高裁が独自に判例形成できるのかという問題と，既存債務が有価約因を構成するのかというコモン・ロー上の法理に関わる問題の二つの争点に対して，「商

---

24) Coolidge v. Payson, 15 U.S. 66（1817）.
25) Luke v. Lyde, 2 Burrow's Reports * 882（1759）.

業」「商業的世界」という解答を出す。すなわち，商業に関する問題については，その問題の性質上，「一般的」なものであって，当然に連邦最高裁が独自に判例形成を行うことが可能であるとする論拠である。このような，一般商事法，一般コモン・ローという領域の創出と，その基礎となった「商業」「商業的世界」という認識は，スコットランド啓蒙思想に基づく政治経済思想を背景にしたものであった。

　この判決において，ストーリーは，『合衆国憲法釈義』[Story 1833] においても批判していた，州権，連邦権力という，社会契約論を背景にした「主権」の所在をめぐる対立が生じる論理の立て方ではなく，「商業社会」「文明社会」という社会像を前提にしながら，コモン・ローに基づく法理形成を正当化しており，これは，ケントの「法の支配」の観念とも通底していた。

5　おわりに

　ケントやストーリーは，デモクラシーの台頭に対して，いわゆる古典的共和主義に基づく市民の「徳」に依拠するのではなく，同時に，社会契約理論に依拠するのでもなく，民衆の情念や党派性を直視し，それを踏まえ，制御することを模索していた。法学者，法実務家であったケントやストーリーは，このような人間の移ろいやすく，暴力的になりかねないデモクラシーにおける人民の「情念」のコントロールを憲法の主眼に置き，憲法を社会契約の文書としてではなく，法として位置づけ，画一的なルールに基づき憲法解釈を行い，政治における「情念」から法解釈を「隔離」しようとする。こうして，統治や憲法問題に関する，剥き出しの政治闘争を司法的紛争に置き換え，既存の法の解釈による司法的救済を通じて制御することが可能になる。これは，憲法を「社会契約」ではなく「統治の根本法」として扱い，コモン・ローを基礎にした，明確で画一的な解釈のルールに基づく，裁判官の法解釈を通じて達成されるものであった。場当たり的で，激情，情念に動かされる「政治」によって法が動かされることに抵抗しながら，法解釈に一貫性，安定性を与える「法の支配」が模索されたのであった。

　同時に，この「法の支配」の背景には，連邦制における国家統一という課題

があった。連邦制国家であり，州ごとの主権の主張が強力であった19世紀において，主権論においては極めて困難なアメリカの国家統一，合衆国憲法体制のためのロジックは，スコットランド啓蒙思想などの政治経済思想的な認識枠組みに依拠していた。すなわち，「利益」を目指した商業活動を通じて現実に存在する人々の相互交流を，連邦裁判所が形成するコモン・ローの法理が裁定し，円滑化を図るという構想の下で，模索されていた[26]。これは，「主権」という「領域」的な権力，空間的な概念を越えた統治のメカニズムの模索をも意味していた。主権概念という思弁的な政治理論に基づくものではなく，利益，経済活動といった事実レベルにおける州や地域の相互交流を法および司法が支え，それによって安定した政治秩序，経済秩序が構築されることを目指し，かかる経済活動のルールとなるような法を，コモン・ローを通じて整備することによって連邦の一体性，安定性を確保しようとしたものであった。また，州という領域性をもち，かつ社会契約理論に基づき，デモクラティックな意味を有する「主権」を越える司法の営み，法解釈や法理論の構築を目指していたといえる。これは，政治部門のデモクラティックな急進化，州権論への傾斜によってもたらされた憲法の厳格解釈の台頭によって，柔軟な憲法解釈が困難となったとしても，コモン・ローという法的な基盤を通じて，裁判所主導のルール形成を確保しようとしたものともいえよう。

　ケントやストーリーが注釈を行った，19世紀前半の合衆国憲法は，憲法上の主観的権利や人権が成熟する以前の時代の憲法であった。それは，必ずしも憲法上の主観的権利や人権を軸にすることはなくとも，自由で民主的な社会を安定的にするための「秩序」を構成するための憲法であったといえる[27]。本章が

---

26) こうした，「商業」，特に，為替手形や動産の流通が国家の主権的権力の恣意的行使の抑制に通じるとの思想が，スピノザ，モンテスキュー，ヒューム，アダム・スミスらに一貫して存在すると指摘するのが，Hirschman［2013: 75-81］である。
27) また，20世紀以前の合衆国憲法には「客観法」としての憲法の側面が強いとの指摘をしているのが，奥平［1993］である。
28) 権利の法としての連邦憲法という発想の生成については，本書第7章3節で詳述されている。
29) 「主観憲法」と「客観憲法」の整理，それぞれの問題点と可能性を指摘するのが石川［2007: 3-22］である。

検討したケントやストーリーにおける「法の支配」の観念は,個人の人権,憲法上の主観的権利概念が憲法学の主要な検討対象となる以前のものであり[28],それ以降,憲法学において,主要な検討対象とされてきたといえるのか疑問の余地もある。政治や経済における「秩序」を確立・維持するための「統治」の「根本法」としての憲法であり,「法の支配」でもあった。

日本の戦後の憲法学では,戦前の公法学との比較において,特に政治思想としての「人権」と「憲法上の権利」を結びつけ,特にそういった主観的権利の側面を強調してきたとの指摘がある[29]。これは,戦後という歴史的文脈を考えた場合,極めて重要な意義を有していたと考えられる。だが,このような人権,主観的権利論の観点からだけでは,19世紀前半のアメリカ憲法および「憲法学」の原像,「秩序」を構成する,「統治」の法としての憲法の意義を捉え損ねてしまう可能性がある。合衆国憲法の原型には,「統治」の法としての憲法の像があり,かかる原像を把握することによって,「人権の法」としての憲法と,「統治の法」としての憲法の両翼を有する憲法の意義をあらためて見出し,秩序を構成するための憲法思想としての「法の支配」の意義を捉えることが可能になると考える。

【引用・参考文献】

Alexander, G. (1997). *Commodity & Propriety: Competing Vision of Property in American Legal Thought 1776-1970*, The University of Chicago Press.
Bauer, E. (1965). *Commentaries on The Constitution 1790-1860*, Russell & Russell.
Forbes, D. (1975). *Hume's Philosophical Politics*, Cambridge University Press.（田中秀夫［監訳］(2011)．『ヒュームの哲学的政治学』昭和堂）
Freyer, T. (1979). *Forums of Order: The Federal Courts and Business in American History*, JAI Press INC.
―――. (1981). *Harmony and Dissonance: The Swift and Erie Cases in American Federalism*, New York University Press.
Gibson, A. (2006). *Interpreting the Founding: Guide to the Enduring Debates over the Origins and Foundations of the American Republic*, University Press of Kansas.
Gilmore, G. (1977). *The Ages of American law*, Yale University Press.（望月礼二郎［訳］(1984)．『アメリカ法の軌跡』岩波書店）
Hamilton, A., Jay, J., & Madison, J. (1961). *The Federalist*, (ed.) J. E. Cooke, Wesleyan University Press.（斎藤 眞・武則忠見［訳］(1998)．『ザ・フェデラリスト』福村

出版）

Hirschman, A. (2013). *The Passions and Interest, Political Argument for Capitalism before Triumph*, reprint edn., Princeton University Press (1st. edn., 1977).（佐々木毅・旦 祐介［訳］(1985).『情念の政治経済学』法政大学出版局）

Horwitz, M. (1979). *The Transformation of American Law 1780-1860*, Harvard University Press.

Hulsebosch, D. (2008). *Constituting Empire, New York and the Transformation of Constitutionalism in the Atlantic World, 1664-1830*, The University of North Carolina Press.

Hume, D. (1742). *Essays, Moral, Political, and Literary, Part II, Essay XVI IDEA OF A PERFECT COMMONWEALTH*, Edinburgh.

Hurst, W. (1956). *Law and the Conditions of Freedom in the Nineteenth-Century United States*, University of Wisconsin Press.

Jefferson, T. (1794). *Notes on the States of Virginia*, 2nd edn., Philadelphia (1st. edn., 1785).（中尾健一［訳］(1982).『ヴァジニア覚え書』岩波書店）

―――. (1995). Jefferson to Madison, February 17 1826, in *The Republic of Letters: The Correspondence between Thomas Jefferson and James Madison, 1776-1826*, vol. 3, (ed.) J. Smith, W. W. Norton & Company.

―――. (1999). A Letter to Duane, August 12, 1810, in *Jefferson: Political Writings*, (ed.) J. Appleby, & T. Ball, Cambridge University Press.

Kent, J. (1826-30). *Commentaries on American Law*, 4 vols., New York.

―――. (1851). Letters From Kent to Story (June 23th 1837), in *The Life and Letters of Joseph Story*, vol. 2, (ed.) W. Story, Boston.

Kutler, S. (1990). *Privilege and Creative Destruction: The Charles River Bridge Case*, Johns Hopkins University Press.

Mensel, R. (1994). Privilege Against Public Right: A Reappraisal of the Charles River Bridge Case, *Duquesne Law Review, 33*(1), 1-38.

Newmyer, K. (1973). Justice Story, The Charles River Bridge Case and The Crisis of Republicanism, *American Journal of Legal History, 17*(3), 232-45.

Pocock, J. G. A. (1975). *The Machiavellian Moment, Florentine Political Thought and the Atlantic Republican Tradition*, Princeton University Press.（田中秀夫・奥田敬・森岡邦泰［訳］(2008).『マキャヴェリアン・モメント―フィレンツェの政治思想と大西洋圏の共和主義の伝統』名古屋大学出版会）

―――. (1987). *Ancient Constitution and Feudal Law: A Study of English Historical Thought in the Seventeenth Century*, Cambridge University Press.

Roberts, A.. (2012). *America's First Great Depression: Economic Crisis and Political Disorder after the Panic of 1837*, Cornell Univertsity Press.

Story, J. (1833). *Commentaries on the Constitution of United States*, 3 vols., Boston.

―――. (1851). Letters from Story to Mclean (May 10th 1837), in *The Life and Letters of Joseph Story*, vol. 2, (ed.) W. Story, Boston.

―――. (1852). *Miscellaneous Writings*, (ed.) W. Story, Boston.
Tucker, G. (1803). *Blackstone's Commentaries with Notes of Reference*, vol.1, Philadelphia.
Waterman, J. (1969). Thomas Jefferson and Blackstone's Commentaries, in *Essays in the History of Early American Law*, (ed.) D. Flaherty, North Carolina Press, Chapel Hill, pp.451-88.
浅香吉幹 (1995).「19世紀アメリカのコモン・ローの構造 (1)」『法学協会雑誌』112(12), 1635-78.
―――. (1996).「19世紀アメリカのコモン・ローの構造 (2・完)」『法学協会雑誌』113(1), 1-41.
池田和央・犬塚　元・壽里　竜 [訳] (2004).「ヒューム『イングランド史』抄訳 (1) 第23章末尾小括」『関西大学経済論集』54(2), 149-70.
石川健治 (2007).「「基本的人権」の主観性と客観性」長谷部恭男他 [編]『岩波講座2 人権論の新展開』岩波書店, pp.3-22.
犬塚　元 (2004).『デイヴィッド・ヒュームの政治学』東京大学出版会
大久保優也 (2013a).「草創期合衆国憲法における憲法秩序の構想―ケント, ストーリーと初期合衆国憲法における政治経済思想的基礎 (1)」『早稲田大学大学院法研論集』146, 29-54.
―――. (2013b).「草創期合衆国憲法における憲法秩序の構想―ケント, ストーリーと初期合衆国憲法における政治経済思想的基礎 (2)」『早稲田大学大学院法研論集』147, 41-66.
―――. (2013c).「草創期合衆国憲法における憲法秩序の構想―ケント, ストーリーと初期合衆国憲法における政治経済思想的基礎 (3)」『早稲田大学大学院法研論集』148, 51-76.
―――. (2014).「草創期合衆国憲法における憲法秩序の構想―ケント, ストーリーと初期合衆国憲法における政治経済思想的基礎 (4・完)」『早稲田大学大学院法研論集』149, 73-100.
奥平康弘 (1993).『憲法Ⅲ 憲法が保障する権利』有斐閣
坂本達哉 (1995).『ヒュームの文明社会―勤労・知識・自由』創文社
―――. (2011).『ヒューム　希望の懐疑主義』慶應義塾大学出版会
田中英夫 (1966).「Ⅲ 日本における外国法の摂取 アメリカ法」伊藤正己 [編]『岩波講座 現代法14 外国法と日本法』岩波書店, pp.287-320.
―――. (1968).『アメリカ法の歴史 上』東京大学出版会
―――. (1985).「アメリカ法における競争社会の到来」『英米法研究2 デュー・プロセス』東京大学出版会, pp.215-56.
西川純子・松井和夫 (1989).『アメリカ金融史―建国から1980年代まで』有斐閣
森　直人 (2010).『ヒュームにおける正義と統治―文明社会の両義性』創文社

第7章
ロックナー判決と法の支配

清水　潤

1 はじめに

　本章では，1905年のアメリカ連邦最高裁判決であるロックナー対ニュー・ヨーク判決（以下，ロックナー判決）[1]がどのような思想史的背景のもとに下されたのかを検討したい。ロックナー判決は，工業化が急速に進展し，鉄道業がアメリカ社会を変革し，巨大企業や労働運動がアメリカ史上初めて台頭してきたという時代背景において下された，労働法を違憲無効とした判決である。本判決で問題となったニュー・ヨーク州法は，パン製造業者などの被用者の労働時間を週60時間または1日10時間までと定めており，それに違反して従業員を労働させたとして経営者のジョセフ・ロックナーが起訴された。アメリカ連邦最高裁は，当該州法を修正14条のデュー・プロセス条項に反し違憲無効とした。
　本判決は，長らくアメリカ憲法史においてアンタイ・カノンとして位置づけられてきた。アメリカ憲法の先例，文言，伝統から逸脱し，裁判官たちが自らの保守的で大企業寄りの政治的選好を，不当にも憲法論に読み込んだとされたのである。かかる理解からすれば，ロックナー判決は，法の支配からの一時的な逸脱であるということになろう。しかし，かかるロックナー判決理解は，当時のコンテクストに即したものというよりは，社会経済立法の正当化のために革新派（progressives）が作り出した物語に近い[2]。実際には，ロックナー判決

---

[1] Lochner v. New York, 198 U.S. 45 (1905).
[2] アメリカおよび日本における，ロックナー判決の解釈の変遷については，本章のコラムを参照。

は，裁判官たちの政治的偏りの帰結というよりもむしろ，英米の法の支配の伝統と思想資源を率直といってよいほどに引き受けて書かれたものである。それは法の支配の思想伝統の嫡流とでもいうべき位置にある。本章が主題とするのは，ロックナー判決，およびそれを用意した19世紀後期から20世紀初頭までの法理論と，英米の法の支配の伝統の交錯についての歴史である。

本章では，まず，ロックナー判決の基礎をなした法思想，政治思想である，アングロ・サクソニズム，歴史法学，古典的コモン・ロー理論を検討する。19世紀後期から20世紀初頭のアメリカの法律家たちは，かかる思想空間のなかで自らの法理論を組み立てたのである。その次の節（第3節）において，修正14条の成立とそれに続く判例により，アメリカ連邦最高裁の権限が強化され，州による権利侵害に連邦最高裁が介入できるようになったことを示す。かかる連邦構造の変化により，はじめてロックナー判決は可能となったのである。本書第6章で検討された，南北戦争以前のジェイムズ・ケントやジョセフ・ストーリーは，合衆国憲法を「統治の法」と観念し，憲法上の権利についての議論は周辺的なものとして扱われていたのだが，南北戦争をはさんで，連邦憲法は市民の権利を保障する法へと変容したのである。第4節では，以上を踏まえ，ロックナー期の法体系書および判例において，コモン・ロー上の権利と憲法上の権利が同一視されていたこと，憲法を論じるにあたって常にイングランドのコモン・ローの先例が重要な意味をもっていたことを示す。第5節では，かかるコモン・ロー的憲法論への革新派からの攻撃を検討する。本章を通して，ロックナー判決が17世紀から19世紀を通した英米のコモン・ロー思想の展開の延長線上に下されたことを示したい。

2 アングロ・サクソニズム，歴史法学，古典的コモン・ロー理論

❖ 2-1 アングロ・サクソニズム（Anglo-Saxonism）

19世紀後期から20世紀初頭は，英米法の同一性，英米人の民族的一体性が歴史上かつてないほどに主張された時代であった［Cosgrove 1987: ch.3］。法制史家コースグローブによれば，当時，アングロ・アメリカの法共同体が成立しており，イングランドとアメリカの法律家たちは，自らを一つの法共同体の一

員とみなしていたのであった［ibid.: 2-5］。例えば，かのアルバート・ヴェン・ダイシー（Albert Venn Dicey, 1835-1922）は，ブリテンとアメリカに同一の市民権（common citizenship, isopolity）を導入し，アメリカ人がブリテンにおいても市民であり，ブリテン人がアメリカにおいても市民となるべきだと主張していた［Dicey 1897: 457］[3]。その根拠の一つが，アメリカ法とイングランド法の同一性であった。

> ニュー・ヨークを初めて訪れたイングランドのバリスタは，当初は，馴染みのない外国に来た異邦人である自分を感じる。……しかし，彼がアメリカの法廷に入るやいなや，あるいはアメリカの法律家と法的問題について議論を始めるやいなや，彼は自らが外国ではなく我が家にいると知るのである。……アメリカ法とは，大西洋を渡ってきたイングランド法であり，形式においてさえほとんど変わっていないことを彼は発見する。あらゆる法的論点において，イングランドの観察者を驚かすのは，アメリカ人の柔軟性ではなくその保守性である。古い名称や古い定型文言がいかなる裁判所にも見出される。……さらに，重要であるとされる人名もまた，我々がよく知っているものである。クック，ヘイル，マンスフィールド，そしてブラックストーンはよく知られているし，少なくともイングランドのマサチューセッツの地と同じくらい尊敬されている。イングランド人とアメリカ人が共通の法言語に参画し，貢献してきたこと，そしてイングランドのコモン・ローが，イングランド系の人種全体の遺産となっていることは，その重要性を評価しすぎることができない事実である［ibid.: 469-70］。

かかる法観念は，ひとりダイシーのみならず，当時の英米の著名な法曹たちにも共有されたものであった。イングランドのバリスタでありながら，駐米大使も務めたジェイムズ・ブライス（James Bryce, 1839-1922）は，アメリカとイングランドのコモン・ローをアングロ・サクソン人に起源をもつ同一の法と観念し，サクソンの法と民族の卓越性を示そうとした。「イングランドの人種

---

[3] ダイシー自身の法の支配論については，第4章で，その継承理論とともに，多角的に論じられている。

がいまだ〔アメリカ人と〕分かれていなかった頃の，精神，傾向，そして精神的習慣は今なお保全されている。それゆえに，コモン・ローは，合衆国とイングランドの共通の所有物であるということは真理であるといえよう」[Bryce 1907: 569] として，イングランド法とアメリカ法の同一性を論じたブライスは，コモン・ローの由来を，ゲルマン的起源を有するサクソンの人種とその自由への性向に求めた。かかるコモン・ローの精神は，専制的統治を産んだ大陸のローマ法伝統とは峻別されるものであった[4]。

> イングランドの法の性格，性質は，全て自らに由来する。その自由の精神と傾向は，ローマ帝国の法学から受け継いだ，フランス，スペイン，そしてドイツの専制の精神と傾向に対し，常に対照をなしてきた [ibid.: 578]。

> あらゆる民族の生活は，主として固定観念とよばれるものに依拠している。それは全市民の精神において公理となったものである。それは基本法に力を付与するものであるから，基本法よりも強力である。それは，ある詩人が言ったように，塚に隠された土台である。今や，アメリカとイングランドの憲法的自由が依拠している，かかる固定観念，基本的観念は，主としてコモン・ローによって形成されているのである [ibid.: 579]。

コモン・ローを，民族の精神および慣習と捉えつつ，それがイングランドおよびアメリカの自由をともに特徴づけている，というかかる議論の様式は，イングランド側だけでなく，アメリカにおいても共有されていた。アイオワの法律家ジョン・ディロン (John F. Dillon, 1831-1914) は，アメリカとイングランドの法の卓越性を強調したが，それは当時の知的空間の典型的作法に則ったものだったのである。

> サクソンの自由の精神は多くの地方裁判所に埋め込まれていたという命題

---

4) ブライスは，ローマ法にも精通していたがゆえに，かかる指摘は興味深い。彼はハイデルベルク大学で大陸法を学んでいた [Cosgrove 1987: 61-62]。

> には普遍的合意が存在する。……記憶できないほどの早い時代から，町や教区といったイングランドにおける分割された地域は，相当の自由を享受し，地域の税を自ら決定し，地方の事柄を自ら決定することを許されていた。……地方の自由の基礎は確立され，政治的権力は分散していた。法の知識，法への敬意や服従は，法の運営や執行への参加によって常に教育されてきた。これは大陸を支配した制度のまさに反対物である。大陸においては，中央権力が全てを吸い込み，統治し，規律している。それによって地方の自由は破壊され，それを享受したり行使したりすることができず，自由を擁護し保全する権力をも破壊されている［Dillon 1884: 215］。

かかるアングロ・サクソンの法と民族の卓越性を説く思想が19世紀後期の英米を席巻していたことは，歴史家ホースマンも同様に指摘している。「アングロ・サクソンの人種的優越性への信念は，19世紀イングランドとアメリカの思想の重要な構成要素だったが，かかる信念の研究は歴史家によって大部分無視されてきた。……アングロ・サクソニズムの絶頂期は，19世紀後半に訪れることになる」［Horsman 1976: 387］。ホースマンによれば，かかるアングロ・サクソニズムは，16から17世紀イングランドにおいて作られたサクソンの神話，つまりノルマン・コンクエスト以前のサクソン期にコモン・ロー的自由の淵源があったという議論を19世紀的に利用したものだという［ibid.: 388］[5]。法制史家ラバーンも同様に，「アメリカの学者たちは，彼ら自身が学んだ法制史に個人的につながっていると感じていた。彼らは，チュートン的起源に由来するアングロ・アメリカの統一された人種的メンバーの一員であると自己規定していたのである」［Rabban 2013: 5］と述べている。法学者プリールは，次の

---

[5] 第6章2節2項で述べられているように，ジョセフ・ストーリーは，コモン・ローの古来性ではなく進歩性を強調し，伝統的な「古来の国制論」から離れていったとされる。本章で主題とする19世紀後期の歴史法学派の法律家も，進歩史観を採用し，コモン・ローが時代につれて進化してきたことを強調したのであり，その意味では，歴史法学派の歴史観もまた，ポーコックが論じたような「古来の国制論」［Pocock 1957: 45］とは異なっていた。歴史法学派は，「古来の国制論」をそのまま復活させたわけではない［清水 2013a: 12-19］。むしろ，歴史法学派は，クック以来存在したサクソン法の優越性という思想を，進歩史観や当時の法制史学の知見に適合するように再構成したわけである［同上：19-23］。

ディロンの分析はダイシーにも完全に共有されていたはずだと断言する［Priel 2017: 612］。

> コモン・ローは，イングランドと合衆国の法体系を結びつけ，またアメリカの各州間の法体系をも結びつける。コモン・ローはそれらの法体系を全て似たものにする。コモン・ローはそれらに有機的な性格を付与する。コモン・ローは，生きた紐帯である。なぜならそれは絶え間ない活発な相互交流と交際の原因と手段であり，国全体の人民を隣人とするからである［Dillon 1894: 156］。

　このように，当時の英米の法曹界を支配したアングロ・サクソニズムが，コモン・ローの卓越性を確信する19世紀後期から20世紀初頭のアメリカの法思想の一つの背景となったことは間違いない。当時において，アメリカ人は自らをアメリカ人というよりは，イングランド的伝統を引き受けた，アングロ・アメリカ人として自己認識していたのである。かかる世界観ゆえに，当時の法的言説は，常にコモン・ロー伝統の参照というかたちとなって現れたのであった。

❖ 2-2　歴史法学（historical jurisprudence）

　19世紀後期アメリカの法学知を歴史への回帰と依拠という断面から分析した法制史家ラバーンによれば，19世紀後期，イギリス，ドイツ，そしてアメリカにおいて，歴史法学および法制史研究が隆盛した［Rabban 2013］。ヘンリー・メインやフリードリヒ・カール・フォン・サヴィニーらの歴史法学は我が国でもよく知られているが，それと同様に歴史法学派がアメリカでも出現したのである。ラバーンによれば，それは「19世紀は「歴史の世紀」であった」という当時の時代感覚と密接な関係がある［ibid.: 63］。当時のアメリカの法制史および歴史法学の文献に共通するのは，自らを分析法学と明確に切り離された一群の学派と彼ら自身がみなしていたこと［ibid.: 6］，ゲルマン的，チュートン的起源をもったアングロ・サクソン法の連続的推移として英米のコモン・ローを捉え，かかる観点から法制史学および歴史法学を展開していたことである。法をサクソン以来の民族の慣習として理解するかかる歴史法学の立場が，先述

のアングロ・サクソニズムと共鳴していることは明らかであろう。19世紀後期アメリカの言説空間は、ダイシーやブライスをはじめとするイングランドの法言説、メインやサヴィニーらの歴史法学といった知的土壌に育まれるかたちで成立していたのである。

　実際、当時の法律家のテクスト群を一瞥すれば、彼らの歴史主義を発見することは容易である。彼らは、サクソン期から連続する、発展する民族の慣習として法を捉え、かかる立場からコモン・ローを理解したのである。歴史法学とレッセ・フェール憲法論を同時に代表する論者である、クリストファー・ティードマン（Christopher G. Tiedeman, 1857-1903）は、「民族の倫理観を形成し発展させる社会的な力と、民族の法を発展させる力が同一のものであることを示せたと信じる。実体法は、その本質上、大衆が共通かつ慣習的に従っている道徳的ルールである。……法の道徳性はそれが人々の共通かつ慣習的な実践となっていることにある」[Tiedeman 1890: 15] として、法は民族の慣習であると主張した。かかる法観念は、当時の多くの法曹に共有されたものであった。ディロンの次の文章に、コモン・ロー、自由、ゲルマン、歴史といった要素への礼賛を見出すことは容易であろう。

> コモン・ローは、それが発展させた、ないしはそれと発展をともにした諸制度とともに、自由の精神によって普及したということを最初に述べたい。かかる自由の精神がコモン・ローを他のすべてのシステムから隔て、自己統治を行う人々の制度としたのである。このイングランドの政体の法の兆しと要素はゲルマン的な起源を有するものであることが最近まで続けられてきた優れた研究によって明らかにされている [Dillon 1884: 213]。

　ニュー・ヨークおよびカリフォルニアで活躍した当時の著名な法曹であったジョン・ポマロイ（John N. Pomeroy, 1828-85）もまた、歴史法学を代表する論者であった。

> それら〔サクソン起源の法制度〕のなかでも卓越しているのは、かの最も重要で、そして我々にとって神聖な、地域の自治の原理である。この原理は

> サクソンの政体全体の基礎である。それはイングランドの州や古来の地方公共団体，自治都市に，その超記憶的な特権とともに保全され続けている。多くのアメリカの州においては，これはその母国よりも遥かに用心深く守られている [Pomeroy 1883: 240-41]。

　このように，19世紀後期アメリカの法律家たちは，法をサクソン期以来の慣習と捉え，英米の国制を連続的なものと理解していた。そしてかかる理論を裏づけるために，しばしば英米の法制史に埋め込まれた言語を用いた。当時の歴史法学が実証的歴史学の水準と要求を満たしていたというのは難しい面があるが [Rabban 2013: 325; 清水 2013a: 19]，彼ら歴史法学者たちが，アングロ・アメリカの法制史の言語によって，自らの法学知を形成したことは確かである。

❖ 2-3　古典的コモン・ロー理論（classical common law theory）

　アングロ・サクソニズムと歴史法学は，両者相まって，19世紀後期当時のアメリカの法曹たちが英米のコモン・ロー伝統を知的基盤とすることを促した。その時に彼らが念頭に置いていたコモン・ローとは，どのようなものだったのか。すでにジェレミー・ベンサムおよびジョン・オースティンによって提唱されていた，分析法学によるコモン・ロー理解を当時の法曹たちも読書を通じて知っていたのである[6]。しかし，コモン・ローは主権者の命令であり裁判官立法であるとの法概念論は，歴史法学派のとるところではなかった。むしろ，彼らがコモン・ローを理解する際に依拠したのが，超記憶的慣習（immemorial custom）として法を捉えていた，クック以来の古典的コモン・ロー理論であった[7]。当時のアメリカの歴史法学派の法曹の一人，ウィリアム・ハモンド（William G. Hammond, 1829-94）は，率直にも「ブラックストーンやより古い時代の著述家のコモン・ロー観が正しいのであり，オースティンとその弟子筋の

---

6) 本書第3章では，ベンサムの法思想について，法の支配の観点から詳細に検討されている。
7) 古典的コモン・ロー理論という概念は，Postema [1986] による。より厳密にいえば，19世紀後期アメリカの歴史法学派の法思想と，クックやブラックストーンの古典的コモン・ロー理論とは異なっている面もある [清水 2013a: 25]。なお，クックの，コモン・ローに基づく法の支配論については，本書第1章および第2章を参照。

ものは根本的な誤りである」[Hammond 1880: 327] と述べている。彼らにとって，コモン・ローとは，超記憶時代からの慣習法に他ならなかったのである。ニューヨークの著名な法曹であり，今日では法典化反対運動で知られているジェイムズ・カーター（James C. Carter, 1827-1905）は，クックを引用しつつ次のようにいう。

> 慣習は，時としてそう考えられることもあるが，偶然的なものでも，取るに足らないものでも，意味のないものでもない。それは，人種の黎明期にまで遡る果てしない過去からなる，消えることのない英知の記録である。その英知は，全ての人によって，修正され，直され，拡大され，読まれ理解されてきたのであり，全ての人に等しく開かれている。法の英知はいかなる人間の英知よりも賢い，というのはクック判事の素晴らしい表現である [Carter 1907: 127-28]。

レッセ・フェール憲法論と歴史法学を同時に代表するミシガンの法律家，トマス・クーリ（Thomas M. Cooley, 1824-98）によれば，コモン・ローの原理は，いかに新奇にみえようとも，超記憶時代から存在しており，単にそれが可視化されるようになったのが最近であるだけだという。

> 新しく，特殊な事件が次々に起こることは避けられない。そして裁判所はそれらを規律する原理を発見しなければならない。裁判所はすでに宣言された原理を参照することもあろうし，ここで初めて適用された原理を参照することもあろう。しかし，新しく適用された原理は新しい原理ではないと想定される。むしろ反対に，それは超記憶時代から（from time immemorial）この国のコモン・ローの一部を構成していたと想定されるのである。それは以前には適用する機会が訪れなかったから適用がなかっただけである [Cooley 1879: 13]。

クーリにとって，コモン・ローは超記憶時代から続いた慣習であり，そうであるがゆえに民衆が自発的に受容し続けてきたものであった。彼によれば，

「コモン・ローは疑いなくサクソンの諸王の時代にも存在したのであり，恣意的なノルマン人の下でも，コモン・ローが権利や所有権のルールを提供した」[*ibid.*: 11]。また，「法的権利のほとんどは，その起源において慣習的なものである。……法とは，市民がそれを見ることなくして従う主人であり，命令を待たずに遵守するものなのである」[Cooley 1888: 368]。コモン・ローは，外在的権力によって強制されたものではなく，単に民衆が自発的かつ慣習的に従ってきたものであり，それゆえに議会の命令としての制定法とは峻別されるべきものであった。クーリによれば，「慣習は，それが自発的なものであるとき，権利と行動のルールがどのようなものであるべきかについての，人々の最終的で安定した確信の争う余地のない証拠である。それゆえに，制定法は強制によって遵守されるが，慣習は自発的に遵守される」[Cooley 1884: 503]。

> 法は，人々に対し，彼らの行動を規律するよう強いることができるが，その準則は，一般的かつ自生的に受容されたものでなければならない。……それは，人民の多数派が習慣的に守っていないものであってはならないのである。なぜなら，人民の多数派が法の破壊者であるとすれば，外在的な権力のみが法を強制することになるのは明らかだからである [Cooley 1879: 3]。

当時のアメリカの法曹が，クックやブラックストーンをどこまで内在的に理解したかは置くとしても，クック，ヘイル，ブラックストーンらの文献の引用は枚挙にいとまのないものであり，それらのテクストによってアメリカの法律家が自らの法思想を鍛え上げたことはほとんど疑問の余地のないものと思われる。ディロンの次の引用は，それを裏づけるに十分であろう。

> コモン・ローのメリットはそれが人類の経験に基づいていることにある。……ヘイル判事は「法の改正と改変」についての短い小冊子のなかで——その全ての言葉が素晴らしいのだが——「地上において時は最も賢いものである」「時と長きに渡る経験は，世界中にいる最も賢く鋭い知性の全てがそうでありうるよりも，はるかに精巧であり，鋭敏であり，賢明である」と三度にわたり宣言している [Dillon 1894: 172]。

このように，19世紀後期のアメリカの法思想は，当時の思想空間を特徴づけた，アングロ・サクソニズム，歴史法学，古典的コモン・ロー理論を背景として形成されたのである。彼らが馴染んでいた，クックやヘイルなどのテクスト群も，このような時代背景の下に読まれたのである。

3 修正14条の成立と連邦憲法構造の変動

　19世紀後期アメリカにおけるアングロ・サクソニズム，歴史法学，そして古典的コモン・ロー理論は，ロックナー判決を用意した一つの主要因ではあったが，それだけでは同判決は生まれえなかった。ロックナー判決を準備したもう一つの要因こそ，修正14条の成立とそれに続く憲法判例によるアメリカ連邦体制の根本的変革であった。連邦憲法・連邦最高裁が契約の自由をはじめとする個人の自由を権利として保障し，州による侵害から保護しているという憲法構造が出現して初めて，ロックナー判決は可能だったからである。

　建国期から南北戦争に至るまでは，アメリカ合衆国憲法が市民の権利に関係しているという発想自体が極めて希薄だった。今日のアメリカを代表する法制史家ホワイトが述べるように，「19世紀の初めから南北戦争に至るまで，連邦最高裁の任務表のなかに大きく欠けていたのが，後に市民的権利あるいは市民的自由の案件と呼ばれるようになった事案である。それは政府の規制に対する個人の権利の範囲を論点とするものであった」[White 2016: 352]。南北戦争と再建修正（the Reconstruction Amendments）[8]を経るまで，合衆国憲法は統治の法，客観法として観念されていた［大久保 2013: 111］[9]。その最大の理由は，市民の権利義務は各州の管轄事項であり，連邦は原則として関与しないという連邦制の構造であった。

　かかる状況が打破され，権利の法としての合衆国憲法，市民の権利義務を規律する連邦憲法という発想が台頭したのが19世紀後期であり，かかる変化を決定づけたのが再建修正とそれに続く判例や体系書であった。州の立法権を，

---

8) 一般に，南北戦争後の再建期（the Reconstruction Era）に制定された修正13条，14条，15条を指す。
9) この点については，第6章5節「おわりに」で，その含意も含めて検討されている。

憲法上の「自由」あるいは「特権免除」が制約するという構造を定めた修正14条が1868年に成立し，州のポリス・パワーを憲法上の自由が制約するという今日的な憲法構造が出現する。その時期は，折しも，アメリカの急激な工業化を受け，社会経済立法が台頭し，その正当性が問題となっていた時期でもあった。

かかる憲法構造の変化の端緒となったのは，1873年の屠殺場事件と言われるアメリカ連邦最高裁の判例の反対意見であった[10]。本件では，ルイジアナ州法による屠殺業の独占権付与が修正14条違反かが争われる。州は，屠殺業を一定の業者および地域に独占させることで，ニュー・オーリンズの衛生および健康的環境を確保することが州法の目的であると主張した[11]。それに対し，独占に異議を申し立てた屠殺業者は，かかる独占が職業の自由を侵害し修正14条違反であると主張したのである。法廷意見を執筆したサミュエル・ミラー（Samuel F. Miller, 1816-90）は，かかる憲法違反の主張を退けたが，それは，市民の権利義務は連邦ではなく州が規律するという伝統的な憲法構造を守るためであった。ミラーは次のように述べて，連邦権力の拡大への恐れを表明している。

> 例えば，事後法，私権剥奪法，契約上の債権債務侵害の禁止などの，連邦憲法が州に課しているごくわずかな明示的限界を超えて，権利の存在と保護が連邦政府に依存していることはないのである。むしろ，それらの例外といくつかの他の制約とともに，各州の市民の特権と免除の全領域は，上で定義したように，各州の憲法と立法権の内部にあるのである。州は合衆国市民の特権および免除を侵害する法を制定し執行してはならないと単に宣言しただけの修正14条の目的が，我々が言及した，全ての市民的権利の安全と保護を各州から連邦政府に移譲することだったのであろうか？[12]

ミラーは，連邦憲法に列挙されたごくわずかな例外を除き，市民的権利の保

---

10) Slaughter House Cases, 83 U.S. 36 (1873).
11) *Ibid.* at 87.
12) *Ibid.* at 77.

護と定義は各州の問題であって，連邦憲法の問題ではありえないとの古典的見解を維持したのであった。それに対し，ロックナー判決を先取りするかたちで，連邦憲法が市民的権利を保護している，つまり今や合衆国憲法は権利の法でもあるとの憲法観を提示したのが，反対意見に回ったスティーブン・フィールド (Stephen J. Field, 1816-99) であった。フィールドによれば，「自由な人および市民としての基本的権利，特権，免除は，今や合衆国の市民としての彼に属するのであって，いかなる州の市民権にも依存するものではない。……それらの権利は，州の立法に由来するのではないし，州権力によって破壊することもできない」[13]。彼は，修正14条はまさに市民の権利を連邦憲法レベルで保障したものと考えたのであった。

その上でフィールドは，合衆国憲法が保障しようとしている市民の権利の内実をイングランドのコモン・ロー伝統に求めた。何故ならば，「イングランドのコモン・ローは合衆国の裁判法理の基礎である」[14]からであった。フィールドは，この屠殺場事件を導くべき先例と原理は，クックの判例集に引用されている，エリザベス女王期イングランドの独占事件（Case of Monopolies）にあると述べる[15]。

> 修正14条は市民の特権および免除を全国の権威の保護下に置く。いかなる営業および製造のすべての独占はかかる特権の侵害であり，それは財産を獲得し幸福を追求する市民の自由を独占が侵害するからである。そして独占は，エリザベス女王の統治下に下された，偉大なる独占事件のコモン・ローにおいて無効である[16]。

> 独占事件の判示に示された理由は我々の事案にも等しく適用される力をもつ。かの事件において，遊戯用のカードを輸入し，流通させ，国土におい

---

13) *Ibid.* at 95-96.
14) *Ibid.* at 104.
15) 本事件（ダーシー対アレン事件）は，本書第1章3節でも検討されている。そこでは，独占を付与する王の権力を制約しようとするコモン・ロイヤーたちの一連の試みが整理されている。
16) *Ibid.* at 101-102.

> てかかるカードを製造する独占権を原告に与える特許が認められた。被告は，この特許にもかかわらず，カードを製造販売し，輸入した。それによって原告の排他的特権を侵害したとして訴えられた。国土において製造され販売されたカードについては，彼は自身がロンドンの事業者であって，同市の自由な市民であり，そうである以上，カードを製造販売する権利を有していると主張した。裁判所はかかる答弁を適切とし，特許はコモン・ローと国会の諸々の制定法に反して無効であると判示した[17]。

 つまり，「フィールドは明確かつ予言的に，新しく連邦的保護の下におかれるようになった権利を定義するために，自然法ではなくコモン・ローの原理に回帰した」[Siegel 1991: 96] のであった。本事件でフィールドが依拠したのは主として特権免除条項であったけれど，それが法廷意見によって極めて狭い射程に限定されたがゆえに，後のロックナー期において最高裁はデュー・プロセス条項の下にフィールドとほぼ同様の法理論を展開したのである。

 同様に本件で反対意見を執筆したジョセフ・ブラッドリー (Joseph P. Bradley, 1813-92) もまた，憲法上の権利の基礎をコモン・ローに求めた。「この国の人々は，彼ら自身とともにこの海岸にイングランド人の権利をもってきた。それはイングランドの歴史上のさまざまな時代の主権者から抑圧されてきたものであった。それらの基本権の一つは，マグナ・カルタに見出される，次のような言葉に表現されている。いかなる自由人も，同輩の適法な判断あるいはこの国の法によらずして，拘禁されず，自らの土地保有権，自由，自由な慣習は侵害されず，法外に追放され国外に追放されず，また他のいかなる侵害を受けないし，有罪宣告を受けない」[18]。屠殺場事件の反対意見によって，コモン・ロー上の権利の連邦憲法による保護が法理論として初めてその姿を現したのであった。

 かかる状況は，法体系書 (legal treatise) の世界をも変化させる。ケントやス

---

17) *Ibid.* at 103.
18) *Ibid.* at 114. アメリカ合衆国憲法および各州の憲法のデュー・プロセス条項の起源となった29条も含め，法の支配の確立のため，マグナ・カルタを引用したイングランドのコモン・ロイヤーたちの試みについては，本書第1章5節で詳述されている。

トーリーが，その体系書において，もっぱら統治構造の法としてのみ合衆国憲法を描き出していたのに対し，クーリ，ティードマンらは，合衆国憲法によって保護される「権利」を憲法論の主題へと変化させた［Novak 1996: 246］。クーリ『憲法上の諸制約』(1868年) は修正14条の成立と同年に公刊されたこともあり，その叙述は州憲法上の権利論が中心であるものの，1927年までに8版を重ね，修正14条についての解説も追加された。彼が州憲法上の諸制約として描き出した憲法上の権利論は，修正14条の成立からしばらく後の版においては，そのまま連邦レベルでの憲法論にも適用可能なものとして論じられている［Cooley 1880: iii; 1883: 359］。

ティードマン『ポリス・パワーの限界』［Tiedeman 1886］およびその拡大版である『人身と財産の州および連邦による規制』［Tiedeman 1900］は，叙述の冒頭において，合衆国憲法の権利章典や再建修正を，政府権力への制約として取り上げるという構成を採用している。そして，かかる連邦憲法上の諸権利は，連邦のみならず州をも制約するものとして理解されている［Tiedeman 1886: 15］。ティードマンには，連邦憲法に基づき，連邦裁判所が個人の権利について介入することは連邦の構造を破壊し州権を侵害するものだという，かつてミラー裁判官を悩ませた問題意識は極めて希薄である。合衆国憲法で保障された権利は，今や州権力を制約するものとして理解される。

修正14条，屠殺場事件の反対意見，そしてクーリやティードマンらの著作により，ロックナー期の知的前提が用意された。アングロ・サクソニズム，歴史法学，古典的コモン・ロー理論などの法思想，修正14条による憲法構造の変動，そして工業化とそれに伴う社会経済立法の増加という社会的コンテクストの合流点に，ロックナー期は生まれたのである。

4 コモン・ロー上の自由と憲法上の自由

✣ 4-1 法体系書 (legal treatise)

英米法の同一性を信奉し，古来の民族的慣習としてコモン・ローを称賛した19世紀後期当時の法曹が，アメリカ憲法をイングランド国制の連続的発展形態とみなしていたとしても，何ら不思議はない。ティードマンとクーリはそれ

ぞれ次のように述べて，アメリカとイングランドの双方の国制の強い連続性を指摘する。

> アメリカの憲法典は，民族の政治的発展と憲法原理とが完全に調和したものであり，憲法制定会議における政治的慧眼の成果ではない。したがって，合衆国における連邦と州の憲法は，18世紀におけるアメリカ人の意図的な創造物ではない。合衆国における連邦および州の憲法は，ブリテンの憲法の単なる自然的で連続的な発展にすぎず，新たな環境によって細部および若干の原理が修正されたものである [Tiedeman 1890: 21]。

> 善き憲法は徐々に形成されたものでなければならない。……アメリカ合衆国憲法は，新世界の条件と環境に適合的なブリテンの憲法の全てを，アメリカのために保全するという目的の下に書かれたのである。……実際，アメリカ合衆国憲法の制定に伴う変化は，スチュアート王家が退位してオラニエ公ウィレムが王となった時に起こったイングランドでの変化よりも大きいということはない [Cooley 1889: 349-50]。

当時のアメリカの法曹たちは，ブラックストーンの国会主権論にもかかわらず，英米法の連続性の法思想から，イングランド憲法は政府に対して不文の制約を課していると考えていたようである。ブラッドリーとクーリは次のように述べている。

> イングランドは成文憲法をもっていないことは確かである。しかしそれは不文憲法を有している。それはよく認知された，しばしば宣言される国会と人民の特権からなっており，それをいかなる実質的な点においても侵害する場合には，1時間のうちに革命を引き起こすだろう[19]。

> 今日，イングランドにおいては，国会が主権を有しており，いかなる法で

---

19) Slaughter House Cases, 83 U.S. 36, 115 (1873) (Bradley, J., dissenting).

> も通すことができるといってよい。しかし，もし国会が，マグナ・カルタの時代から理解され受容されてきたイングランド人の基本的権利にとっていかなる点においても破壊的である法を通せば，その法は完全に無効となるであろう。なぜなら，許された主権の適切な行使を超えたものとして，人民や公的機関は侮辱をもってそれを無視するだろうし，あるいは革命が必要であるほどに，当該法を執行しようとするいかなる試みにも，反抗が成功するだろうからである［Cooley 1892: 85］。

　かかる憲法観に基づき，当時の法律家たちは，コモン・ロー上の自由と憲法上の自由を同一視した。19世紀後期当時の法思想において，コモン・ロー上の自由と，憲法上の自由は市民的自由（civil liberty）という同一の概念の下に理解されていたのである。憲法によって保護される自由と，刑法や不法行為法によって保護される自由とは，連続的なものとして観念されていたのであり，身体の安全や財産権は，ポリス・パワーからも，私人による侵害からも等しく守られるべき権利であった［Cooley 1879: 23］。
　その証左として，クーリの憲法体系書と不法行為法体系書における，市民的自由のリストの一致が挙げられる。憲法の解説において説明されているのは，信教の自由，住居・身体・信書の安全，婚姻の権利，労働の自由，陪審裁判を受ける権利などである［Cooley 1880: ch.8］。一方で，不法行為法の解説においても，信教の自由，住居・身体・信書の安全，生命，名誉，家族を形成する権利，契約の自由，財産権などが挙げられている［Cooley 1879: ch.2］。かかる自由は，憲法上は，立法によって侵害される局面が問題となるが，コモン・ロー上は，刑罰，離婚，債務の弁済などによって失われる［*ibid.*: 43-44］。
　コモン・ローによって保護された権利は，国家が恣意的に侵害してはならない自由でもあった。「国家によるものであれ，個人によるものであれ，その境界線を越えることが権利の侵害になる限界を示したい。かかる行為は，国家が立法を通して行ったからといって，不法でなくなるわけではない」［*ibid.*: 275］との言はそれを示している。かの有名な契約の自由も，不法行為法の解説のなかに登場する。「全ての人は彼の追及するビジネスが何かを決める権利をもち，誰とでもいかなる条件でも契約する自由をもつ」［*ibid.*: 281］のである。ロ

ックナー判決ではかかる自由を制約したのは立法だったが，クーリの不法行為法体系書においては，かかる自由を侵害する行為は，不法な目的のために，すでに締結された契約から脅迫などを用いて第三者を離脱させること [ibid.: 279-80]，共同謀議 (conspiracy) や結合 (combination) を用いて自由な契約関係を妨害することなどであった [ibid.: 280]。コモン・ロー上のさまざまな法原理・法準則の下で保護されていた自由と，憲法で保障された自由は性質の異なるものとしては理解されていなかったのである。

同様に，市民的自由としての宗教的自由もまた，不法行為法と憲法によって等しく保護されるべき自由であった。不法行為法においては，第三者が宗教的集会を妨害することが当該自由の侵害となり，民事賠償の理由となる [ibid.: 290]。憲法においては，課税による特定の宗教の支援，宗教的行事への州による参加の強制，宗教的出版物への検閲などが禁止される [Cooley 1868: 469-70]。また，コモン・ロー上の犯罪である，冒瀆的表現 (profanity) や瀆神 (blasphemy)，あるいは契約法上の公序良俗 (public policy) は残存し，かかるコモン・ロー上の信教の自由の限界が憲法上の保障の意義を大きく決定していた [Cooley 1880: 207]。

ティードマンの体系書も，コモン・ロー上の自由と憲法上の自由を同視する法思想に基づいていた。ティードマンの憲法体系書である『ポリス・パワーの限界』は，憲法上保護される権利を私的権利 (private rights) と観念し，かかる私的権利を，身体の安全 (personal security)，自由 (personal liberty)，財産権 (private property)，夫婦間の権利，親子間の権利，雇用関係の権利に分類する [Tiedeman 1886: 16]。一見して明らかなように，このような分類体系は，ブラックストーンおよびケントによってすでに示されていた，コモン・ロー上

---

20) Personal liberty は，ブラックストーンおよびケントにおいては，いわゆる人身の自由を意味しており，主として人身保護令状によって保護されるべき自由であった [Blackstone 1979: vol.1, 130; Kent 1827: 22]。それに対し，ティードマンは，personal liberty の語を，表現の自由や職業の自由を包含する拡大した意味で用いており，もはや人身の自由と訳すのは不適切である。ブラックストーンの時代においては，いまだ表現の自由が確固たる権利として認識されておらず，また契約の自由のような権利も私法上出現していなかった。ティードマンは，新しく認識された諸権利を，personal liberty の下に論じたのである。なお，ケントにおける権利の分類については，本書第6章2節で詳述されている。

の権利の分類に準拠したものであった[20]。ブラックストーンは，個人の権利を絶対権（absolute rights of persons）と相対権（relative rights of persons）とに分類し，その下に諸々のコモン・ロー上，イングランド憲法上の権利を体系化して示していたのであった。

> 自然人としての各人の権利は，絶対的なものと相対的なものの二つの種類がある。絶対的なものとは，特定の人に，単に個人あるいは単独の人間として帰属するものである。相対的なものとは，社会の構成員としての彼らに帰属するもので，お互いのさまざまな関係性において効力をもつものである [Blackstone 1979: vol.1, 119]。

　ブラックストーンは，個人の絶対権をさらに身体の安全，人身の自由，私的財産権に分類し，かかる権利はイングランド人民の権利であると述べる [*ibid.*: 125]。相対権は，治者あるいは被治者としての権利である公法上の相対権と [*ibid.*: ch.2-13]，私法上の相対権である，雇用上の権利，夫婦間の権利，親子間の権利，後見人と被後見人間の権利に分類される [*ibid.*: ch.14-18]。

　身体の安全とは，「人の生命，四肢，身体，健康，そして名誉を邪魔されることなく享受することに存する」[*ibid.*: 125]。かかる権利は，自然権として真空状態で保全されるというよりは，むしろ政府設立後に十全に保障されるものであり，特にイングランド国制の下で他のどこよりも完全に享受され続けてきたものであった [*ibid.*: 121-23]。ブラックストーンの『イングランド法釈義』は，かかる前提に基づき，それぞれの絶対権および相対権が，イングランドにおいていかなる法準則によって保護されているかを解説している。例えば生命という絶対権は，胎児が子宮内で動き回れる時から保護され，その侵害が殺人（homicide）あるいは故殺（manslaughter）で処罰されると説かれる [*ibid.*: 125]。それと同様な調子で，人身の自由が何であるかは人身保護令状の説明によってなされ [*ibid.*:130]，雇用関係の権利はかかる関係を規律するコモン・ローの準則によって説明されるのである [*ibid.*: ch.14]。

　ティードマンの憲法上の権利論は，かかるブラックストーン的なコモン・ローの権利体系を公法的関心から整序し直したものであり，権利自体はコモン・

ローに直接その基礎をもっていたのである。ブラックストーンおよびケントが，例えば，夫婦間の権利をもっぱら私法的に記述していたのに対し，ティードマンは，ポリガミーの規制や，異人種間の婚姻の禁止の合憲性など，公法的観点が前景に出ている [Tiedeman 1886: 536-38]。もっとも，それは相対的なものであり，ブラックストーンでは，未成年者の婚姻の効力が私法的に論じられているのに対し [Blackstone 1979: vol.1, 424]，ティードマンでは未成年者の婚姻を規律することが，ポリス・パワーの行使として合理的であり，憲法上可能なのかどうかが公法的に論じられるが [Tiedeman 1886: 530]，畢竟，両者は似たような論述にならざるを得ない。このように，コモン・ロー上の権利体系において，公法と私法が未分化であることに対応して，彼の憲法上の権利の分類も私法的規律の影響を大きく受けていたのである。

　しかし，クーリおよびティードマンのコモン・ロー的憲法論は，ブラックストーンそのままというわけではない。約1世紀を経てコモン・ロー自体が大きな変化を遂げていたからである。例えば，ブラックストーンは契約の自由を知らなかったが [Blackstone 1979: vol.2, xiii-xiv]，19世紀後期には，コモン・ロー上契約の自由が保護されるに至っていた。『イングランド法釈義』では，契約法はほとんど扱われておらず，独自の法領域として観念されていない。契約は，相続や占有などと並んで，特定物の権原移転方式の一つとして言及されるだけであり，財産法体系のわずかな部分を占めているにすぎなかったのである [Blackstone 1979: vol.2, 442; Horwitz 1977: 162; 岡嵜 2013: 29]。労働関係も，契約法というカテゴリーとは無縁のものとされていた。雇用関係は，Master and Servant law の名の下に，家族関係と類似のものとして理解されていた。使用人・被用者（servant）は，戸主の監督の下，家族と同様の包括的管理に服し，仕事を辞める自由もなかったとされる [Blackstone 1979: vol.1, 414; Orth 1998: 51; 岡嵜 2012: 45; White 2014: 83]。アメリカの工業化は，かかる伝統的な法世界を一変させ，転売を前提とした不特定物の取引や，契約に基づく今日的な賃労働を台頭させる。そのような社会において必要となった，複雑化した取引を規律すべく出現したのが，「契約法」というコモン・ローの新しい法領域であった [Horwitz 1977: ch.6; 岡嵜 2013: 第2章][21]。

　こうして19世紀中期に出現した「契約法」において，契約の自由が保護さ

れるに至る。例えば、ウェスタン・アンド・アトランティック鉄道対ビショップ事件（1873年）[22]において、被用者たる被上告人は、雇用者たる鉄道会社と、業務に由来する損害については、鉄道会社に対する賠償請求権を放棄するとの趣旨の特約を含む労働契約を締結しており、かかる契約の有効性が争われた。ジョージア州最高裁は、次のように述べて、かかる契約を締結するのは労働者の自由であると判示し、会社の責任を認めた原審を破棄した。

> 契約が、実定法によって禁止されていたり、公序良俗に反しない限り、雇用者と被用者は、お互いの権利義務について契約をする権利を有しており、これを制限する法を我々は知らない。雇用者と被用者はともに自由な市民である。……労働条件を定める条項について契約する権利よりも重要な権利を私は知らない。自らの愚かな行為の帰結から法が労働者を守り、労働者のために、彼ら自身がするであろうよりも賢明で優良な契約を法が作るのだ、ということは一見もっともらしい。しかし、労働者のためにある契約を作成すると称する法作成者（law-giver）は、他の条項についても、契約条件を定めたいと主張するであろうことを忘れてはならない。こうして、一歩ずつ、労働者は自由人であることをやめるのである[23]。

また、1875年のイングランドの裁判所では、将来発生しうる特許権の譲渡が、公序良俗に反することはなく有効であると判示された際、むしろ契約の自由こそが公序良俗の内容に他ならないと述べられるに至っている。「もしも公序良俗が要求するものがあるとすれば、それは成年で判断能力がある人々は最大限の契約の自由（liberty of contracting）をもつべきであり、かかる契約は、自由かつ自発的に締結されたならば、神聖なものであり裁判所によって執行される

---

21) 今日的な契約法の萌芽は1840年代にみられる。ウィリアム・ストーリーの契約法体系書は、当事者の自由な意思の合致に契約を基礎づけている［Story 1844: 4］。また、Farwell v. Boston and Worcester RR, 45 Mass. 49 (1842) において、マサチューセッツのラミュエル・ショウ裁判官は、鉄道会社の労働契約を、伝統的な Master and Servant law の延長ではなく、自由な契約の論理で処理していた［Orth 1998: 60］。
22) Western and Atlantic Railroad Co. v. Bishop, 50 Ga. 465 (1873).
23) *Ibid.* at 470–71.

べきだということである」[24] というのである。このように，英米の裁判所は，私法上の判例において，権利義務を自ら契約によって定める自由をロックナー判決に先立って保護していたのである。

❖ 4-2 判　　決

　ロックナー判決は，かかる法世界の内部で下された。同判決では，契約の自由が，契約法，不法行為法（コモン・ロー）と憲法によって保護されるべき自由であることを前提とした上で，パン職人の健康を保護するというポリス・パワー行使の合理性が争われたが，かかるポリス・パワー行使の合憲性の判定基準は，すでにコモン・ロー上蓄積のあったニューサンス法に由来するものであった。当時のニューサンス法は，他人の物を害さないように自己の物を使用すべし（*Sic utere tuo ut alienum non laedas*）という法諺によって規律されていた [Wood 1875: 14; Blackstone 1979: vol.3, 217]。コモン・ロー上の自由（例えば，契約の自由）の，具体的な限界と内容は，かかる法原理によって与えられるのである。もっとも，当然のことながら，かかる抽象的な法命題だけでは，特定の個別具体的行為がニューサンスかどうかは判断できない。実際には，行為類型ごとに判例の蓄積があり，裁判官は，豊富な判例を利用してある特定の迷惑行為がニューサンスかどうか判別しえたのである。そして，かかる法格言は，デュー・プロセス条項にそのまま取り入れられ，ポリス・パワー行使の合憲性を判定する基準としても機能した [Cooley 1868: 577; Tiedeman 1886: vii]。

　貸馬車屋，ガンパウダーの製造，畜殺場の営業，風紀紊乱所などは公的ニューサンスとされ，かかる業種はコモン・ロー上刑事訴追の対象となり，したがってその立法による規制も合憲と考えられた [Novak 1996: 61, 66]。私的ニューサンスは不法行為となるが，コモン・ロー上のかかる行為類型の規制もまた合憲となりやすかった。ニューサンスに対しては，民事訴訟，損害賠償，エクイティ上の差止，刑事訴追などの法的救済が用意されていたが [*ibid*.: 61]，かかる従来型の救済方法の延長として，立法による規制は理解されたのである。

---

24) The Printing and Numerical Registering Co. v. Sampson, 32 the Law Times 354, 357 (1875).

このような法世界を象徴する判決である，ロックナー判決は，パン製造業は，コモン・ローの先例上ニューサンスとは認められないがゆえに，憲法上，ポリス・パワーによる規制の対象とならない，との思考過程をたどって正当化された［Horwitz 1992: 27-28/31-34］。ロックナー判決において，「ポリス・パワーは抑圧的で不正な立法の口実として行使されてはならないが，それは公衆の健康，安全，道徳の保全あるいは公的ニューサンスの除去のために合法的に用いることができる」[25]と判示されているのはそのためである。また，判決文において，パン製造業への従事が職人の健康状態にいかに影響するかが最大の争点とされているのは，パン製造業がニューサンスとしての資格を満たしうるかによって，事案の結論が左右されるからに他ならない。

シカゴの倉庫業のイリノイ州法による料金規制が修正14条のデュー・プロセス条項違反かが争われたマン対イリノイ判決（1876年）もまた，憲法論の基礎をコモン・ローに求めた[26]。モリソン・ウェイト（Morrison Waite, 1816-88）による法廷意見と，フィールドによる反対意見は，結論こそ異なるものの，その推論の過程と参照する先例はほぼ同一であり，コモン・ロー上の法源の解釈をめぐって意見が分かれたにすぎない。ウェイトはアメリカ憲法論の基礎がイングランドのコモン・ローにあることを次のように述べる。

> この修正条項〔修正14条のこと〕は，州権力への限界であり，合衆国憲法のなかでは新しいものだが，文明化された統治の原理と同じくらい古いものである。それはマグナ・カルタに見出されるし，形式ではなく実質をみれば，この連邦の諸州によって，ほとんど全ての憲法がそれを採用し続けてきた。……植民地の人々が大ブリテンから独立したとき，彼らは自らの統治の形式を変えたが，その実質は変えなかった[27]。

かかる英米法の同一性論をウェイトとフィールドは共有していたが，彼らの

---

25) Lochner v. New York, 198 U.S. 45, 66 (1905) (Harlan, J., dissenting).
26) Munn v. Illinois, 94 U.S. 113 (1876).
27) *Ibid.* at 123-24.

意見を分けたのはコモン・ローの先例の解釈であった。

> 修正14条が採択されたときから，私的財産の使用やその利用料さえをも規律する制定法は，所有者から彼の財産を法のデュー・プロセスなしに奪うものであるとは考えられてこなかったことは明らかである。……コモン・ローを観察すれば，そこから連邦憲法が保障する権利はやってくるのであるが，私的財産が「公共の利益に関係するとき，純粋な私的権利であることをやめる」ことを発見するのである。このことはヘイル首席裁判官によって200年以上前に述べられている[28]。

ウェイトはこのように，憲法上の権利がコモン・ローに由来すると述べたうえで，マシュー・ヘイルの著作およびいくつかのイングランドの判例を引用する。その一つに，1810年のイングランドのアルナット対イングリス判決[29]があった。同判決において，被告はLondon Dock Companyという倉庫業を営んでおり，ワインの輸入業者である原告は，被告の倉庫を合理的な料金 (reasonable rate) で利用する権利があると主張したが，被告はそれを拒否した。それによって原告は，本来得られるであろうはずの利益を失ったと主張した民事事件が本件である。エレンボロウ首席裁判官は，制定法により，輸入したワインを当該地域においてのみ保管するよう定めていること，そこには被告の倉庫以外に利用できる倉庫がなく，独占的地位を有していることを重視し，被告たる倉庫業者は自由に料金を徴収する権利はないと判示した[30]。次の判示は，マン対イリノイ判決にも引用された同裁判官の判決文である。

> 全ての人は自らの財産とその使用料に好きなように価格をつけることができるという一般原則が好ましいことは，法と正義の観点から疑いない。しかし，公衆が特定の目的のために彼の敷地に入る権利を持ち，それを利用することができるとき，そして彼がその目的を達する方法を独占しており

---

28) *Ibid.* at 125–26.
29) Allnut v. Inglis, 12 East, 527 (1810).
30) *Ibid.* at 538–40.

> そこから利益を得ているとき，その対応物として，彼は財産について合理的な条件の下で使用する義務を負う[31]。

ヘイルの著作及びイングランドの先例によりつつ，ウェイトはこのようなコモン・ローの法源こそが本事件における制定法の修正14条適合性を審査する基準となると述べる。

> コモン・ローの優れた解説者の言葉をこれまで多く引用してきたが，その理由は，その言葉の中に，我々が現在検討している制定法を支持する原理を発見するからである。学識あるアメリカのある裁判官は，ヘイル判事について，次のように述べたことがある。「イングランドにおいて，国王大権についてさえも，ヘイルの言葉は，それがマグナ・カルタに見出されるかのように注意深く探されてきた。そしてその意味が一度明らかになれば，それ以上の探求はなされなかった」[32]。

ウェイトによれば，このように，コモン・ローにおいて，独占的地位を有する「公共の利益に関係する事業」については価格規制や契約の自由の制約が認められてきた[33]。本判決は，シカゴにおける倉庫業が，このような事業と観念できるかが本質的な争点となったものである。法廷意見は，かかる問に肯定的に答えたが，その理由は，シカゴにおける倉庫業の特殊な地理的条件であった。ちょうど鉄道と湖に囲まれており，鉄道と船に穀物を入れ替えて輸送するという機能が集中している当該地域における倉庫業は，事実上の独占 (virtual monopoly) を形成していた。それ故に，本件倉庫業は，アルナット判決における倉庫業と同様に，契約の自由を制約されるべき立場にあるというのである。

---

31) *Ibid*. at 538. Munn v. Illinois, 94 U.S. 113, 127 (1876) では，537頁からの引用とされるが，誤り。
32) Munn v. Illinois, 94 U.S. 113, 129 (1876).
33) 公共運送人 (common carrier) は，スペースに余裕がある限り，運送を誰に対しても拒むことができず，その義務に反すると刑事責任および民事上の賠償義務を負うが［田中1991: 124］，かかる業種はその典型例とされる。Munn v. Illinois, 94 U.S. 113, 129 (1876).

> 西部あるいは北西部の生産地域は，その穀物を水運あるいは鉄道でシカゴまで運ぶ。シカゴでは，穀物の大部分が，船で五大湖の沿岸まで輸送され，またそのいくらかは鉄道で東部まで輸送される。……この事業は，大量の穀物が輸送され，また備蓄される手段を必要とする。そして，かかる手段は，通常 elevators と呼ばれる穀物倉庫が担ってきた。……それら倉庫は，一方を港に，もう一方を鉄道路線に囲まれている。そこにおいて，穀物は，ビジネスのやり方に従って，車両から船に，あるいは船から車両に積み込まれる。……西部の7から8の大きな州で生産された膨大な作物は，海岸の4から5の州へ輸送されるため，本件倉庫を通過せねばならないのであり，本件の全ての倉庫施設が，事実上の独占となっているのは明らかである[34]。

　これに対し，フィールドは同様の判決を引用し，ウェイトによるアルナット判決の理解は誤っていると反論する。フィールドによれば，ヘイルの著作にせよ，イングランドの先例にせよ，価格規制が許されるのは政府からの排他的特権を私人が得ているときに限られ，シカゴの本件はかかる場合に当たらないのであった。

> 法廷意見を支持するために引用されている主要な先例は，王座裁判所によって下され，イースト12巻に収められているアルナット判決である。しかしこの判例は，法廷意見を裏づけるどころか，私の判断では，他者には与えられていない政府からの特権や権利を財産権者が享受している場合を除いて，全ての人が自らの財産とその使用から好むままに料金を徴収する権利を確立したものなのである[35]。

　このように，ウェイトとフィールドは先例の解釈を異にしたけれども，憲法論の基礎がイングランドの先例にあるという理解を共有していたのである。フ

---

34) *Ibid*. at 130-32.
35) Munn v. Illinois, 94 U.S. 113, 151（1876）（Field, J., dissenting）.

ィールドは,「憲法の条項は,個人の権利を政府から保護し保障するためにあると常に解釈されてきたけれども,かかる条項は,権利を変更したり規律したりする通常の立法権を超えようとする政府に,単にコモン・ローの原則を課すものとして,法律家,政治家,注釈者の称賛を受けてきた」[36]とのミラー裁判官の判示を引用しているのである。

マイヤー対ネブラスカ事件[37]において,連邦最高裁は,「疑いもなく,デュー・プロセス条項の自由は,単なる身体的拘束からの自由のみならず……一般的に,コモン・ローによって自由人の秩序ある幸福追求にとって不可欠と長きにわたって認識されてきた諸特権の享受を含むのである」[38]と述べたが,かかる判示は以上のような法思想的来歴を踏まえたものだったのである。

5 コモン・ローの正統性の剥奪と制定法による社会の変革へ

しかし,かかる法世界も永続するものではなかった。20世紀中盤以降,アメリカ法において憲法上の権利とコモン・ロー上の権利は分化を始める。1937年の憲法革命によって,契約の自由,人身の自由,財産権など,古来のコモン・ロー上の権利の憲法理論における重要性は低下した[39]。さらに,アフリカ系アメリカ人をはじめとするマイノリティの平等権の主張は,コモン・ローではなく直接憲法に基礎をもっていた。また,20世紀以降の表現の自由法理の発展は,コモン・ローとの決別から始まるとされている。ヘンリー・ブラウン裁判官による,「権利章典としてよく知られている最初の10の修正条項は,いかなる新奇な統治原理を定めたものでもない。それは我々のイングランドの先祖から相続した確かな保障と免除を単に具体化しただけなのである……それゆえに,言論および出版の自由は,名誉毀損,瀆神,卑猥な表現を許容す

---

36) *Ibid.* at 145.
37) Meyer v. Nebraska, 262 U.S. 390 (1923).
38) *Ibid.* at 399.
39) アメリカ法制史,憲法史において,1937年の West Coast Hotel Co. v. Parrish, 300 U.S. 379 (1937) によって,ロックナー時代が終焉し,新しい憲法秩序が始まったとされている [Horwitz 1992: 3/1]。憲法革命の意義については,本書第8章の主要なテーマともなっている。

るものではないし,公共の道徳や個人の名誉を害する出版を許容するものでもない」[40]との伝統的な法理論に対し,オリヴァー・ウェンデル・ホウムズは,修正1条はコモン・ローを超えた内容をもつと主張し,現代の表現の自由論の基礎を形成した。彼によれば,「私は,修正1条がコモン・ロー上の文書煽動罪(seditious libel)を有効なまま保存しているという政府の議論にはまったく賛成できない。……害悪の矯正を時に委ねることが差し迫って危険であるような,緊急事態においてのみ,連邦議会は言論の自由を縮減する法律を制定してはならないという命令に対する例外は許される」[41]。

ホウムズらによる憲法論とコモン・ローの切断の作業は,古来の慣習としてのコモン・ローという伝統的な法思想への攻撃それ自体として現れた。ホウムズは,「法が,大衆の意志の無自覚的な具体化にすぎなかった時代は過ぎ去った。それは,自らの運命を自覚的に定めようとする,組織された社会の意識的な反応となったのである」[Holmes 1894: 9]として,民衆の慣習としての法という法思想はもはや基礎を失い,デモクラシーによる自覚的な立法作業によって法が作られるべきとする。同様に,ロスコー・パウンドは,「かつては,コモン・ローは立法よりも優れていると考えられた。なぜならそれが慣習的であり,被治者の同意に依拠しているとされたからである。今日,いわゆる慣習と呼ばれるものは,司法的決定の慣習であって,人々の行動の慣習ではないことを我々は認識している」[Pound 1908: 406]と述べて,伝統的なコモン・ロー思想の虚偽性を告発したのである。

ホウムズやパウンドらの,ロックナー期法思想への攻撃は,単なる社会経済立法の擁護としてのみ理解されてはならない。むしろ,ロックナーの基礎となったコモン・ロー思想の根本的組換えを意味していたのである。アングロ・サクソニズムが主張したように,コモン・ローが古来の民族の慣習ならば,イングランドとアメリカにおいてコモン・ローが同一であるといえるだろう。しかし,コモン・ローが単なる司法的決定の集積であり,デモクラシーに服すべきものにすぎないとすれば,政治的に同一でないイングランドとアメリカのコモ

---

40) Robertson v. Baldwin, 165 U.S. 275, 281 (1897).
41) Abrams v. United States, 250 U.S. 616, 630-31 (1919) (Holmes, J., dissenting).

ン・ローが共通であろうはずもない。ホウムズは，次のように述べてアメリカのコモン・ローがイングランド法とは別のものであると指摘した。

> コモン・ローは，州によって執行されている限り，コモン・ローと呼ばれようが呼ばれまいが，コモン・ロー一般ではない。それは州の権威によって存在している州法であり，イングランドや他の場所においてどうであったかとは無関係である[42]。

革新派の法律家たちの批判によって，アングロ・サクソニズム，歴史法学，古典的コモン・ロー理論というロックナー期法思想を支えた諸理論は維持できなくなった。ロックナーの是非に対する当時の対立は，コモン・ローの本質と正統性をめぐる争いそれ自体だったのである。そして，彼らによってコモン・ローの正統性が剥奪されたとき，憲法がコモン・ローに依拠することはもはや不可能となったのであった[43]。

❖コラム③：
ロックナー判決の解釈の変遷

　従来，ロックナー判決とは，レッセ・フェールと社会的ダーウィニズムを信仰し，ビジネス界の利益を代弁していた保守的な裁判官たちが，先例や文言による根拠がないにもかかわらず，自らの政治的立場を憲法に不当にも読み込んだものと理解されてきた。このような理解は，新旧の我が国の代表的な文献に見出すことができる［田中 1980: 294-95; 宮川 1996: 75; 笹倉 2007: 193］。かかる立場は，ロックナー判決のホウムズ反対意見が「修正14条はハーバート・スペンサー氏の社会静学を立法化したものではない」[1]と述べたことに端を発し，多くの憲法学者に支持されてきた［Corwin 1941; Kelly & Harbison 1948: 523］。また，ロックナー判決が社会的現実を無視し法概念の操作に終始しているとの批判は，パウンドによってなされ［Pound 1909: 457］，その後も繰り返された［Howell 1963: 1460］。同判決が「形式主義法学」に基づいているといわれるゆえんである。

　今日の法制史学では，かかる理解は革新派が旧体制を攻撃するために書いたものであり，正確ではないとの理解が一般的である。現代の通説的見解によれば，ロックナー期の法思想は，分散化された個人単位の小規模事業者による経済秩序を前提に，政

---

1) Lochner v. New York, 198 U.S. 45, 75 (1905) (Holmes, J., dissenting).

府からの特権付与も規制も双方を排除するべきとする，ジャクソン期の政治思想に淵源があるとされる［Jones 1987; Hovenkamp 1991; Horwitz 1992: 24/27］。かかる理解によれば，労働法は市民の特定の層にのみ政府による保護を与えるもので，クラス立法（class legislation）として排されるべきものであった［Benedict 1985; Gillman 1993］。他に，奴隷制廃止論者の自由労働思想がロックナー期の契約の自由論の基礎にあるとする研究［Nelson 1974; McCurdy 1998］，アダム・スミス以来の古典派経済学がロックナー期法思想の基礎にあるとする研究［May 1989; Meese 1999］なども注目される。これらのいわゆるロックナー修正主義（Lochner Revisionism）と呼ばれる諸潮流の特徴は，ロックナー期の法理論が，金ぴか時代に突如出現したものではなく，むしろそれ以前のアメリカの法思想・政治思想を受継いだものであると理解していることにある。それゆえに，一部の論者は，ロックナー期の法思想を「古典的法思想（classical legal thought）」「法的正統（legal orthodoxy）」と呼んでいるのである［Horwitz 1992; Wiecek 1998; Kennedy 2006］。第7章で主題的に取り上げた，ロックナー期法思想を歴史法学の観点から読み直す研究も，かかるロックナー修正主義の有力な一分派である［Siegel 1990; Tamanaha 2010; Parker 2011; Rabban 2013］。

　もっとも，過去の思想との連続性があるといっても，建国期の共和主義と，ロックナー期政治思想には重要な相違もある[2]。共和主義は，徳を公共の利益への関心と捉えたのに対し，レッセ・フェール憲法論は，徳を政治参加よりも労働と勤労に見出す。共和主義は循環史観をとるが，レッセ・フェール憲法論は，進歩史観を基調とする。共和主義は，「自然の貴族」による少数者支配を唱えるが，レッセ・フェール憲法論は，ジャクソニアン・デモクラシー的な非エリート主義である［清水 2011, 2012］。

　以上のような，法制史的関心に基づく研究のみならず，憲法理論的関心からのロックナー修正主義も今日隆盛を極めている感がある。もともと，ホウムズに始まる従来的見解は，実体的デュー・プロセス理論を攻撃し，立法府の広い裁量を認めることを主眼としていた。しかし，従来的なロックナー理解を前提とした場合，妊娠中絶の権利を実体的デュー・プロセス理論の下認めたロー対ウェイド事件（1973年）などと，ロックナー判決がどのように異なるのかが判然としない[3]。従来的ロックナー理解は，ロー判決を批判するためにも等しく使われうるのである。憲法理論としてのロックナー修正主義は，ロックナー判決を，個人の権利をアメリカ法の伝統に基づいて擁護した判決として読み直すことで，実体的デュー・プロセス理論の正統性を主張し直し，権利の保護者としての連邦最高裁を擁護するための歴史叙述であるといえよう［Fiss 1993; Roosevelt III 2006; Bernstein 2011］。最後に，邦語で読めるロックナー修正主義の文献として，［常本 1997; 飯田 2000; 川岸 2012; 木南 2012a, 2012b; 岡嵜 2013; 阪口 2015; 清水 2013a, 2013b, 2016］。

---

2) 建国期の共和主義は，本書の第5章4節で，マーシャル・コートの重要な背景として論じられる。
3) Roe v. Wade, 410 U.S. 113 (1973).

6 おわりに

本章で検討したように，かつては法の支配からの悪しき逸脱物にすぎないと考えられてきたロックナー判決は，今日の法制史学では，むしろ英米の法の支配の伝統を正面から引き受けたものと考えられている。かかる法制史学の成果に，現代アメリカ憲法学はどのように応答しているのであろうか。憲法学者であるロウズヴェルト3世は，次のように述べて，ロックナーが正統な判決であったと評価している。

---

42) Black & White Taxicab Co. v Brown & Yellow Taxicab Co., 276 U.S. 518, 533–34 (1928) (Holmes, J., dissenting).
43) このような，憲法論とコモン・ローの分離は，本書のテーマである「法の支配」に何をもたらしたのであろうか。その一つの診断として，アメリカの法学者であるタマナハによるものがある。彼によれば，リアリズム法学などの影響により，かつてコモン・ローが有していた慣習法・高次法としての性格が掘り崩され，また，法が一定の政治的目的達成のための単なる手段として理解されるようになった。それにより，法作成者に対する高次法による制約がなくなり，法の支配の理念が危機に晒されるようになったという [Tamanaha 2006: 215–18]。かかるタマナハの見解も含め，ロックナー期の終焉がアメリカにおける法の支配に与えた影響については，次の第8章で詳述されている。
44) 例えば，公務員による政党の機関紙配布が，「政治的行為」（国家公務員法102条1項）として処罰されるべきかが争われ，無罪となった堀越事件（最判平成24年12月7日刑集66巻12号1337頁）においては，憲法判断によることなく，国公法の解釈によって，政治的表現の自由を保護するという方法を最高裁は採用した。その際，千葉勝美による補足意見は，かかる国公法の解釈は，「その文理のみによることなく，国家公務員法の構造，理念および本件罰則規定の趣旨・目的等を総合考慮した上で行うという通常の法令解釈」［千葉 2017: 59］であると強調している。このような，憲法判断ではなく「通常の法令解釈」によって憲法価値を守ったと評価できる判決として，他に，剣道受講拒否事件（最判平成8年3月8日民集50巻3号469頁）や，月刊ペン事件（最判昭和56年4月16日刑集35巻3号84頁）などを挙げることができよう。このような事案は，従来，憲法判断を避けているとして消極的な評価を受けることもあったが［奥平 1995: 第4章］，本章の視点からは，より積極的な評価に値するように思われる。

また，森林法判決（最大判昭和62年4月22日民集41巻3号408頁）や郵便法判決（最大判平成14年9月11日民集56巻7号1439頁）においてなされた，民事法上の法制度に準拠した司法審査がある。これらの判決は，それが大上段な憲法理論よりも，民事法に埋め込まれた原理との整合性を問題にしているという意味で，通常の司法作用の延長線上にある司法審査権の行使といってよいように思われる。なお，日本法のこのような理解についてより詳しくは，Shimizu［2016］を参照。

> ロックナー事件自体，非正統なものではないといえるだろう。連邦最高裁は，憲法についての特定の考え方に，事実がかかる考え方を誤りだと証明した後も，長く固執してしまった。しかし，その憲法の意味は，少なくとも当初は妥当なものであった。産業化と経済の統合の憲法的意義を理解したならば，法思想の大幅な変化が要求されたのである。裁判法理の革命は一夜にしては起こらない［Roosevelt III 2006: 217/220-21］。

　ロックナー判決をその内容面からも肯定するリバタリアンがロックナー再評価を歓迎するのは当然としても，その政治的帰結を悪しきものと考えるリベラル派によっても，ロックナーの正統性は再検討されつつある。政治的に誤りであったとしても，それが法的判断として正統（legitimate）であるとするかかる憲法学の言説に，今日なお続く，アメリカにおける法の支配へのコミットメントをみることも不可能ではないであろう。

　では，日本の法律家は，かかる思想史研究の成果から何を読み取ることができるであろうか。一ついえるとすれば，本章は，日本の司法審査のあり方にヒントを与える可能性がある。憲法の専門家の知的権威ではなく，通常裁判所における裁判官としての権威の下に，憲法をあくまでも「法」として執行するという作用は，憲法判断が通常の司法判断と同質である，との理解を前提として営まれていた可能性が高い。司法審査についての，かかる理解を育んでいくことは，日本の司法審査を活性化する一助ともなりうるはずである[44]。

【引用・参考文献】

Benedict, M. L. (1985). Laissez-Faire and Liberty, *Law and History Review*, 3(2), 293-331.
Bernstein, D. E. (2011). *Rehabilitating Lochner*, The University of Chicago Press.
Blackstone, W. (1979). *Commentaries on the Laws of England*, 4 vols., The University of Chicago Press.
Bryce, J. (1907). The Influence of National Character and Historical Environment on the Development of the Common Law, *Green Bag*, 19, 569-80.
Carter, J. C. (1907). *Law, Its Origin, Growth and Function*, New York and London.
Cooley, T. M. (1868). *A Treatise on the Constitutional Limitations Which Rest upon the*

Legislative Power of the States of the American Union, Boston.

―――. (1879). *A Treatise on the Law of Torts, or, the Wrongs Which Arise Independent of Contract*, Chicago.

―――. (1880). *The General Principles of the Constitutional Law in the United States of America*, Boston.

―――. (1883). *A Treatise on the Constitutional Limitations Which Rest upon the Legislative Power of the States of the American Union*, 5th edn., Boston.

―――. (1884). Labor and Capital before the Law, *The North American Review, 337*, 503-16.

―――. (1888). The Uncertainty of Law, *American Law Review, 22*, 347-70.

―――. (1889). Comparative Merits of Written and Prescriptive Constitutions, *Harvard Law Review, 2*(8), 341-57.

―――. (1892). Sovereignty in the United States, *Michigan Law Journal, 1*, 81-92.

Corwin, E. S. (1941). *Constitutional Revolution, Ltd.*, Claremont.

Cosgrove, R. A. (1987). *Our Lady the Common Law*, New York University Press.

Dicey, A. V. (1897). A Common Citizenship for the English Race, *Contemporary Review, 71*, 457-76.

Dillon, J. F. (1884). American Institutions and Laws, *Annual Report of ABA, 7*, 203-239.

―――. (1894). *The Laws and Jurisprudence of England and America*. Boston.

Fiss, O. (1993). *Troubled Beginnings of the Modern State, 1888-1910*, Cambridge University Press.

Gillman, H. (1993). *The Constitution Besieged*, Duke University Press.

Hammond, W. G. (1880). Appendix, in *Legal and Political Hermeneutics*, (ed.) F. Lieber, St. Louis, pp.229-334.

Holmes, O. W. (1894). Privilege, Malice, and Intent, *Harvard Law Review, 8*, 1-14.

Horsman, R. (1976). Origins of Racial Anglo-Saxonism in Great Britain before 1850, *Journal of the History of Ideas, 37*(3), 387-410.

Horwitz, M. (1977). *The Transformation of American Law, 1780-1860*, Harvard University Press.

―――. (1992). *The Transformation of American Law, 1870-1960*, Oxford University Press.（樋口範雄［訳］(1996).『現代アメリカ法の歴史』弘文堂）

Hovenkamp, H. (1991). *Enterprise and American Law, 1863-1937*, Harvard University Press.

Howell, R. F. (1963). The Judicial Conservatives Three Decades Ago, *Virginia Law Review, 49*(8), 1447-82.

Jones, A. R. (1987). *The Constitutional Conservatism of Thomas McIntyre Cooley*, Garland Publishing, Inc.

Kelly, A. H., & Harbison, W. A. (1948). *The American Constitution*, New York.

Kennedy, D. (2006). *The Rise and Fall of Classical Legal Thought*, Beard Books.

Kent, J. (1827). *Commentaries on American Law*, vol. 2, New York.

May, J. (1989). Antitrust in the Formative Era, *Ohio State Law Journal*, *50*, 257-395.

McCurdy, C. W. (1998). The "Liberty of Contract" Regime in American Law, in *The State and Freedom of Contract*, (ed.) H. N. Scheiber, Stanford University Press, pp.161-97.

Meese, A. J. (1999). Liberty and Antitrust in the Formative Era, *Boston University Law Review*, *79*, 1-92.

Nelson, W. E. (1974). The Impact of the Antislavery Movement upon Styles of Judicial Reasoning in Nineteenth Century America, *Harvard Law Review*, *87*(3), 513-66.

Novak, W. J. (1996). *The People's Welfare*, The University of North Carolina Press.

Orth, J. V. (1998). Contract and the Common Law, in *The State and Freedom of Contract*, (ed.) H. N. Scheiber, Stanford University Press, pp.44-65.

Parker, K. M. (2011). *Common Law, History, and Democracy in America, 1790-1900*, Cambridge University Press.

Pocock, J. G. A. (1957). *The Ancient Constitution and the Feudal Law*, Cambridge University Press.

Pomeroy, J. N. (1883). *An Introduction to Municipal Law*, 2nd edn., San Francisco.

Postema, G. J. (1986). *Bentham and the Common Law Tradition*, Oxford University Press.

Pound, R. (1908). Common Law and Legislation, *Harvard Law Review*, *21*(6), 383-407.

――― . (1909). Liberty of Contract, *Yale Law Journal*, *18*(7), 454-87.

Priel, D. (2017). Conceptions of Authority and the Anglo-American Common Law Divide, *American Journal of Comparative Law 65*(3), 609-57.

Rabban, D. M. (2013). *Law's History*, Cambridge University Press.

Roosevelt III, K. (2006). *The Myth of Judicial Activism*, Yale University Press.（大沢秀介［訳］（2011）.『司法積極主義の神話』慶應義塾大学出版会）

Shimizu, J. (2016). Common Law Constitutionalism and Its Counterpart in Japan, *Suffolk Transnational Law Review*, *39*, 1-46.

Siegel, S. A. (1990). Historism in Late Nineteenth-Century Constitutional Thought, *Wisconsin Law Review*, *1990*, 1431-1547.

――― . (1991). Lochner Era Jurisprudence and the American Constitutional Tradition, *North Carolina Law Review*, *70*, 1-111.

Story, W. W. (1844). *A Treatise on the Law of Contracts not under Seal*, Boston.

Tamanaha, B. (2006). *Law as a Means to an End*, Cambridge University Press.

――― . (2010). *Beyond the Realist-Formalist Divide*, Princeton University Press.

Tiedeman, C. G. (1886). *A Treatise on the Limitations of Police Power in the United States*, St. Louis.

――― . (1890). *The Unwritten Constitution of the United States*, New York, London.

――― . (1900). *A Treatise on State and Federal Control of Persons and Property in the United States*, St. Louis.

White, G. E. (2014). *American Legal History: A Very Short Introduction*, Oxford

University Press.
―――. (2016). *Law in American History*, vol. 2., Oxford University Press.
Wiecek, W. M. (1998). *The Lost World of Classical Legal Thought*, Oxford University Press.
Wood, H. G. (1875). *A Practical Treatise on the Law of Nuisances in Their Various Forms*, Albany.
飯田　稔（2000）.「レッセ・フェール憲法学への新たな視座」憲法理論研究会［編］『憲法基礎理論の再検討』敬文堂，pp.33-46.
大久保優也（2013）.「草創期合衆国憲法における「社会」・「思想」・「法学」」早稲田大学法学研究科博士論文
岡嵜　修（2012）.「Master and Servant law の歴史的変遷」『朝日法学論集』*43*, 35-75.
―――.（2013）.『レッセ・フェールとプラグマティズム法学』成文堂
奥平康弘（1995）.『憲法裁判の可能性』岩波書店
川岸令和（2012）.「経済的自由とデュー・プロセス条項（1）」『アメリカ法判例百選』有斐閣，pp.90-91.
木南　敦（2012a）.「ロックナー判決における自律と自立（1）」『民商法雑誌』*146*(1), 1-32.
―――.（2012b）.「ロックナー判決における自律と自立（2・完）」『民商法雑誌』*146*(2), 121-53.
阪口正二郎（2015）.「古典的法思想とロックナー判決」岡田信弘・笹田栄司・長谷部恭男［編著］『憲法の基底と憲法論』信山社，pp.63-91.
笹倉秀夫（2007）.『法思想史講義・下』東京大学出版会
清水　潤（2011）.「立憲主義・国家からの自由・徳（1）」『中央ロー・ジャーナル』*8*(3), 97-140.
―――.（2012）.「立憲主義・国家からの自由・徳（2）」『中央ロー・ジャーナル』*8*(4), 43-82.
―――.（2013a）.「アメリカにおける不文憲法の伝統（2）」『中央ロー・ジャーナル』*10*(2), 3-68.
―――.（2013b）.「アメリカにおける不文憲法の伝統（3・完）」『中央ロー・ジャーナル』*10*(3), 107-54.
―――.（2016）.「19世紀後期アメリカの憲法論に対するコモン・ローの影響について」『法哲学年報』2015, 211-27.
田中英夫（1980）.『英米法総論・上』東京大学出版会
田中英夫ほか（1991）.『英米法辞典』東京大学出版会
千葉勝美（2017）.『違憲審査』有斐閣
常本照樹（1997）.「ニュー・ディールと最高裁」『アメリカ法』1997(1), 23-40.
宮川成雄（1996）.「経済的自由とデュー・プロセス条項（1）」『英米判例百選 第3版』有斐閣，pp.74-75.

第8章
岐路に立つ法の支配

椎名智彦

1 はじめに

　本章の目的は，19世紀から20世紀への世紀転換期のアメリカ合衆国における法の支配について，第7章で披歴されたような理解を枕としつつ，それが特定の政治的事情の下で迫られることになった変容の背景および実相，そしてその後について，一つの描像を提示することにある。とはいえ，それは静態的なものではなく，一定の時間の幅のなかで熱気を帯びつつ展開された動態的なものであり，その意味では，それは〈動画〉であるとの比喩さえ当てはまるかもしれない。

　本章での検討を始める前提として，本書の主題である英米的な法の支配とはそもそもどのような特徴をもち，どのような機能を果たすものだったのか，いま一度振り返ってみよう。第7章までに示されたポイントのいくつかを，ここで仮に以下のように整理してみる。もちろん，これらは，その外縁部分については争いがあっても，核心部分については共通の理解が一応存在するアイディアがもつ，それぞれ異なる局面に着目した摘要という性格のものでもあり，相互に排除しあったり，衝突しあったりするものではない。

① 国王大権など，非民主的な政治権力の行使の抑制。〔第1，2章〕
② 議会など，民主的——ときには党派的——な政治権力の行使を抑制する。〔特に第5章〕　　　　　　　　　　　（政治権力との関係）
③ あらかじめ存在するルール・原理・その他の規範がもつ効力を擁護

> することを通じて，個人の行動の自由や既得権——特に財産権——
> を保障する。〔特に第6章〕　　　　　　　　　　　　（個人との関係）
> ④ 最上級裁判所を頂点とする法曹集団が，過去から承継されてきた伝
> 統的なコンセプト群・技術群を駆使して運営・維持する。〔特に第
> 7章〕　　　　　　　　　　　　　　　　　　　　　　（主体・方法）

　そして，このような整理を前提にすると，本章の主題であるアメリカの法の支配の〈岐路〉の基本的構図は，次のように描写することができる。

　すなわち，特殊な政治状況の下で，法曹集団が伝統的に擁護してきたコンセプトのうち，その基幹的なものの効力を従来と同じかたちで維持することが困難になり（③・④の後退），それまでは法曹集団が規律・管轄してきた，統治に関する一定の事項領域を政治家集団・政治部門に移譲せざるを得なくなった（②・④の後退），と。具体的な歴史の文脈のなかで，これらがどのような出来事を指しているのかということについては，次節以下で詳しく述べる。

　次に，この〈岐路〉を一つの画期とする，法をめぐる時間的な視座の変化についてもあらかじめふれておきたい。それは，それまで主として過去志向（retrospective/backward-looking）であった法の視座に，将来志向（prospective/forward-looking）の視座が付け加わった，ということである[1]。このことは，ここでいう〈岐路〉が，コモン・ロー——判例法／裁判官創造法——から立法へと，いわば法形式の基軸が遷移する画期であったことにも関係する。

　アメリカにおける法の支配の〈岐路〉についての概念論的なアウトラインは，おおむね以上のようなものである。これらをより具体的に色づけしていくために，以下では次のような順序で叙述を進める。

　まず，第2節では，このような〈岐路〉が，アメリカ法思想における学派の攻防という土俵において，従来，そして近時，どのように描写されてきたのかという点について，学説の状況を確認するとともに，それらを適切に読み解くための視座を示す。第7章の主題である「ロックナー判決の再評価」も，ここで示される見取り図のなかに位置づけると，その意義がより理解しやすくなる

---

[1] 19世紀末葉のアメリカ法における時間的視座の変化については，最近では，Hovenkamp［2015］が主題的に検討している。

かもしれない。

　次に，第3節では，法の支配を〈岐路〉へ追い詰めた規範的な力（normative force）について検討する。以下にみるように，そのような規範的圧力が生じた現実的な契機が，世界恐慌や第二次大戦といった歴史的出来事であり，極言すれば，これらは法外在的な偶発的事情にすぎないかもしれない。しかし，理論家たちは，いやしくも英米における至高の統治理念の一つである法の支配を屈服せしめたその力について，規範的なターミノロジーを用いてその輪郭や内実を描出してきた。それは，一言でいえば，実践的というよりは当為的性格の強いデモクラシーの理念であり，わが国の憲法学にも間接的ながら大きな影響を与えてきたものである。

　ここで採り上げる規範的デモクラシーの理念は，その後，著名なウォーレン・コートによって果断に執行された。その結果，〈司法がデモクラシーを実現する〉という想定外の現実が徐々に明らかになることを通じて，アメリカの法の支配は，少なくとも古典的な理論枠組みによっては適切に説明したり，理解したりすることが困難になった。

　本章では，第7章との整合性を考慮して，英米における法の支配の要点を上記の①〜④のように，いわばスリムに把握するという観点から，ウォーレン・コートの業績を，法の支配の伝統との間で親和的・連続的なものであると捉える立場はとらない。言い換えれば，法の支配と規範的デモクラシーを，統治理念に関する二項対立の図式にのせる場合には，ウォーレン・コートを後者の系統に属せしめるということである。

　続いて，第4節では，法の支配サイドからの反転攻勢としての側面をもつプロセス法学について検討する。ウォーレン・コートに対する主要な批判の一つは，それが，英米の法曹集団が伝統的に枢要視してきたところの，最上級裁判所における判決文のスタイルに関する黄金律を適切に履践していないというものであった。法曹集団に固有の伝統的技術からの逸脱は，法の支配そのものからの逸脱だと評価される側面があるといえよう。ウォーレン・コートの主要判決に対して，それらが裁判官個人の政治的価値判断の集積にすぎないとの批判が浴びせられた理由の一つは，ここにあった。政治的には，ウォーレン・コートを基本的に支持しつつも，それが判決において用いる法曹的技術の不十分性

を批判することを通じて,いわばそれを再び法の支配のハーネスの下に置こうとした一群の理論家たちが,いわゆるプロセス学派であったともいえる。

最後に,第5節では,ここまでの考察を踏まえた上で,法の支配,あるいは法というディシプリンそのものの文脈依存性の問題について検討して本章を結びたい。

2 リアリズム法学の文脈・再論

❖ 2-1 法史の規範的解釈

ロックナー対ニュー・ヨーク事件[2]が,財産権 (property) や契約の自由 (liberty of contract) といった,ゲルマン・イギリス法以来連綿と発展してきたコモン・ローにおける,当時の基幹的コンセプトを擁護して,ニュー・ヨーク州の労働法を違憲無効としたことは,第7章にみたとおりである。一般に,同事件は,1890年代以降1920年代頃までのあいだに,合衆国最高裁が基本的に同様の法解釈を採用して連邦・州の社会経済立法を無効化した,一連の判決のうちの一つとして位置づけられている[3]。

そして,1930年代半ば以降は,違憲判断をする際に援用するアイディアに,州際通商規制権限(合衆国憲法第1編8節3項)の限界や州の留保権限(修正10条)などもまた有力な根拠として加わるようになり[4],社会経済立法に対する司法積極主義は,1937年の判例変更まで続く[5]。おおむねこの期間(1905-37)が,従来「ロックナー時代」として,〈アメリカの法律家が反省自戒すべき時代〉と考えられてきた。

しかし,このような性格づけが,アメリカの法学界で近年大きく覆りつつあ

---

2) Lochner v. New York, 198 U.S. 45 (1905).
3) Allgeyer v. Louisiana, 165 U.S. 578 (1897); Adair v. United States, 208 U.S. 161 (1908); Coppage v. Kansas, 236 U.S. 1 (1915); Adkins v. Children's Hospital, 261 U.S. 525 (1923).
4) Schechter Poultry Corp. v. United States, 295 U. S. 495 (1935); United States v. Butler, 297 U. S. 1 (1936).
5) West Coast Hotel Co. v. Parrish, 300 U. S. 379 (1937); National Labor Relations Board v. Jones & Laughlin Steel Corp., 301 U. S. 1 (1937).

ることもまた，第7章にみたとおりである。そのような争いの背景については以下で検討するが，この論争の対象は，法史的事実の存否ではなく，突き詰めていえば，存否については争いの少ない事実に対する規範的評価の如何であることには，あらかじめ注意が必要である。

✤ 2-2 形式主義法学

「ロックナー時代」とその周辺に対応するアメリカ法思想史の発展は，従来，以下のように説明されてきた。

南北戦争後の再建期から，「ロックナー時代」の終焉までは，形式主義法学（legal formalism）の時代であった［Duxbury 1995: 9-64］。それは，既存の法体系の完全性や，論理的一貫性，科学性などを強調した。また，そこでは，既存の法体系は完全なので，いかなる法的紛争も，そのコンセプト群・技術群のうちから適切なものを選び出しさえすれば，それを使用して解決することが可能であると同時に，新たな法創造の必要性が生じる余地は，基本的に極小であると観念された。

また，このような考え方の下では，法的考察の焦点は，ルールや原理といった，それ自体としては抽象的な規範に向けられることになるので，紛争の基礎をなす事実への関心は低下する。同時に，紛争解決においてあくまでも既存の法体系のみを探究の対象にするという点で，それは過去志向的な態度でもあった［Summers 1982: 136-60］。

このような法思想は，ロックナー判決を出したいわゆるオウルド・コートや，世紀転換期のアメリカ法学に大きな足跡を残したクリストファー・C・ラングデルなどの契約法理論などに，顕著に看取されるという。すなわち，「ロックナー時代」の特徴を分析してきた従来の通説によれば，同時代の合衆国最高裁は，財産権や契約の自由といった，コモン・ロー上承継されてきた抽象的概念を墨守し，労働法などの社会経済立法が保護対象とした貧しい移民労働者などの惨状という現実を軽視してきたと評価されてきた。同様に，ラングデル，サミュエル・ウィリストン，ジョゼフ・ビールといった当時の有力な理論家は，私法上の紛争処理における法的概念の重要性を強調し，事件の基礎をなす多様な事実がもつ意義に対してほとんど関心を払うことがなかったといわれてきた［ibid.: 138-47］。

✥ 2-3　歴史法学との関係

　ここで，第7章における行論の基調をなした法的発想の一つである歴史法学と，形式主義法学との関係性について補足したい。端的にいって，19世紀後半のアメリカにおける歴史法学は，それが同時代に有していた影響力や，英独における親縁的学派との関係性について言及されることは皆無ではなかったものの，わが国の学界において主題的に検討されることは，比較的最近までほとんどなかったように思われる[6]。また，アメリカの法思想史学界においても，リアリズム法学や法実証主義，また，近年では法と経済学や批判法学およびその分派的立場に関する論考が主流を占めてきたことで，その存在感は贔屓目にみても周縁化されたものであったといわざるを得ない。

　では，なぜそのような周縁化が起きたのだろうか。私見によれば，次項でふれる20世紀中盤におけるアメリカの政治的雰囲気，および，その形成要因の一つでもあったリアリズム法学による旧世代法学に対する排撃運動がいわば重畳的に作用し，歴史法学は，後の支配的学説において，形式主義法学とのあいだで有意義な差をもたないものとして位置づけられ，そこになかば吸収されてしまったことに，その原因を求めることができるものと思われる。

　そのように推察することの根拠は，従来の通説における形式主義法学の基本的性格に関する説明のなかに，歴史法学における中心的発想と同様の視座が包含させられていることにある。別の角度からいえば，形式主義法学という立場ないし学派そのものが，リアリズム法学以前のアメリカにおける法学伝統を余すところなく否定するために，リアリストたちの手によっていわば十把一絡げ的に構築された一種のフィクションという性格を有しているため[7]，時代的に先行する歴史法学が，いわば形式主義法学という人工湖のなかを遊泳する大魚の如く水面に見え隠れすることも，必然とみうるのである。

　例えば，形式主義法学においては，叙上のように既存の法がもつ完全性と万能性が強調され，新たな法創造の余地は極小であると観念される。このような発想が，歴史法学を引き継いでいる——あるいはそこから採取された——こと

---

6) 第7章の執筆者である清水潤による近時の研究は，19世紀後半のアメリカにおける歴史法学の意義を再認識するための新しい視座を提示しつつある。
7) 第8章コラム参照。

は明白であろう。歴史法学は，ゲルマン・イギリス法を礼賛し，その優越性を疑うことを知らない。そこでは，アングロ・サクソン法から承継され，現時点で人々——法曹集団——が手にしている法の体系に不足や欠落があるという発想は出にくく，時代の変化に応じて，その体系に新たなものを付加することの必要性もまた，感じられにくいと同時に，言葉にしにくいものであろう。

形式主義法学における「既存の法」が，歴史法学における「ゲルマン・イギリス法」，すなわち伝統的コモン・ロー体系と実質的に同義であることには，ほぼ疑いの余地がない。見落としてはならないのは，両者は，新たな法創造——判例法の発展だけでなく，特に立法——に反対する論拠として働くという点である。

また，多くのリアリストを含む革新派の法理論家たちにとっては，歴史法学は政治的な面でも採用しえないものであったと思われる。19世紀後半は，南北戦争の結果として解放されたアフリカ系アメリカ人や，工場労働者・鉄道敷設要員として移住してきた第二次ヨーロッパ移民・アジア系移民を，いかにして一般的アメリカ人の生活様式に適応させ，社会そのものを統合していくべきかという政治的課題が焦眉であった時代であった［紀平 1999: 215-83］。

そのような状況の下で，イギリスとの一体不可分性を説くことは，ますます定着・深化しつつあったアメリカの民族的・人種的多様性に逆行しかねないものであったと同時に，アングロ・サクソン至上主義，白人至上主義であるとの批判を招くリスクを冒すものであったと思われる。このような推察が理由のないものでないとすれば，アングロ・サクソニズムと思想的に密接な繋がりをもつアメリカ流の歴史法学は，革新主義≒リアリズム法学の立場からは，政治的保守主義と区別しにくいものであったと思われる。このような事情もまた，リアリスト的歴史観を承継する従来の支配的学説において，歴史法学が形式主義法学という保守法学のナラティヴのなかに埋没させられてきたことの背景をなしているものと考えられる。

❖ 2-4　ニュー・ディール史観

検討の焦点を，形式主義法学に戻そう。あらためて読者の注意を促したいのは，このような形式主義法学のイメージが，概して批判的な観点から構築され

ているという点である。叙上のように，そのような批判的視座は，アメリカの法史学において，従来通説的な立場を占めてきたものであった。そして，そのような立場は，「ロックナー時代」の構図を，〈資本家・企業家といった富裕層から，貧しい移民労働者その他の社会的弱者へと，立法を通じて富を再分配しようとした試みを，財産権や契約の自由といった旧態依然たるコモン・ローの概念を濫用して挫折させた〉ものとして解釈してきた。多かれ少なかれ，それはいわば左派史観である。

第7章でも示唆されているように，左派史観が支配的地位を占めてきたことには，次のような理由がある。一言でいえば，それは，フランクリン・D・ロウズヴェルトが導いたニュー・ディール時代への憧憬である。

アメリカ人にとって，ロウズヴェルトは，歴代大統領のなかでも依然としてトップクラスの人気を誇る英雄である。彼は，世界恐慌後の経済危機から祖国を立て直すとともに，ヒトラー率いる邪悪なナチス＝ドイツを打倒し，正義と人道を世界中に顕現した。20世紀を「アメリカの世紀」にした，偉大なリーダーとしての歴史的評価は，今日でも揺らいでいない[8]。

ロウズヴェルトとの関係では，「ロックナー時代」の合衆国最高裁は，いわば悪者にならなければならない。連邦産業復興法（National Industrial Recovery Act of 1933），農業調整法（Agricultural Adjustment Act of 1933）といったニュー・ディールの主要立法を次々と無効化し，国難からの脱出を邪魔し続けたからである[9]。

そのロウズヴェルトの政治≒経済的立場は，企業間の過剰な競争をコントロールすることを通じて，経済的弱者の保護を図ろうとしていた点で，中道左派的であった［紀平 1999: 299-302］。「ロックナー時代」から1937年の判例変更，

---

[8] 歴代大統領への評価は，調査対象――一般市民，学生，歴史学者，など――に応じて違いがみられるのが通例であるとともに，前提としての支持政党によっても影響を受ける。その意味では，文字通り「人気」投票の域を出るものではないことも少なくないが，多くの調査において，リンカン，ワシントン，ジェファソン，ケネディ，そしてロウズヴェルトなどが上位にランクされる傾向がみられる。例えば，アメリカの著名メディアによる以下の調査結果などを参照〈https://www.c-span.org/presidentsurvey2017/?page=overall（最終閲覧日：2018年1月5日)〉。

[9] 前掲注4）に示した判例を参照。

終戦，そしてその後にかけて，右派的立場を正面から採用することは，いわばロウズヴェルトの影の下で政治的に困難になり——1950年代前半のマッカーシズムのような例外はもちろんあったとしても——，程度の差こそあれ中道左派的な立場が，さまざまな局面で支配的なものとなっていった。

第7章での検討において批判の対象となっている従来の通説は，そのような左派的な立場に立つものである。そうであるからこそ，ロックナー判決を出した合衆国最高裁もまた，「オウルド・コート（Old Court）」——〈新しい時代の要請に応えることができない頭の固い年寄り〉というニュアンスを含んでいる——と呼ばれてきたわけである。

現在，このような従来の通説が批判に曝されているという状況は，1950年代以降のアメリカにおける価値観の多様化のなかで，ニュー・ディール的な中道左派路線を，少なくとも従前通りのかたちでは維持できなくなってきている政治的・社会的な現実が，法思想史学界にも波及していることの帰結であると評価することができよう。実際，「ロックナー時代」を再解釈しようとする新たなオルタナティヴ群を特徴づけるのは，リベラルなものから右派的性格が顕著なものまでが混在する，多彩な政治的グラデーションである［Fiss 1993; Bernstein 2011］。

次項では，形式主義法学やロックナー的積極主義を，保守的かつ近視眼的なものとして批判するという，従来の学説における基本的方向性を規定した法思想としてのリアリズム法学について，そのアイコンともいうべきオリヴァー・ウェンデル・ホウムズ（Oliver Wendell Holmes, Jr., 1841-1935）の司法消極主義哲学を中心に再検討する。司法消極主義は，フェリックス・フランクファーターの影響の下でプロセス学派によっても共有され，その後のアメリカ法学全体に普及することになるが，同学派の法思想については第4節で検討する。リアリズム法学とプロセス学派は，法理論的主張において大きく異なるところも少なくなかったが，以下にみるように，ニュー・ディールを支持して，中道左派的な政治的立場をとっていたことなどの共通点を有していたこともまた事実であった。

❖ 2-5　リアリズム法学

　リアリズム法学は，形式主義法学やロックナー主義をどのように批判してきたか。それは，理論的および実践的側面の両方に照準を合わせた二面作戦であった[10]。

　例えば，カール・ルウェリンは，革新主義的な立場から，合衆国最高裁の法解釈は「目的（end/goal）」と「手段（means/instrument）」を混同している——コモン・ロー上の法概念を抽象的に傷つけないことではなく，人々の現実の福利を増進させることこそが，法にとっては重要である——として，法の〈道具性〉を強調した。彼が，存在（現実：Is）と当為（理想：Ought）とを法的考察において一時的に峻別することの重要性を説いたのも，このことに関連している [Llewellyn 1931]。

　しかし，本章の主題との関係でより重要なのは，法の形式，および，その背景をなす時間的視座——過去志向か，将来志向か——をめぐる論点であろう。

　ここでホウムズが登場する。周知のように，彼は，ロックナー判決で反対意見を執筆した裁判官の１人である。そして，そこでのポイントは，契約の自由に対する規制の当否については，各地の経済の実情に即した州——特にその立法府——による個々の実践的判断が尊重されるべきであり，裁判所は，普遍的法命題を押しつけるような介入を慎むべきであるという主張にあった（General propositions do not decide concrete cases. The decision will depend on a judgment or intuition more subtle than any articulate major premise）[11]。司法消極主義——政治部門の判断に対する敬譲——は，彼の司法哲学の一つとして片付けられることが多かったが，本章では，この点についてもう少し踏み込んで解釈してみたい。

　ホウムズの司法哲学は，彼を取り巻くアメリカそのものについての社会認識の上に形成されたものであろう。そして，そのなかで大きな意義をもっていたものの一つが，世紀転換期のアメリカにおける社会構造の急激な変化に関する

---

10) 理論的側面からの批判については，本文中に述べる通りであるが，実践的側面からの批判は，法に対する実証科学的側面からの解明・探究のかたちをとって，アメリカにおける法社会学研究の源流の一つとなる [Schlegel 1995]。

11) Lochner v. New York, 198 U.S. 45, 75-6（1905）（Holmes, J., dissenting）.

見方であった。

例えば、彼は、1897年にボストン大学で行われた講演において、アメリカにおける産業の機械化および経済の企業化の結果、伝統的な不法行為法が、頻発する労働災害などの損害賠償事件を適切に処理し得なくなっている現実を指摘した。

> われわれの不法行為法は、脅迫や口頭による名誉毀損、あるいはそれらに類するもののような、旧時代における、単発的でそれぞれ性質の異なる種々の権利侵害に起源を有している……。しかし、今日において裁判所が処理する不法行為は、誰もが知る特定の事業に由来する事故であることが通例となっている。それらは、鉄道や工場などによる、身体や財産に対する侵害である［Holmes 1897: 467］。

ホウムズが司法消極主義を支持した理由が、このような洞察のなかに示唆されているものと考えられる。すなわち、英米の法曹集団の内部で伝統的に承継されてきたコンセプト群・技術群は——コモン・ローの中核領域としての不法行為法はまさにその典型的集積——、アメリカにおける社会的現実の激変を前にして、法的紛争を適切に解決する力を急激に失いつつあった[12]。

とすれば、先例という旧時代に拘束されざるを得ない裁判所は、新しい時代状況の下で発生する未知の紛争を適切に処理するというミッションを遂行する上では、むしろ誤りを犯す可能性が高い。

そして、そうであればこそ、「その時代の感覚的に受け止められた必要不可欠なもの、広汎に受容されてきた道徳的・政治的なものの考え方、公の秩序に関する感触（意識的なものであれ、無意識的なものであれ）」［Holmes 1963: 5］などを、人民からの信託の下で適時に調査・審議することを通じて、それぞれの地域や時勢に必要な規範を制定法化する立法府の判断こそ、統治が新たな社会的現実に適応していく上で尊重されなければならないことになろう。

---

12) 当時の不法行為法が直面していた課題は、無過失責任に基づく労災補償制度や、法定責任としての製造物責任を確立するために、まさにコモン・ローの伝統的原理をいかに修正し、その限界を克服すべきかという点にあった［Ursin 2013］。

このような解釈に立てば,「法の生命は,論理ではなく経験であった（The life of the law has not been logic: it has been experience.）」というホウムズの著名な宣言さえ［ibid.］, 新たな光の下でその意味を読み解くことができるかもしれない。このような点において, 司法消極主義を主張するホウムズ反対意見は, 産業の機械化・経済の企業化を分水嶺とする, 新旧二つの社会の断絶——そしてそれは, 社会的条件の側面におけるイギリスとアメリカとの断絶とも重なり合っていたかもしれない——に関する認識を, その根底部分において枢要視していたものと推測される。

ホウムズを思想的源流に戴くリアリズム法学が, それまで支配的だった法思想——それを形式主義法学ととらえるか, 歴史法学ととらえるか, あるいは一種の自然法思想であるととらえるかについては, ここまでみたように依然として議論が残るものの——との間で決定的に異なっていたのは, そのような社会認識であったように思われる［Twining 1985: 7-9, 41-69］。

そうであるからこそ, リアリズム法学は, 立法を重視する——司法消極主義の——法思想であったのである。立法は, 法制定の時点において伝統や過去との断絶を伴うものであるとともに, あるべき社会像の実現を目指して, その手段となるシステムを設計・構築するものであるという点で, 将来志向的であることをその本質的性格とする。

あえて念を押せば, このような視角が, それまでの法思想とははっきりと異なっていた点である。すなわち, 形式主義法学は既存の法体系を, 歴史法学はゲルマン・イギリス法以来の法的諸観念を, そして自然法思想は——とくにアメリカでは——, 政府樹立以前の自然状態から個人が享有してきた自然権を, それぞれ主要な出発点とする点で, いずれも過去と現在の連続性を不可欠の前提とする, その意味で過去志向的法思想であったからである。

また, パウンド=ルウェリン論争などを通じて［Pound 1931; Llewellyn 1931］, リアリズム法学が最も大きな注目を集めたのは, 1930年代前半から中盤にかけてであったが, 法形式としての立法の妥当性を強調することは, 既得権によって雁字搦めになり, 身動きのとれない停滞状態に陥ったアメリカ経済から, まさに連邦制定法を通じて脱却を図ろうとしていたロウズヴェルトを後方支援することでもあった。このようにみてくると, リアリズム法学が, 形式主義法

学などの，それまで支配的であった立場とどのような点で異なっていたかが明らかになるであろう．

✥ 2-6　法の支配の〈岐路〉

叙上のように，ロックナー判決は1937年に判例変更されるに至った．従来，この判例変更は，ニュー・ディールの足を引っ張り続ける合衆国最高裁に対して，業を煮やしたロウズヴェルトが突きつけた最後通牒としての最高裁改革法案——"Court Packing Plan"と俗称されてきたJudiciary Reorganization Bill of 1937: 合衆国裁判所において10年を超えて勤続した裁判官の年齢が70歳に達し，その者が6カ月以内に退任しない場合，それと同数の裁判官を任命することができるとする定数増化法案．後に廃案となった——に恐れをなしたオーウェン・ロバーツ裁判官が，政権寄りに態度を変更したことによって実現した，と説明されてきた［Lewis 2007: 311-15］[13]．

しかし，このような説明は，歴史的事実に明白に反することが，近年では通常の理解としてほぼ定着するに至っている．要は，その法案が合衆国議会に実際に提出される以前の段階で，ロックナー判決の変更は，合衆国最高裁内での裁判官の投票で既に決まっていたというわけである．

ともあれ，判例変更が実現したこと自体は争いのない事実であった．そして，具体的な経路については上にみたように争いが残るものの，経済不況や世界大戦という特殊な政治状況に起因する，ロウズヴェルトへの圧倒的な政治的支持が，その背景に一因として存在していたこともまた，間違いないとみてよい［Schwartz 1993: 235; Friedman 2002: 158-62］．

そして，法の支配の意味を，本章冒頭で整理したようなものとして理解する場合，アメリカにおける法の支配は，当時の時局が生み出した特殊な力によって後退を余儀なくされたことが，これらの検討によって明らかになるであろう．

上にも示したように，「ロックナー時代」とは，英米の法曹集団が伝統的に発展させてきたコモン・ロー・コンセプトである財産権や契約の自由などを，

---

[13]　もっとも，同書自体は近年の学説を反映して，ロバーツ裁判官による態度変更の原因を政権からの圧力に求めることについては慎重な立場をとっている．

アメリカにおいてその頂点に立つ合衆国最高裁がいわば護衛として警備し，政治部門によるその修正・変更を排除することを通じて，法曹集団がいわば〈縄張り〉を保持していた時代であったということができる。ここでの〈縄張り〉の中身とは，国民生活・国政の社会経済的局面の基礎をなす私法原理についての管理権であり，判例変更は，この〈縄張り〉を政治部門に割譲することを意味していた。実際，その翌年に登場したいわゆる「脚注4（footnote 4）」——社会経済立法については合憲性を推定する，わが国で「二重の基準」などの名で知られるアイディア——は[14]，憲法思想史的には，この判例変更と一体のものと理解されている。このようにとらえる限り，この判例変更は，まさに上に示したような意味における法の支配の後退に当たると考えられ，そのことは第7章でも示唆されている通りである。

❖ 2-7　法道具主義の曙光

タマナハは，2006年の著作において，現代アメリカ法文化の内部において，法の支配とのあいだで根源的な対抗関係に立つのは，法に対する態度としての法道具主義（legal instrumentalism）であると主張した［Tamanaha 2006］。法の支配に関する彼の理解は，本書のそれとは必ずしも同様でない［Tamanaha 2004］。しかし，ここまでみてきたように，少なくとも20世紀前半のアメリカにおいて，法曹集団による支配としての法の支配を後退させた諸要因のうち，学界において大きな役割を果たしたのは，新しい社会秩序を構築するための政治的手段として，立法の意義を強調する立場であった。

そして，その中心にいたのはリアリズム法学であったが，サマーズによれば，その理論的本質は，法や権利を抽象的に自己目的化する態度を厳しく排撃しつつ，それらをより実践的な社会改革のための手段ととらえる認識にあるとされる。そして，そのような視点をとる立場は，まさに法道具主義と呼ぶに相応しいとされる。このような法観念は，今日，アメリカにおける主要な法文化を形成しているとみられる。

---

14) United States v. Carolene Products Co., 304 U. S. 144, 152 n.4（1938）.

3 包摂的デモクラシーの時代：
ニュー・ディールからウォーレン・コートへ

✥ 3-1　新時代の司法審査

　前節でみたように，ロックナー判決の変更は，法の支配がもつ多様な側面のうち，少なくともその一部のものの後退であると評価することが可能である。本節では，一つの規範的空間としての当時のアメリカにおいて，そのような後退の主たる動因となった観念の実体について検討したい。

　上の判例変更において最も重要であったのは，その画期となったと伝統的に解されてきたウェスト・コースト・ホテル社対パリッシュ判決（1937年）[15]が，雇用関係などを規律する社会経済立法に関して，それまではいわば一種の不可侵性を保障されてきた憲法上の契約の自由に対して，立法府が及ぼそうとする規制の有効性を承認した点にあった。

　そして，そのような新しい規範的構図の意義を，いくつかの点でより明確にしたのが，翌年の著名な合衆国対キャロリーン・プロダクツ社判決（1938年）に際して，ハーラン・フィスク・ストーン裁判官──後に首席裁判官──が執筆した，いわゆる「脚注4」であった。

> 本件では，望ましくない立法を廃止することを通常期待される政治過程を制約する立法が，修正14条の禁止の下で，その他のほとんどの立法よりも厳格な司法審査に服するか否かを検討することは必要でない。……また，特定の宗教，出身国，または人種に基づくマイノリティを対象とする立法の審査の際に同様の考慮がなされるか否か，〔そして〕分け隔てられ孤立したマイノリティ（discrete and insular minorities）に対する偏見が，マイノリティ保護の上で通常信頼されるべき政治過程の機能を深刻に傷つけるがゆえに，同様のより厳格な司法審査に服するか否かについても，検討する必要はない[16]。

---

[15]　West Coast Hotel Co. v. Parrish, 300 U.S. 379 (1937).
[16]　United States v. Carolene Products Co., 304 U.S. 144, 152 n.4 (1938).

前節でもふれたとおり，この脚注は，本件の帰結や判決本文中の対応箇所の内容，そしてその後の判例の動向と相俟って，〈経済的自由を規制する立法については議会の判断が尊重され，合憲性が推定されるのに対して，立法過程が適正に機能するために不可欠の権利——表現の自由など——や平等権を制約する立法については，裁判所は合憲性を推定せず，厳格な審査がなされる〉旨を判示したものとして定着していく。

本章における主題との関係では，社会経済立法に関する合憲性の推定が，法曹集団としての司法から，政治家集団としての立法への所轄領域の移譲，上の言葉を用いれば〈縄張りの明け渡し〉という意味をもっていた点に対して，いま一度注意を喚起したい。

❖ 3-2　包摂的デモクラシー

ここまで検討したように，「ロックナー時代の終焉」を，アメリカにおける法の支配の後退とみた場合，それを引き起こした要因は複合的である。ここでは，従来の左派史観を代表する論者であるホーウィッツが提唱した考え方を，基本的な分析フレームとして借用し，そこで重要な役割を果たしたと想定される理念的要因について考察してみたい。

ホーウィッツは，19世紀の第4四半世紀からニュー・ディール期にかけてのアメリカにおける，いわゆる〈法の社会化〉——社会経済立法を通じた行政国家・福祉国家の構築——を特徴づける性格の一つを，社会的弱者の包摂過程という側面に求めている。

ここでいう社会的弱者には，多様なマイノリティが含まれる。人種・民族という角度からは，アフリカ系はもちろんのこと，19世紀後半の第二次ヨーロッパ移民——南・東ヨーロッパ出身でカトリックや正教会系の信者が中心——，アジア系移民などを挙げることができるが，社会的周辺化を克服するために，地位向上を目指していた運動主体という側面に着目するならば，女性や同性愛者の存在にも注意を払う必要がある［Eskridge & Ferejohn 2010: 216-33, 352-54］。

これらのマイノリティに対して，さまざまな角度からエンパワーメントを図り，社会の統合度を高めようとする動きは，例えば，世紀転換期における革新主義運動（Progressive Movement）などに典型的に表れることになる。ホー

ウィッツは，このような社会的統合の理念を，「包摂的デモクラシー（inclusive idea of democracy）」と呼び，それが多数決主義などの手続的・プロセス的な民主主義の理解からは明確に区別しうる，価値的なコンセプトであることを示唆している。

そして，ホーウィッツによれば，この理念はセオドア・ロウズヴェルトやウッドロー・ウィルソンといった進歩的指導者を経て，ニュー・ディールへ合流していったといわれる［Horwitz 1998: 112-15］。ニュー・ディールが，失業した経済的弱者を救済するための諸施策から成る集合体であるとともに，そこでの経済的弱者が，上に挙げたようなさまざまな種類のマイノリティとも，程度の差こそあれ実質的に重なり合っていたことを想起すれば，このような理念が，いわば一つの基底的価値観としてフランクリン・ロウズヴェルトによる政治を下支えしていたという思想史的解釈は，十分に首肯しうるものであるといえよう。

このように考えれば，ホーウィッツのいう「包摂的デモクラシー」の理念は，ニュー・ディールの主要な思想的基盤をなしていたという点において，ロックナー的法の支配を後退させた有力な規範的要因の一つであったといえよう。そして，ウォーレン・コートによる，数々の著名な憲法判断もまた，このような理念の実践であったとみることができる。

❖ 3-3 社会統合の手段として憲法判断

実際，〈社会的弱者の包摂〉あるいは〈「脚注4」の実践〉として，ウォーレン・コートによる司法権行使の基本的方向性を特徴づけようとするアプローチには，極めて問題が少ないように思われる。

例えば，有色人種地位向上全国協会（National Association for the Advancement of Colored People）からの訴訟を通じた働きかけに応じるかたちで，アフリカ系の権利保障促進のためにウォーレン・コートが出した数々の判決は，まさにそのような性格を体現しているといえよう[17]。

また，選挙区割・投票価値の平等と，刑事手続上の諸権利の保障は，ブラウン対教育委員会判決（1954年）のような公立学校における差別撤廃と並んで[18]，ウォーレン・コートによる憲法的業績の中心部分をなすものであるが，その両

者がいずれも，その実質においてアフリカ系，ヒスパニックなどの人種的マイノリティの権利保障を伏在的なねらいとするものでもあったことは，あらためて留意されてよい[19]。

さまざまな意味で，これらの憲法判断のうちの頂点に君臨するのが，上記のブラウン判決であることは，あらためて指摘するまでもない。しかし，同判決に対しては根強い批判があることもまたよく知られている。

そして，本章における行論の縦糸との関係では，その批判の一側面を次のように言い表すことができると思われる。すなわち，包摂的デモクラシーという価値的レンズを通してみるとき，同判決はまさに20世紀アメリカ法のシンボルと呼ぶべき英断として映じるが，他方，法の支配という実践的レンズを通してみるとき，それは，いくつかの枢要的意義を有する法曹的技術からの逸脱を含む，誤った判決であった，と。

後者のような批判との関連では，有色人種の子供をめぐる心理学的証拠の採用やその証拠価値に対する評価の程度・在り方に対する批判などが，よく知られている [Powe 2000: 40-44]。本章では，ブラウン判決に対する批判を，同時代における法思想の展開のなかに位置づけるという観点から，いわゆるプロセス学派に注目しつつ再検討してみたい。

---

17) 本文中でふれるブラウン判決がその代表例であることはいうまでもない。しかし，同協会が関与したウォーレン・コート期の重要判例に関しては，その前史として，Sweatt v. Painter, 339 U.S. 629（1950）や McLaurin v. Oklahoma State Regents, 339 U.S. 637（1950）といった，ヴィンスン・コート期の先例の意義が看過されるべきでない。

また，Loving v. Virginia, 388 U.S. 1（1967）に対しても同様の性格づけが当てはまると思われるが，同事件について同協会はアミカス・ブリーフを提出したのみで，訴訟維持についてより積極的な役割を果たしたのは，アメリカ自由人権協会（American Civil Liberties Union）であった。

18) Brown v. Board of Education of Topeka（Brown I）, 347 U.S. 483（1954）.

19) 選挙区割・投票価値の平等については，以下の先例を参照。Baker v. Carr, 369 U.S. 186（1962）; Reynolds v. Sims, 377 U.S. 533（1964）. 刑事手続上の権利保障については，以下を参照。Mapp v. Ohio, 367 U.S. 643（1961）; Gideon v. Wainright, 372 U.S. 335（1963）; Miranda v. Arizona, 384 U.S. 436（1966）. なお，刑事判例と人種差別解消との関連性については以下を参照 [Lain 2004]。

4 プロセス学派の視角

❖ 4-1 二面的関係

ウォーレン・コートとプロセス学派の関係性には，独特の二面性がある。ウォーレン・コートは，アール・ウォーレン首席裁判官の在任期間を基準とすれば，1953年5月から1969年7月までである。一方，プロセス法学が，法理論および法学教育の方法として隆盛を誇ったのは1940年代から1960年代までであるので，時代的にみる場合，両者は重なり合っている。また，プロセス学派を牽引した理論家にはリベラル派が多く含まれており，政治的価値観の次元でみる場合，両者は必ずしも大きく衝突することはない。

しかし，法理論の次元で観察すると，両者は多くの面で対立する。そして，そのような関係性は，ブラウン判決以降に提起される，プロセス学派の代表的理論家からのウォーレン・コートによる司法審査権の運用に対する厳しい批判となって顕われることになった。

❖ 4-2 司法積極主義への敵意

私見によれば，プロセス学派の先駆者として最も重要な意義をもっているのは，ロン・L・フラー（Lon L. Fuller, 1902-78）およびフランクファーターである。両者は，それぞれ異なる角度から，後にこの学派の中核を構成するヘンリー・M・ハート，ハーバート・ウェクスラー，アルバート・サックス，アレグザンダー・ビックルらに対して深大な影響を与えた。フラーについては，「制度的適性（institutional competence）」の理論について検討する際にふれることとして，ここではフランクファーターの影響について取り上げたい。

周知のように，彼は，ハーヴァードで行政法などを講じる傍ら，ロウズヴェルトの法律顧問を務めた熱心なニュー・ディーラーであった。ユダヤ系のオーストリア人として，12歳の時にアメリカに移民してきた彼は，さまざまな出自をもつ労働者がおかれた惨状を熟知していた。そのような思いはやがて，ロックナー的司法積極主義に対する強い敵意となって，彼の法理論を全体として貫くバックボーンとなっていく［Lewis 2007: 479-81］。上にも述べたように，オウルド・コートが違憲無効と断じた連邦制定法の多くは，企業間の過当競争

を抑制することによって生産量や賃金を安定化させ，それを通じて，多くの移民を含む貧しい労働者階級を保護しようとするものであったからである。

このような背景をもつ彼の司法消極主義は，同じくユダヤ系であったベンジャミン・カドーゾの後任として合衆国最高裁入りした後も，変わることはなかった。ブラウン判決でこそ，全員一致の法廷意見に与したものの，同様にウォーレン・コートを代表する憲法判断であるベイカー対カー判決——選挙区割の司法判断適合性を初めて肯定——では，政治過程という泥沼のなかに裁判所が足を踏み入れることに異を唱え，反対意見を執筆したことは有名である[20]。

ハートは，フランクファーターの近しい同僚であったとともに，いわゆる「偉大な反対者」の一角をホウムズとともに構成したルイス・ブランダイスのロー・クラークであった。また，サックスやビックルは，ともにフランクファーターのロー・クラークであった。彼らが構築したプロセス理論が，以下にみるように，司法消極主義を全体として基調とするものであったことには，上のような個人的関係の影響があったとみてよい。

政治的にはリベラルな立場をとり，人種的マイノリティの保護に賛意を示しつつも，プロセス学派を構成した多くの理論家が，ウォーレン・コートに対して批判的であったことの背景の一つは，彼らがフランクファーターから承継した司法消極主義の司法哲学と，ウォーレン・コートの最大の特徴であった司法積極主義との齟齬にあった。

実際，ホーウィッツは，自らのハーヴァード・ロー・スクールでの学生時代を回想しつつ，ハートらがブラウン判決に対して必ずしも肯定的な評価を与えていなかったのは，ウォーレン・コートの司法権運用がフランクファーター流の司法消極主義に背馳する性格のものであったからであると述べている［Hackney 2012: 68-9］。

❖ 4-3　判決文のスタイルをめぐって

プロセス学派に属する理論家たちがウォーレン・コートに対してとったアンビヴァレントな態度の実体は，次のように言い表すことも可能かもしれない。

20）Baker v. Carr, 369 U.S. 186, 266-331（1962）（Frankfurter, J., dissenting）.

すなわち、彼らは、そこで達成されようとしていた包摂的デモクラシーの理念については率直に共感していた一方、そのような理念を実現するために裁判官たちが用いた法曹的技術やその運用実態に対しては、法の支配の観点から切実な懸念を呈した、と。

そのような懸念は、ウォーレン・コートの判決文のスタイルに対するサックスやウェクスラーからの批判において、典型的に看取することができる。彼らが指弾したのは、一言でいえば、ウォーレン・コートが出す多くの重要な憲法判断では、個々の結論を十分に正当化しうるだけの丹念な理由づけが欠落している、という点だった［Sebok 1998: 120-28］。

例えば、ウェクスラーは、ブラウン判決をはじめとする黒人差別撤廃のための憲法判断は、多くの場合その根拠として修正14条の平等保護条項に言及するのみで、それは、結論の社会的重大性との対比においては、理由づけとして著しく不十分であるという点を指摘した。彼によれば、複数の人種グループ間における分離や統合の当否を論じるに当たっては、それぞれが享有する結社の自由（freedom of association）が比較検討されなければならないところ、ウォーレン・コートによる同様の主題を取り扱った判決では、そのような「中立的原理（neutral principles）」に基づく周到な法的推論が欠落していたとされる［Wechsler 1959］。ウェクスラーによれば、裁判所が適切な法的推論に基づく理由の提示を怠る場合、それは「剥き出しの権力機関（naked power organs）」以外のものではないことになる［ibid.: 11］。

次にふれる「制度的適性」の着眼点とも関連するが、プロセス学派の法理論において、判決というかたちをとった司法機関による権力作用を、他の政治機関による権力作用から質的に区別しうるためのメルクマールは、究極的には、周到に練られた法的推論——reasoned elaboration——が付されているか否か、という点のみである。なぜなら、それのみが、多数決の力によって、いわば理非を問わず結論を正当化する政治判断から、まさに事の理非に基づいて結論を正当化する司法判断を隔てる目安だからである。

これを別の角度からみれば、適切な法的理由づけを伴わない判断は、いわば法律家的判断ではないことになる。それは、法曹集団のなかで伝統的に承継され、尊重されてきたマナーからの逸脱にあたるからである。このような視点に

立ってみる場合，ウォーレン・コートが出した多くの重要判決は，結論の実体的妥当性に引きつけられるあまりに，法曹的技術による鍛錬を潜脱して導かれた，その意味での政治的判決であるとともに，まさにその点でアメリカの全ての法曹からの批判の対象とならなければならないものであった。

サックスが，それらの判決は下級裁判所および全ての法曹（the Bar）にとって受け容れ難いものであったとの厳しい批判を呈したことの背景には，そのような法曹的教義からの逸脱に対するある種の職業倫理的観点からの批難があったとみるべきである［Sacks 1954: 100–103］。

❖ 4-4 制度的適性

司法積極主義批判や，判決において周到な法的推論がもつ不可欠性の強調といった視座は，この学派を他から区別する最も特徴的な法理論としての，「制度的適性」の原理となって結晶化する。もっとも，そのような着眼点自体は，古くは上出のブランダイスらによっても示唆されていたものであり[21]，必ずしもブラウン判決などの画期的な憲法判断を受けて，その後になって登場したというものではない。しかし，それにもかかわらずこの原理は，その眼目や時代的背景などから，プロセス学派からウォーレン・コートに対する一つの応答として解釈することができるように思われる。

この原理の主要な眼目は，ニュー・ディール以降のアメリカにおける行政国家的現実を前提として，立法府，行政機関，州，そして私人といった，合衆国裁判所以外の多様な法形成主体による規範形成の正当性を，それぞれがもつ独自の構造から根拠づけることによって，司法的法形成の優位性ないしその肥大化を制御しようとするところにあった。

例えば，立法（legislation）が，ある法域内に居住する市民一般の権利義務を幅広く規制できることの根拠は，選挙を通じて，当該市民一般が立法府の意思決定に間接的に参加し，それをコントロールしているという構造に由来していると考えることができる。これを逆からみれば，多数の人々の権利義務を幅広く規制するための法形式としては，民主的授権を受けた立法府が制定した規範

---

[21] International News Service v. Associated Press, 248 U.S. 215, 262–3, 267 (1918) (Brandeis, J., dissenting).

を用いることが，判決や行政命令，契約などの法形式を用いるよりも，原理的にみて適切であるということになる。

同様に，二当事者間の紛争を事後的に処理するための規範形成は，まさにその二当事者が原告・被告として参加しつつ，攻撃防御を通じて裁判官の心証をコントロールするという構造を前提に，裁判（adjudication）という場において行われることが，原理的にみて適切であるということになる。

行政機関や私人による法形成——独立行政委員会による規則制定や審決，当事者間で自律的に締結される契約——もまた，それぞれの構造を反映した強みをもっており，それに対応した場面で使用されることによって，最大限の効果を発揮するとともに，何よりも誤用を回避することが可能になる [Fuller 2001]。

制度的適性とは，多様な法形成主体がもつ固有の構造を根拠に，それぞれが適切に機能しうる場面や文脈を注意深く識別することを通じて，司法が，いわば〈矩を超えない〉ことを確保しようとする法理論であるということができる。フランクファーターたちにとって，ロックナー時代とは，合衆国最高裁が自らの制度的適性を見誤り，その〈矩を超えた〉ことで，アメリカが未曽有の国難に陥った時代にほかならなかったからである。

そして，このような視座のルーツは，ハーヴァードでの同僚として，ハートらに対して強い影響を与えたフラーが提唱した，いわゆる「手続的自然法」のアイディアにある。フラーにとって，自然法（natural laws）とは，あらゆる事物を合理的に利用しようする場合に人間が遵守しなければならない道理を意味していたのであり，それは，素材や道具がもつそれぞれのつくり，すなわち構造にほかならなかった。制度的適性とは，多様な法形成方法に備わった，そのようなつくりにほかならない。

> それら（natural laws）は，例えば，避妊を行うことが神の法に反するものだという命題などとは一切関係がない。それらは，由来においても実践においても完全に世俗的なものである。それらは，"higher" laws ではなく，聞こえのよさそうな喩えがあるとすれば，"lower" laws とでも呼ばれるべきものである。それらは，大工仕事における *natural laws* のようなもので，長持ちで，そこに住む人の目的に役立つような家を建てようとするときに，

大工が守らなければならない *laws* だといえる［Fuller 1969: 96］[22]。

叙上のように，制度的適性の理論は，司法積極主義を抑制しようとするねらいに出たものであり，プロセス学派の理論家たちによるウォーレン・コート批判の基礎には，この発想が伏在していたと考えられる。また，周到な法的推論を，司法的法形成をかたちづくる不可欠の構造の一部とみなし，その欠落を指弾するという批判の方法も，その基礎には，適切な規範形成のあり方を注意深く識別しようとする，制度的適性のアイディアが横たわっていたものと推測しうる。

5 おわりに

以上本章では，ロックナー≒形式主義法学時代から，それらを超克したものとしてのニュー・ディール≒リアリズム法学時代への思想的変遷，そして，後者へと振れすぎた振り子——ウォーレン・コートはその延長線上に登場したものとみうる——を，前者の視点を加味しつつ元に戻そうとする法学運動としての側面をもったプロセス学派について，相互の法理学的関係性に留意しつつ論じた。そして，本書全体における主題との関係について，あらためて補足すれば，前者の流れが，法の支配の理念を表現するものとして，そして，後者の流れが，包摂的デモクラシーの理念を表現するものとして，それぞれ整理されることになる。これらのような性格づけ，およびそれを前提とする全体の描き方に関する当否については，読者諸氏からの批評を待ちたい。

本章で考察したような，20世紀初頭から中葉のアメリカで展開された，「統治において法と司法が果たすべき役割とは何か——そして，果たすべきでない役割とは何か——」という一大争点をめぐる議論や攻防からは，さまざまな教訓や派生的論点を導き出すことが可能であろう。そのうちの一つに，本書の執筆者の間における議論のなかで，われわれが「法のアイデンティティ・クライシス」という表現で呼んでいたものがある。その実質は，法はそれを取り巻く周辺の文脈から独立した自律的・科学的実在でありうるのか，それとも，それ

22）（emphasis added）．

も結局は文脈依存的な実在でしかありえないのかという，繰り返し問われてきた古典的な問いと，そう変わるものではない。いうまでもなく，後者の線でその後の議論に筋道をつけたのが，ノネ＝セルツニックによる「応答的法」の概念にほかならない［Nonet & Selznick 2001: 90-99］。

　現代において，法の文脈依存性を否定することは，いかなる状況においても究極的には不可能であり，また，このような見方自体に大きな異存が呈されることも想像しにくい。しかし，そうであるからといって，「法のアイデンティティ・クライシス」をめぐる考察の重要性が完全に消滅することもない。肝要なのは，無限ともいえる実践的文脈のそれぞれに対して，司法判断としての法や，独自の社会科学的知見としての法学が依存する，その範囲や程度をめぐる吟味如何にあるからである。

　経済や政治といった周辺の厚い社会的・実践的文脈の底に，法を完全に埋没させてしまうことは，われわれのボキャブラリーや規範的意味空間のなかから，「法」という言葉が消失してしまうことと同義であるといえる。しかし，そのような結末が，有限かつ稀少な資源によって構成され，多様な背景や価値観をもつ人々の間での継続的調停が不可欠である現代社会において，望ましい状況であるとは思われない。

　本書でみてきたように，法の支配の難しさは，それが歴史的に果たしてきた機能の一つが，ある紛争を取り巻く政治≒経済的文脈を一定の限度で否定することによって，法や権利をそのような文脈から切断・隔離するところにある，という点に存する。このような状況は，法や権利が周辺文脈からの自律性を，一定の範囲で勝ち得ているとも表現しうるだろう。このような構図に規範的・実践的価値を今後も見出していこうとするならば，やはり重要なのは，どのような状況下で，周辺の文脈をどの程度否定すべきかという，個別的かつ相対的な問いになりそうである。その意味で，法の文脈依存性をめぐる探究に，終止符が打たれることはない。

　最後に，社会経済構造における基底的かつ不可逆な変化と，法の支配や憲法との関係性に関する一つの視座を示して，本章を結びたい。

　リアリズム法学，ニュー・ディール，そして1937年の判例変更は，上でふれたようなアメリカ社会そのものの根本的変革に対して，法による統治が，あ

る程度長い時間をかけて適応した過程であると評価しうる。そして，その根本的変革とは，ホウムズが示唆したような，産業の機械化および経済の企業化であった。歴史学においても，19世紀の第4四半世紀は，南北戦争からの復興事業を経て，アメリカが高度産業化時代を迎えた時期だとされている。世紀転換期の革新主義運動を一つの媒介とする行政国家化は，そのような社会経済構造の転換に対して，統治構造が適応しようとした過程であり，そのようなプロセスが，法の支配との関係において完了するのが，1937年の判例変更であると考えられる。このような側面に着目すれば，本章で描写したような法の支配の〈岐路〉を引き起こした究極的要因は，産業・経済面での大転換であったともいえよう。

では，まさに現在われわれがその直中にある，社会経済構造の大転換は，法の支配と憲法に対して，今後どのような適応を迫るのであろうか。いうまでもなく，ICT・情報革命がそれであり，この変化は，ビジネス・モデルや企業経営のあり方といった社会の経済的次元のみならず，われわれ人間の認知・情動・行動そのものに対して，不可逆的な転換を迫りつつある。このような状況認識は，法学界にも着実に普及しつつあり，例えば，リバタリアン・パターナリズムの提唱は，情報革命が人間の認知環境に対してもたらす変容に対応して，統治のデザインをモデル・チェンジしようとする理論的意図に出たものであると考えられる。ともあれ，この点について詳述する紙幅は残されていない。

社会経済構造の基底的変化に対して遅れをとった既存の統治に対して，愛想を尽かしたアメリカ国民は，1933年3月，経済活動という名のゲームにおける「カードの配り直し（New Deal）」を提唱したロウズヴェルトを新たなリーダーに選出し，国難からの脱出を託した。そして，ロウズヴェルトは，当時の法の支配に対して激震を加え，アメリカを再生させたといえる。

そのアメリカ国民は，2017年1月，新たなリーダーを選出し，国家の未来を託した。そして，そのリーダーが，現在の法の支配に対して激震を加えかねない，とみる向きは少なくない。

ロウズヴェルトが，既存の統治≒法の支配を高度産業化後の新たな社会経済構造に適応させることに成功し，国史の英雄としての地位を勝ち得たように，新たな大統領もまた，現代アメリカにおける法の支配を，高度情報化後の新た

な社会経済構造に適応させることに成功し，新時代の英雄としての評価を勝ち取ることができるのだろうか。

❖コラム④：
リアリズム法学のリアリティ

　法史というものは，事実に関する探究としての歴史の一部門であるにもかかわらず，規範的性格を帯有することが不可避であるため，その解釈や評価をめぐって立場が分かれることが少なくない。本文中でもふれたように，20世紀のアメリカ法史学における主要論点の一つであるロックナー主義≒形式主義法学とリアリズム法学の関係性の内実をめぐっても，近時のアメリカにおいては依然として活発な議論が展開されている。

　従来のアメリカ法学史においては，形式主義法学≒オウルド・コートは，社会的弱者の惨状に冷淡なある種のブルジョワ的保守主義として描き出され，それを批判・駆逐するために，主に立法的な角度から社会改革を行ったのがリアリズム法学≒ニュー・ディール政治であるという構図が一般に支持されてきた。しかし，近時，このような定説に対して疑問を提示し，同時代の法史解釈に対して見直しを迫る著作の公刊が相次いでいる。

　タマナハ［Tamanaha 2010］は，形式主義法学とリアリズム法学について，従来説かれていたような対立の構図は，そのほとんどが誇張を含むものであると主張している。同書によれば，形式主義法学の形成期から全盛期とされる1870年代から1910年代頃にかけては，実際には，裁判官による法創造や裁判における政策的考慮の意義など，リアリズム法学の中心的主張となるような学説も有力であり，通説的見解のように，1930年頃を境にして支配的学説が交代したかのように説明することは誤りだとされる。

　そのような歴史解釈の下で，法解釈の方法論についても，従来とは異なる次のような立場を提唱している。すなわち，これまでの議論では，裁判官による解釈や法創造の裁量を否定するか，少なくともそれらを限定的に理解する立場は，既存の法体系の完全性を前提とする形式主義法学から導かれるものとされ，他方，司法裁量を広範に承認する立場は，それが裁判実務の現状により忠実であるとの理解から，リアリズム法学からの帰結であると理解されてきた。

　しかし，同書は，史料を丹念に分析する限り，これまで提示されてきた形式主義法学像，リアリズム法学像はそれぞれ誇張された虚構にすぎず，両者の中道ともいいうる「穏健なリアリズム（Balanced Realism）」ともいうべき立場が，歴史理解としても正確であり，かつ，法解釈に関する有効な知見を裁判官に提供しうるという。そして，そこでは，形式主義，リアリズム双方における極端な主張が排除され，法解釈に対する政策的考慮の闖入を一定の範囲で承認するという，より実際的な方法論が展開され

ている。

　結論として，同書は，形式主義法学は後代になってから捏造された虚構であり，実際には，少なくともこれまで理解されてきたような仕方においては存在せず，したがって，それを駆逐したと考えられていたリアリズム法学もまた，従来想像されていたようなかたちでは存在しなかったと主張する。これは，主要メンバーの範囲や，方法論の空虚さといった，リアリズム法学に関して従来提起されていたものとは異なる角度からの疑義であるといえよう。すなわち同書は，これまでになかった新しい角度から，リアリズム法学のリアリティに対して一定の注意を喚起しているのである。

　また，第 7 章や同コラムで詳しく検討されているように，ロックナー判決の意義についても，近時見直しが進められている。同判決の意義の再評価については，Sunstein［1987］などの先駆的業績が存在するが，Bernstein［2011］は，同判決の意義を，当時の時代背景などを丹念に明らかにしつつ，個人の財産権を正当に保護したものであるとして高く評価する。

　同判決は，製パン業に従事する労働者を保護するためのニュー・ヨーク州法を連邦最高裁が違憲無効としたものであることもまた，第 7 章で紹介されている通りであるが，同書は，判決には表れてこない当時の製パン業界における民族間の勢力争いなど，同判決の価値を正しく理解するための情報を豊富に提示しつつ，従来の通説における「合衆国史上もっとも notorious な」判決としての評価は当たらないとする。

　また，「憲法革命（Constitutional Revolution）」とも呼ばれる 1937 年の判例変更についても，学説が更新されつつある。本文中にも示したように，ウェスト・コースト・ホテル社対パリッシュ判決（1937 年）において，合衆国最高裁は実体的デュー・プロセスの法理を廃棄した。これによって，経済・労働・福祉関連の立法については，立法府の裁量が広範に認められることとなった。そして，その背景には，国民からの圧倒的な支持をバックにしたロウズヴェルトから，連邦最高裁に向けられた圧力が主たる要因として働いていたというのが，伝統的な理解であった。

　しかし，最高裁内部での合議の記録などから明らかになったのは，実際には，判例変更という結論に至った評議そのものは，政権からのプレッシャーにはそれほど左右されることなく進められたという事実であり［Friedman 2002］，ロウズヴェルトの強権発動を主因とみる伝統的立場は，彼の政治的功績を水増しするために後に捏造されたものである可能性があるとする見方であった。そして，このような見方は急速に支持を広げ，今日では支配的立場になりつつあるといってよい。

　しかし，Burns［2009］のように，ロウズヴェルトの主導的役割を強調する従来の通説をあらためて擁護する著作も公刊されており，この論点をめぐっては，依然として議論が続いている。

【引用・参考文献】

Bernstein, D. (2011). *Rehabilitating Lochner: Defending Individual Rights against Progressive Reform*, The University of Chicago Press.
Burns, J. (2009). *Packing the Court: the Rise of Judicial Power and the Coming Crisis of the Supreme Court*, Penguin Press.
Duxbury, N. (1995). *Patterns of American Jurisprudence*, Oxford University Press.
Eskridge, Jr., W., & Ferejohn J. (2010). *Republic of Statutes: the New American Constitution*, Yale University Press.
Fiss, O. (1993). *Troubled Beginning of the Modern State 1888-1910*, Cambridge University Press.
Friedman, L. (2002). *American Law in the 20th Century*, Yale University Press.
Fuller, L. (1969). *The Morality of Law*, rev. edn., Yale University Press.
―――. (2001). *The Principles of Social Order: Selected Essays of Lon L. Fuller*, rev. edn., (ed.) K. Winston, Hart Publishing.
Hackney, Jr., J. (2012). *Legal Intellectuals in Conversation: Reflections on the Construction of Contemporary American Legal Theory*, New York University Press.
Holmes, Jr., O. (1897). The Path of the Law, *Harvard Law Review, 10*, 457-78.
―――. (1963). *The Common Law*, (ed.) M. Howe (1st. edn., 1881), Harvard University Press.
Horwitz, M. (1998). *The Warren Court and the Pursuit of Justice*, Hill & Wang.
Hovenkamp, H. (2015). *The Opening of American Law: Neoclassical Legal Thought 1870-1970*, Oxford University Press.
Lain, C. (2004). Countermajoritarian Hero or Zero? : Rethinking the Warren Court's Role in the Criminal Procedure Revolution, *University of Pennsylvania Law Review, 152*(4), 1361-1452.
Lewis, T. (ed.) (2007). *U.S. Supreme Court*, vol. 1, Salem Press.
Llewellyn, K. (1931). Some Realism about Realism: Responding to Dean Pound, *Harvard Law Review, 44*, 1222-64.
Nonet, P., & Selznick, P. (2001). *Law and Society in Transition: Toward Responsive Law* (1st edn., 1978), Transaction Publishers.
Pound, R. (1931). The Call for A Realist Jurisprudence, *Harvard Law Review, 44*(5), 697-711.
Powe, Jr., L. (2000). *The Warren Court and American Politics*, Harvard University Press.
Sacks, A. (1954). The Supreme Court, 1953 Term: Foreword, *Harvard Law Review, 68*(1), 96-193.
Schlegel, J. (1995). *American Legal Realism and Empirical Social Science*, The University of North Carolina Press.
Schwartz, B. (1993). *A History of the Supreme Court*, Oxford University Press.
Sebok, A. (1998). *Legal Positivism in American Jurisprudence*, Cambridge University

Press.
Summers, R. (1982). *Instrumentalism and American Legal Theory*, Cornell University Press.
Sunstein, C. (1987). Lochner's Legacy, *Columbia Law Review*, 87(5), 873-919.
Tamanaha, B. (2004). *On the Rule of Law: History, Politics, Theory*, Cambridge University Press.（四本健二［監訳］（2012）.『法の支配をめぐって』現代人文社）
―――. (2006). *Law as a Means to and End: Threat to the Rule of Law*, Cambridge University Press.
―――. (2010). *Beyond the Formalist-Realist Divide: the Role of Politics in Judging*, Princeton University Press.
Twining, W. (1985). *Karl Llewellyn and the Realist Movement*, The University of Oklahoma Press.
Ursin, E. (2013). Holmes, Cardozo, and the Legal Realists: Early Incarnations of Legal Pragmatism and Enterprise Liability, *San Diego Law Review*, 50, 537-88.
Wechsler, H. (1959). Toward Neutral Principles of Constitutional Law, *Harvard Law Review*, 73(1), 1-35.
紀平英作［編］（1999）.『アメリカ史』山川出版社

あとがき

　本書の構想を思い立った直接のきっかけは，学会や研究会などで，法の支配に関する若手の先生方の刺激的な研究に接したことであった。ダイシーの習律論についての精緻な分析（内野先生），共和主義からの，マーシャル・コート（違憲審査制）の新たな理解（原口先生），19世紀前半アメリカのケント，ストーリーの憲法論に対するスコットランド啓蒙思想の影響（大久保先生），レッセ・フェール憲法論とロックナー判決の再評価（清水先生），ニュー・ディール期こそ，法の支配の危機の原点であるとの理解（椎名先生）など，従来にない，あるいは従来の一般的な理解とは異なった視点から論じられている先生方の研究は，英米法や英米の法思想史の研究の面白さを再認識させてくれるものであった。

　その上で例えば，ダイシーの法の支配論の思想史的背景，ダイシーは現在のイギリスでどのような影響力をもっているのか，マーシャル・コートの遺産はアメリカでどの程度継承されていったのか，南北戦争前後，あるいは，ロックナー判決が覆されたニュー・ディール期前後の合衆国最高裁の判決の変化は，法の支配の観点からはどのように跡づけることができるのかといった論点も生じうる。これらの論点は，より大きなスパンからの通史的なものであるが，法の支配に関する他の重要な論点とともに，これらに応える力量をもち，また，英米の最新の研究を消化しつつ発展させている上記の先生方にご寄稿いただければ，従来の理解を大幅にアップデートする「法の支配のヒストリー」を描いていただけるのではないか。そして，そのような試みは学問的に有意義であるだけでなく，立憲主義研究の活性化に伴って法の支配にも関心をもつ方々に対して，紋切り型のものではない，思想的，社会的コンテクストに即した法の支配の多様な構想を示していただくことも可能になるのではないかと考えた。

　以上の若手の先生方とともに，イギリスとアメリカそれぞれを代表するコモン・ローの研究者にも参加いただけたことは大変幸運であった。編者はロバーン先生（ロンドン・スクール・オブ・エコノミクス）には，2009-10年の在外

研究時以来，大変お世話になっている。深貝保則先生・有江大介先生（横浜国立大学）が主宰された 2014 年の国際功利主義学会では Keynote Speaker を務めていただいた。また，2015 年の法制史学会では，深尾裕造先生（関西学院大学）の招聘により，シンポジウム「マグナ・カルタの 800 年」で報告されたが，編者はその際の通訳を務めている。その前後に「クックと法の支配」というテーマで何か書いていただけないかとお願いしたところ，ご快諾いただき，今回のご論稿を書き上げていただいた。ロバーン先生は若くして英国学士院の会員にも選ばれた，イギリスの法制史学会の俊英であるが，法の支配のシンボルであり，法の支配を論じる際には欠かすことができないクックについて，その限界を示すという従来あまりない視点からのご論稿を書いていただいている。また，世界的にも著名な法哲学者・ベンサム研究者のポステマ先生（ノース・カロライナ大学）には，2016 年に編者の勤務校にお越しいただき，2 回にわたってセミナーでお話いただいた。法の支配についてもご報告いただいたが，その際にベンサムについても論じられ，「ベンサムと法の支配」という新たな知見を与えてくださった。ダイシーの法の支配論との関連も重要ではないかと考え，2014 年に刊行されたベンサムについてのご論稿を翻訳して，本書に収録することをお願いしたところ，こちらもご快諾いただいた。

　編者の怠慢もあり，一時，滞ったこともあったが，この「あとがき」の冒頭で挙げた執筆者の先生方のご尽力のおかげで，比較的順調に刊行まで辿りつくことが可能になった。この間，2017 年の比較法学会（於：明治大学）のミニシンポジウムで，本書の構想全体について執筆者の先生方にご報告いただいている。貴重な機会をいただいたことに感謝申し上げたい。また，青森や熊本など，遠方よりお越しいただき，編者の勤務校で何回か打合せをしていただいて，章相互の関係などを検討することもできた。さらに校正の段階では，清水先生にご紹介いただいた一橋大学大学院法学研究科博士課程の川鍋健さんに大変お世話になった。同志社大学大学院法学研究科修士課程の田邊健人さん，高橋美紀さんにも全体をご確認いただいている。もちろん，形式面等で見落としがあれば，編者の能力不足が原因である。

　なお，本書の刊行に際しては，編者が所属する同志社大学法学部の「法学会出版助成（A）」から出版助成金をいただいている。同僚の先生方にはいつも

大変お世話になっているが，この場をお借りして，改めて御礼申し上げたい。
最後に，ナカニシヤ出版編集部の米谷龍幸さんには，『ジェレミー・ベンサムの挑戦』に続き，この度の著書でも大変お世話になった。迅速かつ的確なご対応にはいつも助けられた。この著書のタイトルも米谷さんのご発案によるものである。ここに記して御礼申し上げたい。

2018 年 1 月 6 日
戒能通弘

事項索引

あ行

悪政に対する安全　75, 83, 88

アングロ・サクソニズム　200, 203-206, 209, 213, 226, 227, 241

アングロ・サクソン　166, 201, 203, 241

違憲審査制　4, 125-127, 129, 143, 146-151

違憲立法審査制　3, 45, 48, 51, 65

一般コモン・ロー　191-193

ウォーレン・コート　147, 149, 237, 251-256, 258

エクィティ　3, 11, 12, 14, 33, 47, 56-59, 158

王位継承法　62

王座裁判所　9, 15-17, 24, 29-32, 34, 37, 40, 41, 65, 224

オウルド・コート　239, 243, 253, 261

か行

革新主義　241, 244, 250, 260

革新派　199, 200, 227, 241

合衆国憲法　4, 61, 125-127, 129-131, 133, 135, 137, 141, 142, 144, 145, 147-150, 157, 159, 160, 164, 168-173, 175, 176, 180-182, 192, 194, 195, 209, 211, 213, 214

合衆国最高裁判所　125-129, 131, 135, 138, 139, 142-147, 150, 151, 153, 238, 239, 242-244, 247, 248, 254, 257, 262

合衆国裁判所　256

既得権　4, 26, 127, 130, 132, 133, 135, 136, 150, 180

脚注4　248, 249

教会裁判所　28-31

共和主義　4, 5, 126, 140-143, 147, 150, 152, 161-165, 173, 174, 182, 183, 193, 228

禁止令状　29, 30, 32, 34

形式主義法学　227, 239-241, 243, 244, 246, 258, 261, 262

契約条項　130-133, 135, 150, 179-181

憲法（イギリス）　98-103, 105, 107, 108, 110, 111, 121, 122, 214, 217

憲法革命　149, 225, 262

権利章典（アメリカ）　5, 213, 225

権利章典（イギリス）　3, 45, 52, 61

権利請願　3, 9, 39, 40, 45

権力分立　74, 75, 126-128, 164

国王大権　2, 3, 6, 13, 20, 22, 25, 26, 35, 45, 47, 52, 55, 59-61, 63, 64, 223

国会主権　3, 6, 45-47, 52, 61, 64, 65, 97, 98, 101-105, 109, 114, 116, 117, 120, 122, 214

国会における国王　3, 18, 45, 61, 63, 64, 102, 103, 108, 109, 111

古典的コモン・ロー理論　200, 206, 209, 213, 227

コモン・ロイヤー　2, 10, 19-22, 27, 28, 30, 34-36, 39-41, 52, 165, 211, 212

古来の国制論　2, 5, 166, 167, 203

さ行

再建修正　209, 213

自然権　4, 64, 74, 75, 126, 131, 136, 150, 166, 217

自然法　5, 11, 14, 21, 24, 47, 48, 53, 54, 57-59, 64-66, 133, 134, 212, 246, 257

司法消極主義　243-246, 254

司法審査　129, 147, 148-150, 229, 230, 249, 253

司法積極主義　238, 253, 256, 258

ジャクソニアン・デモクラシー　4, 158, 159, 183, 186, 228

州際通商　144, 238

修正14条　4, 199, 200, 209-211, 213, 221-223, 227, 249, 255

習律　4, 6, 97-99, 100,

102-108, 110-112, 115, 118, 121, 122
商業社会　159, 164, 165, 178, 183, 190-193
人身保護令状　2, 16, 17, 30, 37, 216, 217
人民立憲主義　126, 147, 148, 152

スコットランド啓蒙思想　4, 159, 160, 174, 175, 193, 194

政治的主権　98, 101, 104, 105
政治的主権者　4, 103-108, 110, 111, 120-122
制度的適性　253, 255-258

た行
大法官裁判所　9, 32-34, 57

定位命題　4, 111-113, 115, 116, 119-122
（法律の）適用免除　2, 24-27, 33, 45, 60, 62
デモクラシー　226, 237, 251, 252, 258
デュー・プロセス　5, 199, 212, 220-222, 225, 228, 262

答責性　3, 18, 31, 72, 83-86, 88-90
道徳的制裁　3, 77, 83-85, 89, 90, 92, 94
道徳的適性　75-78

な行
南北戦争　200, 209, 241, 260

ニュー・ディール　149, 242, 243, 247, 250, 251, 256, 258, 259, 261
ニューサンス　179, 220, 221
認定のルール　111, 114-118, 121

は行
パブリシティ　3, 56, 59, 71-73, 75, 77-82, 84-88, 92, 95

布令　23, 24, 59, 60, 63
プロセス学派　237, 238, 243, 253-256, 258
文明社会　157, 159-161, 163-165, 174, 178, 183, 193

法実証主義　3, 4, 6, 97, 98, 118, 119, 122, 240
法的主権　4, 98, 100, 101, 104, 105, 108-111, 122
法的主権者　4, 98, 100-105, 107, 110, 111-113, 122
法のアイデンティティ・クライシス　6, 258, 259
法の適正な過程　16, 37
ポリス・パワー　144, 210, 215, 218, 220, 221

ま行
マーシャル・コート　4, 7, 125, 126, 129, 130, 133, 135-137, 141-143, 147-153
マグナ・カルタ　2, 5, 17, 18, 26, 29, 37, 38, 45, 62,

212, 215, 221, 223

民主主義　1, 119, 140, 141, 146, 152, 182, 183

名誉革命　45, 46, 52, 61, 62, 167, 170

や行
世論／輿論／公論　3, 4, 79, 83, 89-92, 94, 95, 104, 141, 145, 148, 149, 152, 178
輿論法廷　78-83, 85, 86, 90, 98

ら行
リアリズム法学　2, 7, 150, 229, 240, 241, 243, 244, 246, 248, 258, 259, 261, 262
立憲主義　1, 5, 9, 61, 66
レーンキスト・コート　148

歴史法学　4, 5, 7, 200, 203-207, 209, 213, 227, 228, 240, 241, 246
レッセ・フェール憲法論　2, 205, 207, 228
連邦憲法　4, 180, 194, 200, 209, 211-213
連邦最高裁　157, 158, 168, 172, 173, 178, 180, 184-186, 188, 189, 191-193, 199, 200, 209, 210, 225, 228, 230, 262

人名索引

A
Alexander, G. *162*
Arkes, H. *134*

B
Baker, J. *16, 32, 37*
Barnett, H. *108*
Bauer, E. *168*
Benedict, M. L. *228*
Bernstein, D. E. *228, 243, 262*
Bohun, W. *18*
Boyer, A. *9, 28, 46*
Brandeis, L. *256*
Brooke, R. *36*
Brooks, C. *28, 34*
Burns, J. *262*

C
Cope, E. *23, 24*
Corré, J. *22, 24, 25*
Corwin, E. S. *227*
Craig, P. *112*
Cromartie, A. *9, 55*

D・E
Dippel, H. *61*
Duxbury, N. *239*

Eskridge, Jr., W. *250*

F・G
Ferejohn, J. *250*
Fiss, O. *228, 243*
Fitzherbert, A. *33, 37*
Forbes, D. *167*
Foster, E. *15, 36*

Frankfurter, F. *254*
Friedman, L. *247, 262*

Garrison, T. *135*
Gibson, A. *174*
Gillman, H. *228*
Gunther, G. *138*

H
Hackney, Jr., J. *254*
Hamburger, P. *65*
Hamilton, A. *126, 141, 168, 173, 174*
Harbison, W. A. *227*
Harlan, J. *221*
Hart, J. *9*
Hawarde, J. *22*
Hobson, C. F. *128*
Holdsworth, W. *37*
Holmes, O. W. *226, 227, 229, 244*
Hovenkamp, H. *228, 236*
Howell, R. F. *227*
Howell, T. B. *11, 13, 20, 21, 35, 36, 38*
Hulsebosch, D. *159*

J
Jackson, P. *111, 120*
Jacob, G. *17*
Jones, A. R. *228*
Jones, W. *152*
Jowell, J. *113*

K
Keeler, M. *22, 39, 40*
Kelly, A. H. *227*

Kennedy, D. *228*
Krüger, P. *72, 91*
Kutler, S. *182*

L
Lain, C. *252*
Lewis, T. *247, 253*
Lobban, M. *49, 64*
Levinson, S. *153*

M
Martin, J. P. *143*
May, J. *228*
McCurdy, C. W. *228*
McIlwain, C. *34*
Meese, A. J. *228*
Mensel, R. *182*

N・O
Nelson, W. E. *228*
Newmyer, R. K. *133, 138, 152*
Novak, W. J. *213, 220*

Orth, J. *52, 65, 218, 219*

P・Q
Parker, K. M. *228*
Postema, G. J. *71, 72, 76, 77, 81, 83, 87, 88, 91, 94, 206*
Powe, Jr., L. *252*

Quinn, M. *71*

R
Roberts, A. *185, 186*

Rolle, H.　*17*
Ruger, T.　*146, 148*

S
Schlegel, J.　*244*
Schwartz, B.　*247*
Sebok, A.　*255*
Shimizu, J.　*229*
Siegel, S. A.　*212, 228*
Sommerville, J. P.　*9, 48*
Sunstein, C.　*262*

T
Taggart, M.　*47, 58*
Tierney, B.　*72*
Tubbs, J.　*48*
Twining, W.　*246*

U
Ursin, E.　*245*
Usher, R.　*9, 31*

V・W・Z
Van Alstyne, W.　*129*

Waldron, J.　*88*
Waterman, J.　*166, 167*
Wiecek, W.　*128, 228*
Wood, H. G.　*220*

Zhai, X.　*71*

あ行
愛敬浩二　*98, 118*
会沢　恒　*130*
アクィナス, T.　*6*
浅香吉幹　*146, 190, 191*
安部圭介　*135*
アマンダ（Amanda, R.）
　153

アラン（Allan, T. R. S.）
　66, 97, 98, 99, 111, 116-119, 122
有賀　貞　*146*
アリストテレス　*6*
アレン, T.　*25*

飯田　稔　*228*
池田和央　*167*
石井幸三　*97*
石川健治　*105, 194*
伊藤正己　*105, 112*
犬塚　元　*174*
岩切大地　*98, 113*

ウィッティントン
　（Whittington, K.）　*153*
ウィリアムズ（Williams, I.）
　9, 33, 46, 48, 49, 51, 65, 66
ウィリストン, S.　*239*
ウィルソン, W.　*251*
ウェイド（Wade, H. W. R.）
　112, 117
ウェイト（Waite, M.）
　221-224
ウェクスラー（Wechsler, H.）　*253, 255*
ウォーレン（Warren, C.）
　152
ウォーレン, E.　*253*
内野広大　*3*
ウッド（Wood, G. S.）　*132, 140*

エキンズ（Ekins, R.）　*113, 116, 120*
エジャトン（Egerton, T.）
　16, 24, 25, 50, 51, 55
榎原　猛　*102*

エリオット（Elliot, M.）
　113, 116, 118
エリザベス女王　*25, 211*
エルズミア卿　*16, 25*
エレンボロウ首席裁判官
　222

大久保優也　*4, 159, 209*
オースティン, J.　*89, 94, 99, 101, 206*
オーティス, J.　*64*
岡田章宏　*104*
岡嵜　修　*218, 228*
奥平康弘　*194, 229*

か行
カーズウェル卿　*114*
カーター（Carter, J. C.）
　207
戒能通厚　*100, 104*
戒能通弘　*3, 48, 53, 55, 65, 98, 122*
カウドリー, R.　*28, 29*
勝田卓也　*137, 153*
カドーゾ, B.　*254*
紙谷雅子　*126*
川岸令和　*228*
キケロ, M. T.　*26, 189*
木下和朗　*113*
木南　敦　*228*
紀平英作　*241, 242*
ギルモア（Gilmore, G.）
　190
クーリ（Cooley, T. M.）
　207, 208, 213-216, 218, 220
クック（Coke, E.）　*2, 3, 5, 9-23, 25, 27-29, 31-34, 36-41, 45-52, 54, 55, 58,*

60, 61, 64-66, 201, 203, 206-209, 211
クラーマン（Klarman, M.） 153
グレイ（Gray, C.） 29, 50
クレイマー（Kramer, L.） 147, 148, 152, 153
ケイムズ卿（Kames, L.） 160
ケネディ, J. F. 242
ケント（Kent, J.） 2, 4, 6, 65, 142, 157-168, 178, 185, 186, 191-195, 200, 212, 216, 218
コースグローブ（Cosgrove, R. A.） 200, 202
ゴールズワージー（Goldsworthy, J.） 98, 102, 115-119
ゴドウィン（Godwin, W.） 162
小山貞夫 45, 46, 48, 50-52, 66
コンドルセ（marquis de Condorcet） 162

さ行

サーニング首席裁判官 36
サヴィニー, F. C. von 204, 205
阪口正二郎 228
坂本達哉 174
笹倉秀夫 227
サックス（Sacks, A.） 253, 254, 255, 256
佐藤幸治 65
サマーズ（Summers, R.） 239, 248

澤登文治 132
椎名智彦 5
ジェームズ6世 11
ジェームズ1世（James Ⅰ） 9, 28, 31, 32, 34, 35, 60
ジェニングス, I. 100
ジェファソン（Jefferson, T.） 128, 152, 162, 163, 166, 167, 175, 176, 242
清水　潤 4, 203, 206, 228, 240
ジャクソン, A. 134, 147, 158, 184
シュトラウス, L. 59
ショウ, L. 219
ジョージ3世 105, 106
ジョン王 18

スコフィールド（Schofield, P.） 91
スタウンフォード（Staunford, W.） 32, 40
ステイン卿 113, 114
ストーリー（Story, J.） 2, 4, 6, 132, 136, 142, 157-159, 165-178, 180-186, 188, 190-195, 200, 203, 212, 213
ストーリー（Story, W. W.） 219
ストーン, H. F. 249
スピノザ, B. 194
スミス（Smith, A.） 159, 174, 194, 228
スミス（Smith, D.） 9, 11, 22, 28, 29, 31, 32, 46, 49, 50

セルツニック（Selznick, P.） 259

セルデン.J. 38, 39
セント・ジャーマン（St. German, C.） 14
ソーン（Thorne, S.） 11, 12, 13, 20, 46, 48
ソレル（Sorell, T.） 47, 55, 56, 59, 60

た行

ダーシー, E. 25
ダイシー（Dicey, A. V.） 2, 3, 4, 6, 97-114, 121, 122, 125, 201, 204, 205
ダイゼンハウス（Dyzenhaus, D.） 46, 47, 58, 59
田島　裕 98
タッカー（Tucker, G.） 168, 191, 192
田中英夫 46, 136, 158, 180-182, 223, 227
田中　浩 60
田中嘉彦 113
タマナハ（Tamanaha, B.） 228, 229, 248, 261

千葉勝美 229
チャールズ1世 36, 39

筒井信定 105
常本照樹 228

ティードマン（Tiedeman, C. G.） 205, 213, 214, 216-218, 220
デイヴィス（Davies, J.） 22, 24
ディロン（Dillon, J. F.） 202-205, 208

人名索引　273

利谷信義　*149*
トーニー（Taney, R. B.）　*135, 158, 180-184*
ドッドリッジ（Dodderidge, J.）　*14*
トランプ, D. J.　*6*

な行

中村民雄　*112*

ニコルズ卿　*114*
西川純子　*185*
ニューマイヤー（Newmyer, K.）　*182*

ノネ（Nonet, P.）　*259*

は行

バーク（Burke, E.）　*159, 177*
バージェス（Burgess, G.）　*9, 22, 23, 48, 49*
ハーシュマン（Hirschman, A.）　*174, 194*
ハースト（Hurst, J. W.）　*136, 182*
ハート（Hart, H. L. A.）　*111, 112, 114-118, 120*
ハート, H, M.　*253, 254, 257*
ハーン, W.　*107*
ハイエク, F.　*6*
パウンド（Pound, R.）　*153, 226, 227, 246*
バジョット, W.　*107*
パストン判事　*30*
長谷部恭男　*97, 98, 116*
バッグ, J.　*16*
ハッチソン　*46*
ハモンド（Hammond, W.）　*206, 207*

原口佳誠　*4, 128, 143, 148, 153*
原田一明　*105, 107*
ハリデー（Halliday, P.）　*15-17, 62*
ハリントン（Harrington, J.）　*162, 163*
パリントン（Parrington, V.）　*152*
坂東行和　*112*

ヒース, R.　*22, 38, 39*
ビール, J.　*239*
ビヴァリッジ（Beveridge, A.）　*145, 152*
樋口陽一　*149*
ビックル, A.　*253, 254*
ヒトラー　*242*
ヒューム（Hume, D.）　*109, 159, 164, 166-169, 173-175, 194*
ビューレン（Buren, M. V.）　*145*
ビンガム卿　*113*

フィールド（Field, S. J.）　*211, 212, 221, 224*
フィノウ　*24*
フィリップス（Philips, O. H.）　*111, 120*
フィンチ, H.　*36*
プール（Poole, T.）　*47, 56, 57, 59-62*
フォーセット（Forsett, E.）　*13*
フォーテスキュー（Fortescue, J.）　*12-14, 18, 19*
深尾裕造　*53*
深田三徳　*116*

藤原守胤　*146*
フラー（Fuller, Lon L.）　*66, 253, 257, 258*
フラー（Fuller, N.）　*23, 26, 27, 30*
フライアー（Fryer, T.）　*186, 190*
ブライス（Bryce, J.）　*201, 202, 205*
ブラウン, H.　*225*
ブラウン, J.　*39*
ブラクトン（Bracton, H）　*13, 20*
プラクネット（Plucknett, T.）　*46, 48*
ブラックストーン（Blackstone, W.）　*2, 3, 5, 46, 47, 51, 52, 56, 61-65, 139, 160, 165-167, 169, 175, 201, 206, 208, 214, 216-218, 220*
ブラックストン（Plaxton, M.）　*113, 115, 121*
ブラッドリー（Bradley, J. P.）　*212, 214*
プラトン　*72*
フランクファーター, F.　*243, 253, 254, 257*
ブランダイス, L.　*254, 256*
フリードマン（Friedman, B.）　*149*
プリール（Priel, D.）　*203, 204*
ブルータス　*12*
フレイ　*20*
フレミング（Fleming, T.）　*15, 21, 35*
ヘイクウィル（Hakewill, W.）　*36*

ベイツ, J.　*35*
ヘイル, M.　*5, 32, 201, 208, 209, 222-224*
ヘイル女男爵　*114*
ヘインズ（Haines, C. G.）　*152*
ベーコン（Bacon, F.）　*13, 20-23, 49*
ベーコン（Bacon, M.）　*18*
ヘドリー, T.　*15*
ベン, A.　*33*
ベンサム（Bentham, J.）　*2, 3, 4, 6, 65, 71-95, 98, 122, 206*

ホウムズ（Holmes, O. W.）　*2, 5, 226-228, 243-246, 254, 260*
ホーウィッツ（Horwitz, M.）　*182, 190, 218, 221, 225, 228, 250, 251, 254*
ポーコック（Pocock, J. G. A.）　*146, 162, 163, 166, 203*
ホースマン（Horsman, R.）　*203*
ホーフェルド, W. N.　*74*
ホープ卿　*113-116, 120, 121*
ポステマ, G.　*3*
ホッブズ（Hobbes, T.）　*2, 3, 46, 47, 52-63, 94*
ホバート　*50*
ポマロイ（Pomeroy, J. N.）　*205, 206*
ホルト, J.　*21, 65*
ホワイト（White, G. E.）　*128, 142, 145, 146, 152, 209, 218*
ホワイトロック（Whitelocke, J.）　*19*

ま行
マーシャル（Marshall, G.）　*121*
マーシャル（Marshall, J.）　*2, 4, 6, 125, 127-134, 137-141, 144-146, 151, 152, 158*
マーベリー　*127*
松井和夫　*185*
松井幸夫　*112*
マディスン（Madison, J.）　*125, 127, 140, 173-175*
マンスフィールド卿（Mansfield）　*165-167, 189, 192, 201*

ミッチェル（Mitchell, J. D. B.）　*100, 102*
見平　典　*65*
宮川成雄　*227*
ミラー（Miller, S. F.）　*210, 213*

ムンロー（Munro, C. R.）　*103*

メイ（May, L.）　*47, 56, 57, 59, 61*
メイン, H.　*204, 205*

元山　健　*104*
モリス, J.　*26, 27, 37, 38*
森　直人　*167*
モンテスキュー（Montesquieu, C.-L. de.）　*74, 162, 174, 194*

や行
ヤング（Young, A. L.）　*113, 114*

横田喜三郎　*128*
吉田善明　*105*

ら・わ行
ラバーン（Rabban, D. M.）　*203, 204, 206, 228*
ラフリン（Loughlin, M.）　*62*
ラムバード（Lambard, W.）　*33*
ラングデル, C. C.　*239*

リンカン　*242*

ルウェリン（Llewellyn, K.）　*244, 246*
ルソー（Rousseau, J.-J.）　*162*

レイキン（Lakin, S.）　*116*

ロウズヴェルト, F. D.　*242, 243, 246, 247, 251, 260, 262*
ロウズヴェルト, T.　*251*
ロウズヴェルト3世（Roosewelt Ⅲ, K.）　*228-230*
ロールズ, J.　*6*
ロック（Locke, J.）　*6, 64, 131, 150*
ロックナー, J.　*199*
ロバーツ, O.　*247*
ロバーン, M.　*2*

ワシントン　*242*

判例索引

Abrams v. United States, 250 U.S 616 (1919).   *226*
Allnut v. Inglis, 12 East, 527 (1810).   *222-224*
Baker v. Carr, 369 U.S. 186 (1962).   *254*
Bates's Case, 2 How. St. Tr. 371 (1606).   *21*
Brown v. Board of Education of Topeka (Brown I), 347 U.S. 483 (1954).   *251-256*
Calvin's Case, 7 Co Rep 1a (1608).   *11-13, 20*
Case of Proclamations, 12 Co Rep 74 (1610).   *18, 20, 23*
Caudrey's Case, 5 Co Rep i (1591).   *13, 28, 29*
Darcy v. Allin (Case of Monopolies) , Noy 173 (1602).   *22, 23, 25, 26, 211*
Darnel's Case (Five Knights' Case) , 3 How. St. Tr. 1 (1627).   *37-40*
Dr. Bonham's Case, 8 Co. Rep. 113b (1610).   *3, 7, 45-52, 58, 64-66*
Fletcher v. Peck, 10 U.S. 87 (1810).   *130, 131, 136*
Gibbons v. Ogden, 22 U.S. 1 (1824).   *143-146*
Jackson v. Attorney-General, 1 Appeal Cases 262 (2006).   *112-115, 120, 121*
Lochner v. New York, 198 U.S. 45 (1905).   *5, 7, 199, 200, 209, 211, 216, 220, 221, 226-230, 236, 238, 239, 243, 244, 247, 249, 262*
Marbury v. Madison, 5 U.S. 137 (1803).   *4, 125-129, 147-149, 153*
McCulloch v. Maryland, 17 U.S. 316 (1819).   *137-139, 141, 146*
Meyer v. Nebraska, 262 U.S. 390 (1923).   *225*
Munn v. Illinois, 94 U.S. 113 (1876).   *221-225*
Osborn v. Bank of the United States, 22 U.S. 738 (1824).   *138, 139*
Prohibitions del Roy, 12 Co Rep 63 (1608).   *15, 31*
Proprietors of Charles River Bridge v. Proprietors of Warren Bridge, 36 U.S. 420 (1837).   *135, 136, 178-186*
Roe v. Wade, 410 U.S. 113 (1973).   *228*
Slaughter House Cases, 83 U.S. 36 (1873).   *210-214*
Swift v. Tyson, 41 U.S. 1 (1842). [John Swift v. George W. Tyson, U.S. LEXIS 345 (1842).]   *186-188, 190, 191*
Trustees of Dartmouth College v. Woodward, 17 U.S. 518 (1819).   *130, 131, 136*
United States v. Carolene Products Co., 304 U.S. 144 (1938).   *248, 249*
West Coast Hotel Co. v. Parrish, 300 U.S. 379 (1937).   *225, 238, 249, 262*
Western and Atlantic Railroad Co. v. Bishop, 50 Ga. 465 (1873).   *219*

執筆者紹介（執筆順，＊は編者）

戒能通弘＊（かいのう みちひろ）
1970年生まれ。ロンドン・スクール・オブ・エコノミクス大学院 LL.M. 課程修了。同志社大学大学院法学研究科博士後期課程修了。博士（法学）。同志社大学法学部教授。イギリス法思想史専攻。『ジェレミー・ベンサムの挑戦』（深貝保則と共編著，ナカニシヤ出版，2015年），『近代英米法思想の展開－ホッブズ＝クック論争からリアリズム法学まで』（ミネルヴァ書房，2013年），『世界の立法者，ベンサム－功利主義法思想の再生』（日本評論社，2007年）他。
執筆箇所：序・第1章翻訳・第2章・第3章翻訳

マイケル・ロバーン（Michael Lobban）
1962年生まれ。Professor of Legal History, London School of Economics and Political Science. (ed.) Henry Home, Lord Kames, *Principles of Equity*（Liberty Fund, 2014）; *A History of the Philosophy of Law in the Common Law World, 1600–1900*（Springer, 2007）; *The Common Law and English Jurisprudence, 1760-1850*（Clarendon Press, 1991），etc.
執筆箇所：第1章

ジェラルド・ポステマ（Gerald Postema）
1948年生まれ。Cary C. Boshamer Distinguished Professor of Philosophy and Professor of Law, University of North Carolina at Chapel Hill. (ed.) *Matthew Hale: On the Law of Nature, Reason, and Common Law: Selected Jurisprudential Writings*（Oxford University Press, 2017）; *Legal Philosophy in the Twentieth Century: The Common Law World*（Springer, 2011）; *Bentham and the Common Law Tradition*（Clarendon Press, 1986），etc.
執筆箇所：第3章

内野広大（うちの こうだい）
1982年生まれ。京都大学大学院法学研究科博士後期課程修了。博士（法学）。三重大学人文学部法律経済学科准教授。日英比較憲法学専攻。「習律の理論的根拠についての一考察（1）～（3・完）―イギリスにおける「多元論」の憲法概念に関する論争を手がかりに」（『法学論叢』第172巻2号，第173巻3号，5号，2012年，2013年），「憲法と習律（1）～（3・完）―Dicey 伝統理論と「議会主権論」の基底にあるもの」（『法学論叢』第166巻3号，第167巻1号，4号，2009年，2010年）他。
執筆箇所：第4章

原口佳誠（はらぐち よしあき）
1979年生まれ。早稲田大学大学院法学研究科博士後期課程満期退学。修士（法学）。関東学院大学法学部専任講師。英米法・憲法専攻。『人権保障の現在』（共著，ナカニシヤ出版，2013年），「公正な裁判をめぐるアメリカ法―司法による手続的権利の保障と民主主義」（『比較法研究』第74号，2012年），「アメリカにおける裁判官公選制とデュー・プロセス」（『比較法学』第45巻3号，2012年）他。
執筆箇所：第5章

大久保優也（おおくぼ ゆうや）
1977年生まれ。早稲田大学大学院法学研究科博士後期課程修了。博士（法学）。千葉商科大学政策情報学部専任講師。比較法専攻。「草創期合衆国憲法における「憲法秩序」の構想（1）～（4・完）―ケント，ストーリーと初期合衆国憲法の政治経済思想的基礎」（『早稲田大学大学院法研論集』第146号，第147号，第148号，第149号，2013年，2014年）他。
執筆箇所：第6章

清水　潤（しみず じゅん）
1983年生まれ。カリフォルニア大学ロサンゼルス校LL.M.課程修了。崇城大学総合教育センター准教授，米国テネシー州弁護士。憲法専攻。『展開する立憲主義』（共著，敬文堂，2017年），「19世紀後期アメリカの憲法論に対するコモン・ローの影響について」（『法哲学年報』2015号，2016年），Common Law Constitutionalism and Its Counterpart in Japan (*Suffolk Transnational Law Review*, vol. 39, 2016) 他。
執筆箇所：第7章

椎名智彦（しいな ともひこ）
1976年生まれ。中央大学大学院法学研究科博士後期課程単位取得退学。修士（法学）。青森中央学院大学経営法学部准教授。英米法専攻。「現代アメリカ法におけるプロセス的視座の諸相」（『青森法政論叢』第18号，2017年），「法道具主義再考」（『法の理論』第35号，2017年），「フラー解釈の新局面―法システムを支える人間像」（『法哲学年報』2014号，2015年）他。
執筆箇所：第8章

第 3 章　正義の魂―ベンサムとパブリシティ，法と法の支配
　　　　（The Soul of Justice: Bentham on Publicity, Law, and the Rule
　　　　of Law）〔ジェラルド・ポステマ／戒能通弘［訳］〕

Gerald J. Postema, "The Soul of Justice: Bentham on Publicity, Law,
and the Rule of Law", pp.40–62, in Xiaobo Zhai, Michael Quinn（eds），
Bentham's Theory of Law and Public Opinion,
©Cambridge University Press 2014, translated with permission.

法の支配のヒストリー

2018 年 2 月 28 日　　初版第 1 刷発行

　　　　　編　者　戒能通弘
　　　　　発行者　中西　良
　　　　　発行所　株式会社ナカニシヤ出版
　　　　　　　〒606-8161　京都市左京区一乗寺木ノ本町 15 番地
　　　　　　　　　　　　　Telephone　075-723-0111
　　　　　　　　　　　　　Facsimile　075-723-0095
　　　　　　　　Website　http://www.nakanishiya.co.jp/
　　　　　　　　Email　iihon-ippai@nakanishiya.co.jp
　　　　　　　　　　　　郵便振替　01030-0-13128

印刷・製本＝創栄図書印刷／装幀＝白沢　正
Copyright © 2018 by M. Kainou
Printed in Japan.
ISBN978-4-7795-1181-3

本書のコピー，スキャン，デジタル化等の無断複製は著作権法上の例外を除き禁じられています。本書を代行業者等の第三者に依頼してスキャンやデジタル化することはたとえ個人や家庭内での利用であっても著作権法上認められていません。

ナカニシヤ出版 ◆ 書籍のご案内
表示の価格は本体価格です

ジェレミー・ベンサムの挑戦
深貝保則・戒能通弘 編

膨大な草稿に光をあてたベンサム・プロジェクトの貴重な成果が，フーコー，ロールズ等，様々な論者からベンサムを解き放つ。　　　　5600円＋税

功利主義の逆襲
若松良樹 編

ロールズ，ドゥオーキンらによる批判の集中砲火のなかで，功利主義は打破されたのか？　気鋭の論者たちが逆襲の狼煙を上げる。　　　　3500円＋税

講義　政治思想と文学
堀田新五郎・森川輝一 編

「政治と文学」の関係を再考し，「政治」の自明性を問う。平野啓一郎と小野紀明による特別講義も収録。　　　　4000円＋税

リバタリアニズムを問い直す
右派／左派対立の先へ　福原明雄 著

自由主義経済の擁護か再分配か。右派左派に引き裂かれたリバタリアニズムの議論状況を整理し，「自由」とは何かを根底から問う。　　　　3500円＋税

ヒューム哲学の方法論
印象と人間本性をめぐる問題系　豊川祥隆 著

暗闇の観念は知覚の否定か。自由や偶然は消えてしまうのか。綿密な読解によりヒューム哲学の矛盾を突くと同時に，その可能性を拓く。　　　　3700円＋税

無神論と国家
コジェーヴの政治哲学に向けて　坂井礼文 編

現代思想に影響を与えた哲学者にして，官僚としてヨーロッパ共同体への道を開いたアレクサンドル・コジェーヴの政治哲学を解明。　　　　4400円＋税

逞しきリベラリストとその批判者たち
井上達夫の法哲学　瀧川裕英・大屋雄裕・谷口功一 編

日本を代表するリベラリスト井上達夫の哲学世界を，著書別・キーワード別に弟子たちが解説する井上法哲学入門の決定版。　　3000円＋税

立法学のフロンティア１
立法学の哲学的再編
井上達夫 編

立法のインフレともいえる状況の中で，良き立法はいかにして可能か。立法の意義を原理的に問い直し，その哲学的基盤を再構築する。　　3800円＋税

立法学のフロンティア２
立法システムの再構築
西原博史 編

立法の「質」はいかにして確保されうるのか。立法の質の確保に向けた制度的保障枠組みを探求し，民主政のあり方を問い直す。　　3800円＋税

立法学のフロンティア３
立法実践の変革
井田　良・松原芳博 編

各実定法分野において活発化する法改正実践について，その現状と立法の「質」を問い，改善のための指針を提示する。　　3800円＋税

ハイエクを読む
桂木隆夫 編

「市場と民主主義の揺らぎ」を問い，現代社会科学に多大な影響を与え続けるハイエクの思想を平易に解説する格好のハイエク入門。　　3000円＋税

平等権のパラドクス
吉田仁美 著

平等権の「中立的」解釈によって，救済が阻まれてしまう。アメリカでの判例を丹念に辿り，平等権の有効な保障を追求する。　　4500円＋税

熟議民主主義の困難
その乗り越え方の政治理論的考察　田村哲樹 著
熟議民主主義を阻むものは何か。その要因を詳細に分析し，熟議民主主義の意義と可能性を擁護する。気鋭の政治学者，待望の新作。　　　　　　　　　　　　3500円＋税

代表制民主主義を再考する
選挙をめぐる三つの問い　糠塚康江 編
議員と有権者をむすびつけるものは何か？　選挙区と選挙の抱える問題を多角的に問い直し，〈つながりの回復〉をめざす。　　　　　　　　　　　　　　　　4600円＋税

国民再統合の政治
福祉国家とリベラル・ナショナリズムの間　新川敏光 編
移民問題が深刻化し排外主義が台頭する中で，福祉国家は新たな国民再統合の必要に迫られている。各国の事例をもとに分析。　　　　　　　　　　　　　　　3600円＋税

歴史としての社会主義
東ドイツの経験　川越　修・河合信晴 編
社会主義とは何だったのか。東ドイツ社会を生きた人々の日常生活の一面を掘り起こし，社会主義社会の歴史的経験を検証する。　　　　　　　　　　　　　4200円＋税

フランスの生命倫理法
生殖医療の用いられ方　小門　穂 著
生命倫理についての包括的な規則を法律で定める「フランス方式」は有効なのか。その実態を明らかにし，今後の展望をうらなう。　　　　　　　　　　　　　3800円＋税

日本の動物政策
打越綾子 著
愛玩動物から野生動物，動物園動物，実験動物，畜産動物まで，日本の動物政策，動物行政の現状をトータルに解説する決定版。　　　　　　　　　　　　　　3500円＋税

保守的自由主義の可能性
知性史からのアプローチ　佐藤　光・中澤信彦 編
バーク，オークショットから新渡戸，柳田まで，偉大なる保守主義者たちの思想を現代によみがえらせ，そのアクチュアリティを問う。　　　　　　　　　　3000円＋税

EUの規範政治
グローバルヨーロッパの理想と現実　臼井陽一郎 編
環境，人権，移民，安全保障——。EUの対外的な規範パワーはいかにして形成されるのか。そのメカニズムに迫る。　　　　　　　　　　　　　　　　　3500円＋税

ヨーロッパのデモクラシー
改訂第2版　網谷龍介・伊藤 武・成廣 孝 編
欧州29ヵ国の最新の政治情勢を紹介する決定版。新たにEU加盟を果たしたクロアチアを加え，移民問題はじめ最新の動向を網羅。　　　　　　　　　　　　　3600円＋税

ウェストファリア史観を脱構築する
歴史記述としての国際関係論　山下範久・安高啓朗・芝崎厚士 編
ウェストファリア体制に現在の国際システムの起源を見る従来の国際関係論を脱構築し，オルタナティブな知の枠組みの構築を目指す。　　　　　　　　　　　3500円＋税

戦争と戦争のはざまで
E・H・カーと世界大戦　山中仁美 著
国際関係，ソ連研究，歴史哲学等，卓越した思想家E. H. カー。「三人のカー」と言われ難解とされたカーの思考枠組みを読み解く。　　　　　　　　　　　　4600円＋税

国際関係論の生成と展開
日本の先達との対話　初瀬龍平・戸田真紀子・松田 哲・市川ひろみ 編
坂本義和，高坂正堯から村井吉敬，高橋進まで平和の問題を真剣に考え続けた先達たち時代と対話した彼らの苦闘をたどる。　　　　　　　　　　　　　　　4200円＋税

欧州周辺資本主義の多様性
東欧革命後の軌跡　ドロテー・ボーレ，ベーラ・グレシュコヴィッチ 著
中東欧の旧社会主義圏11ヵ国の体制転換を，ポランニー理論に基づいて分析する決定版。　　　　　　　　　　　　　　　　　　　　　　　　　　　　　　4800円＋税

連邦制の逆説？
効果的な統治制度か　松尾秀哉・近藤康史・溝口修平・柳原克行 編
連邦制は対立と分離をもたらすのか，対立を解消し統合をもたらすのか。統合と分離という二つのベクトルに注目し，連邦制の意義を問う。　　　　　　　3800円＋税

グローバル・イシュー
都市難民　小泉康一 著

かつて国連難民高等弁務官事務所に従事した著者が，農村から都市部へと向かう難民の実態と，援助のあり方を包括的に議論する。　　　　　　　　　　　　　3700 円＋税

グローバル時代の難民
小泉康一 著

移動を迫られる人々をいかに保護すべきか？　冷戦後世界に拡がる難民に対し政府，援助機関，NGO，そして国際社会はどう対処したか。　　　　　　　　　　3700 円＋税

国際政治のモラル・アポリア
戦争／平和と揺らぐ倫理　高橋良輔・大庭弘継 編

人道的介入の是非，対テロ戦争における標的殺害は許されるのかなど，国際社会の直面する道義的難問に気鋭の政治学者たちが挑む。　　　　　　　　　　　　3500 円＋税

人権保障の現在
吉田仁美 編

外国人の公務就任権，脳死移植における臓器提供の自己決定など日本国憲法のもとでの人権保障の現状を多角的に論じる。　　　　　　　　　　　　　　　　　3400 円＋税

交錯する多文化社会
異文化コミュニケーションを捉え直す　河合優子 編

日常のなかにある複雑なコンテクストと多様なカテゴリーとの交錯をインタビューやフィールドワーク，メディア分析を通じて読み解く。　　　　　　　　　　2600 円＋税

ポスト代表制の政治学
デモクラシーの危機に抗して　山崎　望・山本　圭 編

代表制はその役割を終えたのか？　代表制の機能不全が指摘されるなか，代表とデモクラシーをめぐる難問に気鋭の政治学者達が挑む。　　　　　　　　　　3500 円＋税

認知資本主義
21 世紀のポリティカル・エコノミー　山本泰三 編

フレキシブル化，金融化，労働として動員される「生」──非物質的なものをめぐる現代のグローバルな趨勢「認知資本主義」を分析。　　　　　　　　　　2600 円＋税

法学ダイアリー
森本直子・織原保尚 編

日常のよくある身近な事例を日記形式で取り上げ，それを糸口に基本的な法律知識を学ぶ，わかりやすく，よく身につく法学入門テキスト。　　　　　　　　2000円＋税

地方公務員のための法律入門
［第2版］　松村　享 著

幅広い分野にわたる地方公務員として必要最小限の法律知識を，できる限りわかりやすく解説。行政不服審査法改正に対応した第2版。　　　　　　　　2800円＋税

憲法判例クロニクル
吉田仁美・渡辺暁彦 編

日本国憲法を理解する上で重要な79の判例を厳選。概要，意義，背景，用語を見開きでコンパクトに解説した判例集。　　　　　　　　　　　　　　　　2300円＋税

エスプリ・ド 憲法
糠塚康江・吉田仁美 著

豊富な判例，最新の動向を織り込みながら，はじめて学ぶ人のために日本国憲法を丁寧に解説する，新しいスタンダード・テキスト。　　　　　　　　　　2800円＋税

ウォーミングアップ法学
石山文彦 編

いままでの入門書では難しすぎるという方に贈る「入門の入門」！　条文の読み方から，憲法・民法・刑法の基本まで。　　　　　　　　　　　　　　　　3000円＋税

日本の社会政策
改訂版　久本憲夫 著

失業，雇用，年金，医療，介護，少子高齢化など，現代日本の直面する様々な問題の現状と最新の政策動向を体系的に解説。　　　　　　　　　　　　　3200円＋税

自立へのキャリアデザイン
地域で働く人になりたいみなさんへ　旦まゆみ 著

なぜ働くのか，ワーク・ライフ・バランス，労働法，ダイバーシティ等，グローバルに考えながら地域で働きたい人のための最新テキスト。　　　　　　1800円＋税